Treaty Series

Treaties and international agreements registered or filed and recorded with the Secretariat of the United Nations

VOLUME 3170

Recueil des Traités

Traités et accords internationaux enregistrés ou classés et inscrits au répertoire au Secrétariat de l'Organisation des Nations Unies

United Nations • Nations Unies
New York, 2025

Print ISBN: 978-92-1-003241-4
e-ISBN: 978-92-1-106670-8
ISSN: 0379-8267
e-ISSN: 2412-1495

TABLE OF CONTENTS

I

Treaties and international agreements registered in January 2017 Nos. 54203 to 54219

No. 54203. Poland and Ukraine:

Agreement between the Government of the Republic of Poland and the Cabinet of Ministers of Ukraine on the mutual protection of classified information. Warsaw, 27 August 2015 3

No. 54204. Argentina and Brazil:

Agreement between the Government of the Argentine Republic and the Government of the Federative Republic of Brazil for the construction of an international bridge over the Pepirí-Guazú River between the cities of San Pedro, Argentina and Paraíso, Brazil. Buenos Aires, 31 January 2011 39

No. 54205. Argentina and United Arab Emirates:

Agreement on cooperation in the peaceful uses of nuclear energy between the Argentine Republic and the United Arab Emirates. Abu Dhabi, 14 January 2013 53

No. 54206. Argentina and Portugal:

Social Security Agreement between the Argentine Republic and the Portuguese Republic. Santiago de Chile, 9 November 2007 95

No. 54207. Argentina and Japan:

Exchange of notes constituting an agreement between the Government of the Argentine Republic and the Government of Japan on specific programs for technical cooperation (with annexes). Buenos Aires, 30 July 2014 and 5 September 2014...... 157

No. 54208. Argentina and Luxembourg:

Convention on social security between the Argentine Republic and the Grand Duchy of Luxembourg. Alcalá de Henares, 13 May 2010 159

No. 54209. Latvia and Russian Federation:

Agreement between the Government of the Republic of Latvia and the Government of the Russian Federation on cooperation in the search and rescue of civil aircraft. Moscow, 21 November 2013 199

No. 54210. Argentina and Honduras:

Agreement on gainful employment of dependent family members of diplomatic, consular, administrative and technical personnel of diplomatic missions and consular offices between the Argentine Republic and the Republic of Honduras. Tegucigalpa, 17 June 2014 219

No. 54211. International Bank for Reconstruction and Development and Armenia:

Loan Agreement (Local Economy and Infrastructure Development Project) between the Republic of Armenia and the International Bank for Reconstruction and Development (with schedules, appendix and International Bank for Reconstruction and Development General Conditions for Loans, dated 12 March 2012). Yerevan, 23 February 2016 221

No. 54212. International Bank for Reconstruction and Development and Costa Rica:

Loan Agreement (Strengthening Universal Health Insurance in Costa Rica Program) between the Republic of Costa Rica and the International Bank for Reconstruction and Development (with schedules, appendix and International Bank for Reconstruction and Development General Conditions for Loans, dated 12 March 2012). San José, 21 April 2016 223

No. 54213. International Bank for Reconstruction and Development and Morocco:

Loan Agreement (Integrated Disaster Risk Management and Resilience Program) between the Kingdom of Morocco and the International Bank for Reconstruction and Development (with schedules, appendix and International Bank for Reconstruction and Development General Conditions for Loans, dated 12 March 2012). Rabat, 26 July 2016 225

No. 54214. Argentina and Turkey:

Cooperation Program between the Government of the Argentine Republic and the Government of the Republic of Turkey in the fields of education, culture and arts for the years 2011-2014. Ankara, 20 January 2011 227

No. 54215. International Bank for Reconstruction and Development and Panama:

Loan Agreement (Second Programmatic Shared Prosperity Development Policy Financing) between the Republic of Panama and the International Bank for Reconstruction and Development (with schedules, appendix and International Bank for Reconstruction and Development General Conditions for Loans, dated 12 March 2012). Panama City, 15 November 2016 247

No. 54216. International Bank for Reconstruction and Development and Argentina:

Guarantee Agreement (Flood Risk Management Support Project for the Autonomous City of Buenos Aires) between the Argentine Republic and the International Bank for Reconstruction and Development (with schedules, appendix and International Bank for Reconstruction and Development General Conditions for Loans, dated 12 March 2012). Buenos Aires, 10 November 2016 249

No. 54217. International Bank for Reconstruction and Development and Colombia:

Loan Agreement (First Programmatic Territorial Development - Development Policy Loan) between the Republic of Colombia and the International Bank for Reconstruction and Development (with schedules, appendix and International Bank for Reconstruction and Development General Conditions for Loans, dated 12 March 2012). Bogotá, 21 December 2016 251

No. 54218. Argentina and Ecuador:

Air Services Agreement between the Government of the Argentine Republic and the Government of the Republic of Ecuador (with annex). Buenos Aires, 28 September 2006 253

No. 54219. Argentina and China:

Agreement between the Government of the Argentine Republic and the Government of the People's Republic of China on cooperation and mutual administrative assistance in customs matters. Buenos Aires, 24 February 2014 305

TABLE DES MATIÈRES

I

Traités et accords internationaux enregistrés en janvier 2017
N°s 54203 à 54219

N° 54203. Pologne et Ukraine :

Accord entre le Gouvernement de la République de Pologne et le Cabinet des Ministres de l'Ukraine concernant la protection réciproque d'informations classifiées. Varsovie, 27 août 2015 ... 3

N° 54204. Argentine et Brésil :

Accord entre le Gouvernement de la République argentine et le Gouvernement de la République fédérative du Brésil relatif à la construction d'un pont international au-dessus du fleuve Pepirí-Guazú entre les villes de San Pedro (Argentine) et Paraíso (Brésil). Buenos Aires, 31 janvier 2011 ... 39

N° 54205. Argentine et Émirats arabes unis :

Accord de coopération en matière d'utilisation de l'énergie nucléaire à des fins pacifiques entre la République argentine et les Émirats arabes unis. Abou Dhabi, 14 janvier 2013 ... 53

N° 54206. Argentine et Portugal :

Accord relatif à la sécurité sociale entre la République argentine et la République portugaise. Santiago du Chili, 9 novembre 2007 ... 95

N° 54207. Argentine et Japon :

Échange de notes constituant un accord entre le Gouvernement de la République argentine et le Gouvernement du Japon relatif aux programmes spécifiques de coopération technique (avec annexes). Buenos Aires, 30 juillet 2014 et 5 septembre 2014 ... 157

N° 54208. Argentine et Luxembourg :

Convention de sécurité sociale entre la République argentine et le Grand-Duché de Luxembourg. Alcalá de Henares, 13 mai 2010 ... 159

Nº 54209. Lettonie et Fédération de Russie :

Accord entre le Gouvernement de la République de Lettonie et le Gouvernement de la Fédération de Russie relatif à la coopération en matière de recherche et de sauvetage d'aéronefs civils. Moscou, 21 novembre 2013 199

Nº 54210. Argentine et Honduras :

Accord relatif aux activités rémunérées des personnes à charge du personnel diplomatique, consulaire, administratif et technique des missions diplomatiques et des bureaux consulaires entre la République argentine et la République du Honduras. Tegucigalpa, 17 juin 2014 219

Nº 54211. Banque internationale pour la reconstruction et le développement et Arménie :

Accord de prêt (Projet relatif au développement de l'économie locale et des infrastructures) entre la République d'Arménie et la Banque internationale pour la reconstruction et le développement (avec annexes, appendice et Conditions générales applicables aux prêts de la Banque internationale pour la reconstruction et le développement, en date du 12 mars 2012). Erevan, 23 février 2016 221

Nº 54212. Banque internationale pour la reconstruction et le développement et Costa Rica :

Accord de prêt (Programme concernant le renforcement de l'assurance maladie universelle au Costa Rica) entre la République du Costa Rica et la Banque internationale pour la reconstruction et le développement (avec annexes, appendice et Conditions générales applicables aux prêts de la Banque internationale pour la reconstruction et le développement, en date du 12 mars 2012). San José, 21 avril 2016 223

Nº 54213. Banque internationale pour la reconstruction et le développement et Maroc :

Accord de prêt (Programme de résilience et de gestion intégrée des risques liés aux catastrophes) entre le Royaume du Maroc et la Banque internationale pour la reconstruction et le développement (avec annexes, appendice et Conditions générales applicables aux prêts de la Banque internationale pour la reconstruction et le développement, en date du 12 mars 2012). Rabat, 26 juillet 2016 225

Nº 54214. Argentine et Turquie :

Programme de coopération entre le Gouvernement de la République argentine et le Gouvernement de la République turque dans les domaines de l'éducation, de la culture et des arts pour les années 2011-2014. Ankara, 20 janvier 2011 227

N° 54215. Banque internationale pour la reconstruction et le développement et Panama :

Accord de prêt (Deuxième financement programmatique relatif à la politique de développement pour une prospérité partagée) entre la République du Panama et la Banque internationale pour la reconstruction et le développement (avec annexes, appendice et Conditions générales applicables aux prêts de la Banque internationale pour la reconstruction et le développement, en date du 12 mars 2012). Panama, 15 novembre 2016 247

N° 54216. Banque internationale pour la reconstruction et le développement et Argentine :

Accord de garantie (Projet de soutien relatif à la gestion des risques d'inondation dans la ville autonome de Buenos Aires) entre la République argentine et la Banque internationale pour la reconstruction et le développement (avec annexes, appendice et Conditions générales applicables aux prêts de la Banque internationale pour la reconstruction et le développement, en date du 12 mars 2012). Buenos Aires, 10 novembre 2016 249

N° 54217. Banque internationale pour la reconstruction et le développement et Colombie :

Accord de prêt (Premier prêt relatif à la politique de développement - Développement territorial programmatique) entre la République de Colombie et la Banque internationale pour la reconstruction et le développement (avec annexes, appendice et Conditions générales applicables aux prêts de la Banque internationale pour la reconstruction et le développement, en date du 12 mars 2012). Bogota, 21 décembre 2016 251

N° 54218. Argentine et Équateur :

Accord relatif aux services aériens entre le Gouvernement de la République argentine et le Gouvernement de la République de l'Équateur (avec annexe). Buenos Aires, 28 septembre 2006 253

N° 54219. Argentine et Chine :

Accord entre le Gouvernement de la République argentine et le Gouvernement de la République populaire de Chine relatif à la coopération et à l'assistance administrative mutuelle en matière douanière. Buenos Aires, 24 février 2014 305

NOTE BY THE SECRETARIAT

Under Article 102 of the Charter of the United Nations, every treaty and every international agreement entered into by any Member of the United Nations after the coming into force of the Charter shall, as soon as possible, be registered with the Secretariat and published by it. Furthermore, no party to a treaty or international agreement subject to registration which has not been registered may invoke that treaty or agreement before any organ of the United Nations. The General Assembly, by resolution 97 (I), established regulations to give effect to Article 102 of the Charter (see text of the regulations, vol. 859, p. VIII; https://treaties.un.org/Pages/Resource.aspx?path=Publication/Regulation/Page1_en.xml).

The terms "treaty" and "international agreement" have not been defined either in the Charter or in the regulations, and the Secretariat follows the principle that it acts in accordance with the position of the Member State submitting an instrument for registration that, so far as that party is concerned, the instrument is a treaty or an international agreement within the meaning of Article 102. Registration of an instrument submitted by a Member State, therefore, does not imply a judgement by the Secretariat on the nature of the instrument, the status of a party or any similar question. It is the understanding of the Secretariat that its acceptance for registration of an instrument does not confer on the instrument the status of a treaty or an international agreement if it does not already have that status, and does not confer upon a party a status which it would not otherwise have.

*

* *

Disclaimer: All authentic texts in the present Series are published as submitted for registration by a party to the instrument. Unless otherwise indicated, the translations of these texts have been made by the Secretariat of the United Nations, for information.

NOTE DU SECRÉTARIAT

Aux termes de l'Article 102 de la Charte des Nations Unies, tout traité ou accord international conclu par un Membre des Nations Unies après l'entrée en vigueur de la Charte sera, le plus tôt possible, enregistré au Secrétariat et publié par lui. De plus, aucune partie à un traité ou accord international qui aurait dû être enregistré mais ne l'a pas été ne pourra invoquer ledit traité ou accord devant un organe de l'Organisation des Nations Unies. Par sa résolution 97 (I), l'Assemblée générale a adopté un règlement destiné à mettre en application l'Article 102 de la Charte (voir texte du règlement, vol. 859, p. IX; https://treaties.un.org/Pages/Resource.aspx?path=Publication/Regulation/Page1_fr.xml).

Les termes « traité » et « accord international » n'ont été définis ni dans la Charte ni dans le règlement, et le Secrétariat a pris comme principe de s'en tenir à la position adoptée à cet égard par l'État Membre qui a présenté l'instrument à l'enregistrement, à savoir que, en ce qui concerne cette partie, l'instrument constitue un traité ou un accord international au sens de l'Article 102. Il s'ensuit que l'enregistrement d'un instrument présenté par un État Membre n'implique, de la part du Secrétariat, aucun jugement sur la nature de l'instrument, le statut d'une partie ou toute autre question similaire. Le Secrétariat considère donc que son acceptation pour enregistrement d'un instrument ne confère pas audit instrument la qualité de traité ou d'accord international si ce dernier ne l'a pas déjà, et qu'il ne confère pas à une partie un statut que, par ailleurs, elle ne posséderait pas.

*

* *

Déni de responsabilité : Tous les textes authentiques du présent Recueil sont publiés tels qu'ils ont été soumis pour enregistrement par l'une des parties à l'instrument. Sauf indication contraire, les traductions de ces textes ont été établies par le Secrétariat de l'Organisation des Nations Unies, à titre d'information.

I

Treaties and international agreements registered in January 2017 Nos. 54203 to 54219

Traités et accords internationaux enregistrés en janvier 2017 N°s 54203 à 54219

No. 54203

Poland
and
Ukraine

Agreement between the Government of the Republic of Poland and the Cabinet of Ministers of Ukraine on the mutual protection of classified information. Warsaw, 27 August 2015

Entry into force: *1 January 2017, in accordance with article 17*

Authentic texts: *English, Polish and Ukrainian*

Registration with the Secretariat of the United Nations: *Poland, 1 January 2017*

Pologne
et
Ukraine

Accord entre le Gouvernement de la République de Pologne et le Cabinet des Ministres de l'Ukraine concernant la protection réciproque d'informations classifiées. Varsovie, 27 août 2015

Entrée en vigueur : *1er janvier 2017, conformément à l'article 17*

Textes authentiques : *anglais, polonais et ukrainien*

Enregistrement au Secrétariat de l'Organisation des Nations Unies : *Pologne, 1er janvier 2017*

[TEXT IN ENGLISH – TEXTE EN ANGLAIS]

AGREEMENT

between the Government of the Republic of Poland
and the Cabinet of Ministers of Ukraine
on the mutual protection of classified information

The Government of the Republic of Poland
and the Cabinet of Ministers of Ukraine,
hereinafter referred to as the "Parties",

having due regard for necessity of guaranteeing the effective protection of classified information which has been exchanged between the Parties or originated during the cooperation course,

being guided by the adoption of mutual regulations in the scope of the protection of classified information,

without prejudice to binding rules of the international law and the national legislation of the States of the Parties,

have agreed as follows:

ARTICLE 1
DEFINITIONS

For the purpose of this Agreement, the following definitions mean:

1) **classified information** – any information, irrespective of the form, carrier and manner of recording thereof, as well as products or any parts thereof, also in the process of being generated, which require protection against unauthorized disclosure in accordance with the national legislation of the State of each of the Parties and this Agreement;
2) **competent authorities** – authorities referred to in Article 3 of this Agreement that have been designated by the Parties as being responsible for supervision over implementation of this Agreement;
3) **authorized bodies** – entities authorized to originate, transmit, receive, store, protect and use classified information in accordance with the national legislation of the State of their Party;
4) **classified contract** – an agreement, regardless of its form, between authorized bodies of the States of the Parties, performance of which involves classified information;
5) **Originating party** – an authorized body of the State of the Party which originates and transmits classified information to the Recipient party;
6) **Recipient party** – an authorized body of the State of the Party, which receives classified information from the Originating party;
7) **breach of rules concerning mutual protection of classified information** – is non-compliance with the order of handling of such information including unauthorized disclosure of classified information or loss of its material carriers.

ARTICLE 2
SECURITY CLASSIFICATIONS

1. Classified information shall be granted security classification, pursuant to the national legislation of the State of the Originating party. The Recipient party shall guarantee at least an equivalent level of protection of the received classified information, according to the provisions of Paragraph 3 of this Article.
2. Security classification may be changed or removed only by the Originating party. The Recipient party shall be notified in writing of every change or removal of the security classification of previously received classified information.

3. The Parties agree that the following security classifications are equivalent:

REPUBLIC OF POLAND	UKRAINE	EQUIVALENT IN ENGLISH
ŚCIŚLE TAJNE	Особливої важливості	TOP SECRET
TAJNE	Цілком таємно	SECRET
POUFNE	Таємно	CONFIDENTIAL
ZASTRZEŻONE	Для службового користування	RESTRICTED

ARTICLE 3
COMPETENT AUTHORITIES

1. For the purpose of this Agreement, the competent authorities shall be:
   1) for the Republic of Poland: the Head of the Internal Security Agency;
   2) for Ukraine: the Security Service of Ukraine.
2. The Parties shall inform each other via diplomatic channels about amendments regarding the names of the competent authorities of their States or about amendments to their competence.

ARTICLE 4
PRINCIPLES OF CLASSIFIED INFORMATION PROTECTION

1. The Parties shall adopt every measure set out in this Agreement and compatible with the national legislation of their States aimed at the protection of classified information which has been transmitted or originated as a result of the mutual cooperation of authorized bodies of the States of the Parties.
2. The Recipient party shall use classified information exclusively for the purpose it was transmitted for.
3. Access to classified information shall be granted only to those individuals who have a need-to-know and who have been authorized to access such information according to the national legislation of the State of the Recipient party.

4. The Recipient party shall not release the information, referred to in Paragraph 1 of this Article, to a third party without a prior written consent of the Originating party.

ARTICLE 5
RECOGNITION OF AUTHORIZING DOCUMENTS

In the scope of this Agreement the Parties shall mutually recognize the documents authorizing to handle classified information issued in accordance with the national legislation of their States.

ARTICLE 6
CLASSIFIED CONTRACTS

1. Before concluding a classified contract involving information classified as "POUFNE/Таємно" or above, a principal shall apply to the competent authority of its State to request the competent authority of the State of the other Party to issue a written confirmation that a contractor is authorized, in accordance with the national legislation of its State, to perform activities connected to classified information with appropriate security classification.
2. Within the framework of classified contract, classified information shall not be accessible to the contractor until the receipt of the written confirmation referred to in Paragraph 1 of this Article.
3. The classified contract shall contain necessary requirements regarding the protection of classified information set out by the national legislation of the State of the principal.
4. A subcontractor shall comply with the same conditions for the protection of classified information as those laid down for the contractor.

ARTICLE 7
TRANSMISSION OF CLASSIFIED INFORMATION

1. Classified information shall be transmitted via diplomatic channels.
2. Information classified as "ZASTRZEŻONE/Для службового користування" may also be transmitted in other way, stipulated by the national legislation of the State of the Originating party.
3. The competent authorities of the States of the Parties may agree on other forms of transmitting classified information which ensure protection against its unauthorized disclosure.
4. The Recipient party shall confirm in writing the receipt of classified information.

ARTICLE 8
REPRODUCTION AND TRANSLATION OF CLASSIFIED INFORMATION

1. Reproduction or translation of classified information shall be conducted pursuant to the national legislation of the State of each of the Parties. Reproduced or translated information shall be placed under the same protection as the original. The number of copies and translations shall be reduced to that required for official purposes.
2. Information classified as "ŚCIŚLE TAJNE/Особливої важливості" shall be reproduced, translated only after obtaining a prior written consent issued by the Originating party.

ARTICLE 9
DESTRUCTION OF CLASSIFIED INFORMATION

1. With the exception of information classified as "ŚCIŚLE TAJNE/Особливої важливості" classified information shall be destroyed according to the national legislation of the State of the Recipient party, in such a manner as to eliminate its partial or total reconstruction.
2. Information classified as "ŚCIŚLE TAJNE/Особливої важливості" shall not be destroyed, it shall be returned to the Originating party.

ARTICLE 10
VISITS

1. Representatives of the authorized bodies of the State of one of the Parties arriving on a visit in the territory of the State of the other Party shall be allowed access to classified information only after receiving a prior written consent issued by the competent authority of the State of the host authorized body.
2. At least 30 days prior to a planned visit, referred to in Paragraph 1 of this Article, and in urgent cases in a shorter period of time, the competent authority of the State of the host authorized body shall receive a request for a visit from the competent authority of the State of the other Party.
3. Request for a visit, referred to in Paragraph 2 of this Article, shall include:

    1) purpose, date and program of the visit;

    2) name and surname, date and place of birth, nationality and passport number of a visitor;

3) position of a visitor together with the name of the entity which he or she represents;
4) level and the date of validity of a document authorizing visitor to access classified information according to the national legislation of visitor's State;
5) name and address of the entity to be visited;
6) name, surname and position of the individual to be visited;
7) date, signature and official seal of the competent authority.

4. In order to protect personal data, referred to in Paragraph 3 of this Article, transmitted in connection with the provisions of Paragraph 1, 5 and 6 of this Article, in accordance with the national legislation of the States of the Parties, the following provisions shall apply:
   1) personal data to be transmitted under this Agreement shall be used exclusively for the purpose defined by the authorized body transmitting it and on conditions defined by it;
   2) personal data transmitted under this Agreement shall be stored no longer than it is necessary for the purpose of its processing;
   3) in case of personal data transmitted against the national legislation of State of the Party, the authorized body transmitting it shall notify the authorized body receiving it, which is obliged to remove the data in such a manner as to eliminate its partial or total reconstruction;
   4) the authorized body transmitting personal data shall take responsibility for its correctness and, in case the data appears to be untrue or incomplete, shall inform the authorized body receiving personal data, which is obliged to correct or remove the data;
   5) the authorized bodies transmitting and receiving personal data are obliged to register its transmission, reception and removal;
   6) the authorized bodies transmitting and receiving personal data are obliged to efficiently protect the processed personal data against its disclosure to unauthorized persons, unauthorized modifications of the data, its loss, damage or destruction.
5. The competent authority may agree to establish lists of authorized individuals to make recurring visits connected with realization of a specific project, program or classified contract. These lists shall contain the data defined in Paragraph 3 of this Article and are valid for a period that shall not exceed 12 months. Once such lists have been approved by the competent authority, the dates of the visits shall be arranged directly between the sending authorized

body and the hosting authorized body, in accordance with the conditions agreed upon.

6. Visits connected to the access to information classified as "ZASTRZEŻONE/Для службового користування" shall be arranged directly between the sending authorized body and the hosting authorized body.

ARTICLE 11
BREACH OF RULES CONCERNING MUTUAL PROTECTION OF CLASSIFIED INFORMATION

1. In every case of breach of rules concerning mutual protection of classified information the competent authority of the State of the Recipient party shall immediately inform the competent authority of the State of the Originating party about this fact and conduct an investigation in accordance with the national legislation of its State.
2. The results of such an investigation shall be reported in writing to the competent authority of the State of the Originating party.
3. The competent authority of the State of the Originating party shall cooperate in an investigation upon request of the competent authority of the State of the Recipient party.

ARTICLE 12
LANGUAGES

In the scope of the implementation of the provisions of this Agreement, the Parties shall use the English language or their official languages, attaching then the translation into the official language of the other Party or into English.

ARTICLE 13
EXPENSES

Each Party shall cover its expenses resulting from the implementation of the provisions of this Agreement.

ARTICLE 14
CONSULTATIONS

1. The competent authorities shall notify each other of any amendments to national legislation of their States concerning the protection of classified information that affect the implementation of the provisions of this Agreement.

2. The competent authorities shall consult each other, upon request of one of them, in order to ensure cooperation in the implementation of the provisions of this Agreement.
3. Each Party shall allow the representatives of the competent authority of the State of the other Party to pay visits to the territory of its State to discuss the procedures for the protection of classified information transmitted by the other Party.
4. In order to ensure effective cooperation being the subject matter of this Agreement and in the scope of authority acknowledged to competent authorities by the national legislation of their States, the competent authorities may, if necessary, conclude written arrangements to implement the provisions of this Agreement.

ARTICLE 15
SETTLEMENT OF DISPUTES

1. Any disputes concerning the application of this Agreement shall be settled by direct negotiations between the competent authorities of the States of the Parties.
2. If the settlement of a dispute cannot be reached in the manner referred to in Paragraph 1 of this Article, such a dispute shall be settled through diplomatic channels.

ARTICLE 16
RELATION TO THE OTHER AGREEMENTS

1. From the date of entering into force of this Agreement:
   1) the Agreement between the Government of the Republic of Poland and the Cabinet of Ministers of Ukraine on the mutual protection of classified information, done at Warsaw on 4 September 2001;
   2) the Article 8 of the Agreement between the Government of the Republic of Poland and the Cabinet of Ministers of Ukraine on the co-operation in the fight against organized crime, done at Kiev on 3 March 1999

   shall cease to be binding.
2. Classified information which has been exchanged or mutually generated on the basis of the Agreement referred to in Paragraph 1 point 1 of this Article and under the regulation referred to in Paragraph 1 point 2 of this Article, shall be protected according to the provisions hereof.

ARTICLE 17
FINAL PROVISIONS

1. This Agreement shall enter into force on the first day of the second month following the receipt by the Parties through the diplomatic channels of the last of the notifications that the internal legal procedures necessary for this Agreement to enter into force have been completed.
2. This Agreement may be amended on the basis of mutual written consent by both Parties. Such amendments shall enter into force in accordance with the provisions of Paragraph 1 of this Article.
3. This Agreement is concluded for an unlimited period of time. It may be terminated by either Party by giving written notice to the other Party. In such case, this Agreement shall be terminated after six months following the receipt of such notice.
4. In the event of termination thereof, the Parties shall continue to provide protection of classified information already received or mutually generated according to the provisions of this Agreement.

Done at WARSAW on 27 AUGUST 2015 in two original copies, each in the Polish, Ukrainian and English languages, all texts being equally authentic. In case of divergences of interpretation, the English text shall prevail.

ON BEHALF OF THE GOVERNMENT OF THE REPUBLIC OF POLAND	ON BEHALF OF THE CABINET OF MINISTERS OF UKRAINE

[TEXT IN POLISH – TEXTE EN POLONAIS]

UMOWA

między Rządem Rzeczypospolitej Polskiej a Gabinetem Ministrów Ukrainy

o wzajemnej ochronie informacji niejawnych

Rząd Rzeczypospolitej Polskiej i Gabinet Ministrów Ukrainy,
zwane dalej „Stronami",

mając na uwadze konieczność zagwarantowania efektywnej ochrony
informacji niejawnych wymienianych między Stronami
lub wytwarzanych w wyniku współpracy,

kierując się zamiarem przyjęcia jednolitych dla obydwu Stron
uregulowań prawnych w zakresie ochrony informacji niejawnych,

z zastrzeżeniem poszanowania obowiązujących norm prawa międzynarodowego
i prawa krajowego państw Stron,

uzgodniły, co następuje:

ARTYKUŁ 1
DEFINICJE

W rozumieniu niniejszej Umowy następujące definicje oznaczają:

1) **informacje niejawne** – wszelkie informacje niezależnie od formy, a także nośnika, na którym zostały utrwalone i sposobu ich utrwalenia oraz przedmioty lub dowolne ich części, także będące w trakcie ich opracowywania, które wymagają ochrony przed nieuprawnionym ujawnieniem, zgodnie z prawem krajowym państwa każdej ze Stron i niniejszą Umową;
2) **właściwe organy** – organy, o których mowa w artykule 3 niniejszej Umowy, które zostały wskazane przez Strony jako odpowiedzialne za nadzorowanie realizacji niniejszej Umowy;
3) **upoważnione podmioty** – podmioty upoważnione do wytwarzania, przekazywania, otrzymywania, przechowywania, ochrony i wykorzystywania informacji niejawnych zgodnie z prawem krajowym państwa swojej Strony;
4) **kontrakt niejawny** – umowę w dowolnej formie między upoważnionymi podmiotami państw Stron, której realizacja wiąże się z informacjami niejawnymi;
5) **Strona wytwarzająca** – upoważniony podmiot państwa Strony, który wytwarza i przekazuje informacje niejawne Stronie otrzymującej;
6) **Strona otrzymująca** – upoważniony podmiot państwa Strony, który otrzymuje informacje niejawne od Strony wytwarzającej;
7) **naruszenie regulacji dotyczących wzajemnej ochrony informacji niejawnych** – nieprzestrzeganie zasad przetwarzania takich informacji, w tym nieuprawnione ujawnienie informacji niejawnych lub utratę ich nośników.

ARTYKUŁ 2
KLAUZULE TAJNOŚCI

1. Informacjom niejawnym nadaje się odpowiednią do ich treści klauzulę tajności, zgodnie z prawem krajowym państwa Strony wytwarzającej. Strona otrzymująca gwarantuje co najmniej równorzędny poziom ochrony otrzymanych informacji niejawnych, zgodnie z postanowieniami ustępu 3 niniejszego artykułu.
2. Klauzula tajności może być zmieniona lub zniesiona wyłącznie przez Stronę wytwarzającą. Strona otrzymująca jest pisemnie informowana o każdym

przypadku zmiany lub zniesienia klauzuli tajności wcześniej otrzymanych informacji niejawnych.

3. Strony uzgadniają, że niżej wymienione klauzule tajności są równorzędne:

RZECZPOSPOLITA POLSKA	**UKRAINA**	**ODPOWIEDNIK W JĘZYKU ANGIELSKIM**
ŚCIŚLE TAJNE	Особливої важливості	TOP SECRET
TAJNE	Цілком таємно	SECRET
POUFNE	Таємно	CONFIDENTIAL
ZASTRZEŻONE	Для службового користування	RESTRICTED

ARTYKUŁ 3
WŁAŚCIWE ORGANY

1. W rozumieniu niniejszej Umowy właściwymi organami są:
   1) w Rzeczypospolitej Polskiej: Szef Agencji Bezpieczeństwa Wewnętrznego;
   2) na Ukrainie: Służba Bezpieczeństwa Ukrainy.
2. Strony informują się drogą dyplomatyczną o zmianach dotyczących nazw właściwych organów swoich państw lub zmianach ich właściwości.

ARTYKUŁ 4
ZASADY OCHRONY INFORMACJI NIEJAWNYCH

1. Strony podejmują wszelkie działania określone w niniejszej Umowie oraz zgodne z prawem krajowym swoich państw, w celu ochrony informacji niejawnych przekazywanych lub wytwarzanych w wyniku wspólnej działalności upoważnionych podmiotów państw Stron.
2. Strona otrzymująca wykorzystuje informacje niejawne wyłącznie w celach, w których zostały one przekazane.

3. Informacje niejawne mogą być udostępniane tylko tym osobom, których zadania wymagają zapoznania się z nimi i które zgodnie z prawem krajowym państwa Strony otrzymującej zostały upoważnione do dostępu do nich.
4. Strona otrzymująca nie udostępnia informacji, o których mowa w ustępie 1 niniejszego artykułu, stronie trzeciej, bez uprzedniej pisemnej zgody Strony wytwarzającej.

ARTYKUŁ 5
UZNAWANIE DOKUMENTÓW UPOWAŻNIAJĄCYCH

W zakresie niniejszej Umowy Strony uznają dokumenty upoważniające do przetwarzania informacji niejawnych wydane zgodnie z prawem krajowym swoich państw.

ARTYKUŁ 6
KONTRAKTY NIEJAWNE

1. Przed zawarciem kontraktu niejawnego związanego z dostępem do informacji niejawnych o klauzuli „POUFNE/Таємно" lub wyższej, zlecający składa wniosek do właściwego organu swojego państwa o wystąpienie do właściwego organu państwa drugiej Strony z prośbą o wydanie pisemnego potwierdzenia, że kontrahent jest upoważniony, zgodnie z prawem krajowym swojego państwa, do wykonywania czynności związanych z informacjami niejawnymi o odpowiedniej klauzuli tajności.
2. Informacje niejawne nie są udostępniane kontrahentowi w ramach kontraktu niejawnego do czasu uzyskania pisemnego potwierdzenia, o którym mowa w ustępie 1 niniejszego artykułu.
3. Kontrakt niejawny zawiera niezbędne wymagania dotyczące ochrony informacji niejawnych, określone prawem krajowym państwa zlecającego.
4. Podwykonawca przestrzega tych samych warunków ochrony informacji niejawnych, jakie nałożono na kontrahenta.

ARTYKUŁ 7
PRZEKAZYWANIE INFORMACJI NIEJAWNYCH

1. Informacje niejawne są przekazywane drogą dyplomatyczną.
2. Informacje niejawne o klauzuli „ZASTRZEŻONE/Для службового користування" mogą być przekazywane również w inny sposób, określony prawem krajowym państwa Strony wytwarzającej.

3. Właściwe organy państw Stron mogą ustalić inne sposoby przekazywania informacji niejawnych, które zapewnią ochronę przed ich nieuprawnionym ujawnieniem.
4. Strona otrzymująca pisemnie potwierdza odbiór informacji niejawnych.

ARTYKUŁ 8
POWIELANIE I TŁUMACZENIE INFORMACJI NIEJAWNYCH

1. Powielanie lub tłumaczenie informacji niejawnych odbywa się w sposób zgodny z prawem krajowym państwa każdej ze Stron. Powielone lub przetłumaczone informacje podlegają takiej samej ochronie jak oryginały. Liczba kopii i tłumaczeń jest ograniczona do liczby wymaganej dla celów służbowych.
2. Informacje niejawne o klauzuli „ŚCIŚLE TAJNE/Особливої важливості" są powielane lub tłumaczone tylko po uprzednim uzyskaniu pisemnego zezwolenia wydanego przez Stronę wytwarzającą.

ARTYKUŁ 9
NISZCZENIE INFORMACJI NIEJAWNYCH

1. Z wyjątkiem informacji niejawnych o klauzuli „ŚCIŚLE TAJNE/Особливої важливості", informacje niejawne są niszczone zgodnie z prawem krajowym państwa Strony otrzymującej, w sposób uniemożliwiający ich częściowe lub całkowite odtworzenie.
2. Informacje niejawne o klauzuli „ŚCIŚLE TAJNE/Особливої важливості" nie są niszczone; są one zwracane Stronie wytwarzającej.

ARTYKUŁ 10
WIZYTY

1. Przedstawicielom upoważnionych podmiotów państwa jednej ze Stron, przybywającym z wizytą na terytorium państwa drugiej Strony, zezwala się na dostęp do informacji niejawnych tylko po uprzednim otrzymaniu pisemnej zgody wydanej przez właściwy organ państwa upoważnionego podmiotu przyjmującego wizytę.
2. Co najmniej na trzydzieści dni przed planowaną wizytą, o której mowa w ustępie 1 niniejszego artykułu, a w pilnych przypadkach w krótszym czasie, właściwy organ państwa upoważnionego podmiotu przyjmującego wizytę otrzymuje wniosek o wizytę od właściwego organu państwa drugiej Strony.

3. Wniosek o wizytę, o którym mowa w ustępie 2 niniejszego artykułu, zawiera:
   1) cel, termin i program wizyty;
   2) imię i nazwisko, datę i miejsce urodzenia, obywatelstwo i numer paszportu osoby przybywającej z wizytą;
   3) stanowisko służbowe osoby przybywającej z wizytą wraz z nazwą podmiotu, który reprezentuje;
   4) poziom i datę ważności dokumentu upoważniającego osobę przybywającą z wizytą do dostępu do informacji niejawnych, zgodnie z prawem krajowym państwa osoby przybywającej z wizytą;
   5) nazwę i adres odwiedzanego podmiotu;
   6) imię i nazwisko oraz stanowisko służbowe osoby przyjmującej;
   7) datę, podpis oraz oficjalną pieczęć właściwego organu.
4. Do ochrony danych osobowych, o których mowa w ustępie 3 niniejszego artykułu, przekazywanych w związku z postanowieniami ustępów 1, 5 oraz 6 niniejszego artykułu, stosuje się, z uwzględnieniem prawa krajowego państw Stron, następujące postanowienia:
   1) dane osobowe, przekazane na podstawie niniejszej Umowy, są wykorzystywane wyłącznie w celu określonym przez upoważniony podmiot przekazujący je i na warunkach określonych przez ten podmiot;
   2) danych osobowych, przekazanych na podstawie niniejszej Umowy, nie przechowuje się dłużej, aniżeli jest to niezbędne dla osiągnięcia celu przetwarzania;
   3) w przypadku przekazania danych, których nie wolno było przekazać zgodnie z prawem krajowym państwa Strony, upoważniony podmiot przekazujący dane osobowe zawiadamia o tym upoważniony podmiot otrzymujący je, który jest zobowiązany do usunięcia tych danych w sposób uniemożliwiający ich częściowe lub całkowite odtworzenie;
   4) upoważniony podmiot przekazujący dane osobowe odpowiada za ich merytoryczną poprawność i jeśli okaże się, że przekazane zostały dane nieprawdziwe lub niekompletne, zawiadamia o tym upoważniony podmiot otrzymujący dane osobowe, który jest zobowiązany do ich sprostowania lub usunięcia;
   5) upoważnione podmioty przekazujące i otrzymujące dane osobowe są zobowiązane do rejestrowania ich przekazywania, otrzymywania i usuwania;
   6) upoważnione podmioty przekazujące i otrzymujące dane osobowe są zobowiązane do skutecznego zabezpieczania przetwarzanych danych przed ich udostępnieniem osobom nieupoważnionym, nieuprawnionym

dokonywaniem zmian tych danych, ich utratą, uszkodzeniem lub zniszczeniem.

5. Właściwy organ może wyrazić zgodę na ustalenie list osób upoważnionych do składania wielokrotnych wizyt związanych z realizacją konkretnego projektu, programu lub kontraktu niejawnego. Listy te zawierają dane określone w ustępie 3 niniejszego artykułu i są ważne przez okres nieprzekraczający dwunastu miesięcy. Po zatwierdzeniu takich list przez właściwy organ, terminy wizyt uzgadniane są bezpośrednio między jednostką wysyłającą a jednostką przyjmującą wizytę, zgodnie z ustalonymi warunkami.
6. Wizyty związane z dostępem do informacji niejawnych o klauzuli „ZASTRZEŻONE/Для службового користування" są uzgadniane bezpośrednio między jednostką wysyłającą a jednostką przyjmującą wizytę.

ARTYKUŁ 11
NARUSZENIE REGULACJI DOTYCZĄCYCH WZAJEMNEJ OCHRONY INFORMACJI NIEJAWNYCH

1. W każdym przypadku naruszenia regulacji dotyczących wzajemnej ochrony informacji niejawnych właściwy organ państwa Strony otrzymującej poinformuje niezwłocznie właściwy organ państwa Strony wytwarzającej o tym fakcie oraz podejmie czynności wyjaśniające, zgodnie z prawem krajowym swojego państwa.
2. Wyniki czynności wyjaśniających będą przekazane w formie pisemnej właściwemu organowi państwa Strony wytwarzającej.
3. Właściwy organ państwa Strony wytwarzającej współpracuje przy czynnościach wyjaśniających, na wniosek właściwego organu państwa Strony otrzymującej.

ARTYKUŁ 12
JĘZYKI

W zakresie stosowania postanowień niniejszej Umowy Strony używają języka angielskiego lub swoich języków urzędowych, dołączając wówczas tłumaczenie na język urzędowy drugiej Strony lub na język angielski.

ARTYKUŁ 13
KOSZTY

Każda ze Stron pokrywa koszty własne, poniesione w związku z realizacją postanowień niniejszej Umowy.

ARTYKUŁ 14
KONSULTACJE

1. Właściwe organy informują się wzajemnie o wszelkich zmianach w prawie krajowym swoich państw, w zakresie ochrony informacji niejawnych, które dotyczą postanowień niniejszej Umowy.
2. W celu zapewnienia ścisłej współpracy przy realizacji postanowień niniejszej Umowy, właściwe organy konsultują się na wniosek jednego z tych organów.
3. Każda ze Stron zezwoli przedstawicielom właściwego organu państwa drugiej Strony na składanie wizyt na terytorium swojego państwa, w celu omówienia procedur służących ochronie informacji niejawnych, które zostały jej przekazane przez drugą Stronę.
4. W celu zapewnienia skutecznej współpracy będącej przedmiotem niniejszej Umowy, i w zakresie kompetencji przyznanych właściwym organom prawem krajowym ich państw, właściwe organy mogą, w razie potrzeby, zawierać pisemne szczegółowe uzgodnienia techniczne lub organizacyjne.

ARTYKUŁ 15
ROZSTRZYGANIE SPORÓW

1. Wszelkie sporne kwestie dotyczące stosowania niniejszej Umowy są rozstrzygane w drodze bezpośrednich konsultacji między właściwymi organami państw Stron.
2. Jeśli nie jest możliwe rozwiązanie sporu w sposób, o którym mowa w ustępie 1 niniejszego artykułu, jest on rozstrzygany drogą dyplomatyczną.

ARTYKUŁ 16
STOSUNEK DO INNYCH UMÓW

1. Z dniem wejścia w życie niniejszej Umowy:
   1) Umowa między Rządem Rzeczypospolitej Polskiej a Gabinetem Ministrów Ukrainy w sprawie wzajemnej ochrony informacji niejawnych, podpisana w Warszawie dnia 4 września 2001 r.;
   2) artykuł 8 Umowy między Rządem Rzeczypospolitej Polskiej a Rządem Ukrainy o współpracy w zakresie zwalczania przestępczości zorganizowanej, podpisanej w Kijowie dnia 3 marca 1999 r.

   – przestaną obowiązywać.
2. Informacje niejawne wymienione lub wspólnie wytworzone na podstawie Umowy, o której mowa w ustępie 1 punkt 1 niniejszego artykułu, oraz

przepisu, o którym mowa w ustępie 1 punkt 2 niniejszego artykułu, będą chronione zgodnie z postanowieniami niniejszej Umowy.

ARTYKUŁ 17
POSTANOWIENIA KOŃCOWE

1. Niniejsza Umowa wejdzie w życie w pierwszym dniu drugiego miesiąca po otrzymaniu przez Strony drogą dyplomatyczną noty późniejszej, stwierdzającej, że prawne procedury wewnętrzne niezbędne do wejścia w życie niniejszej Umowy zostały zakończone.
2. Niniejsza Umowa może zostać zmieniona na podstawie wspólnej pisemnej zgody obu Stron. Takie zmiany wejdą w życie zgodnie z postanowieniami ustępu 1 niniejszego artykułu.
3. Niniejsza Umowa zawarta jest na czas nieokreślony. Może ona być wypowiedziana w drodze notyfikacji przez każdą ze Stron. W takim przypadku utraci moc po upływie sześciu miesięcy od dnia otrzymania noty informującej o wypowiedzeniu.
4. W przypadku wypowiedzenia niniejszej Umowy, Strony zapewnią ochronę informacji niejawnych otrzymanych lub wspólnie wytworzonych zgodnie z jej postanowieniami.

Sporządzono w WARSZAWIE dnia 27 SIERPNIA 2015 roku w dwóch jednobrzmiących egzemplarzach, każdy w językach polskim, ukraińskim i angielskim, przy czym wszystkie teksty posiadają jednakową moc. W przypadku rozbieżności przy ich interpretacji, tekst w języku angielskim uważany będzie za rozstrzygający.

Z UPOWAŻNIENIA RZĄDU RZECZYPOSPOLITEJ POLSKIEJ	Z UPOWAŻNIENIA GABINETU MINISTRÓW UKRAINY

[TEXT IN UKRAINIAN – TEXTE EN UKRAINIEN]

УГОДА

між Урядом Республіки Польща та Кабінетом Міністрів України

про взаємну охорону інформації з обмеженим доступом

Уряд Республіки Польща та Кабінет Міністрів України

(далі – Сторони),

враховуючи необхідність забезпечення ефективної охорони інформації з обмеженим доступом,

якою обмінюються Сторони або яка створюється у ході співробітництва,

керуючись прийняттям взаємних правил у сфері охорони інформації з обмеженим доступом,

дотримуючись обов'язкових норм міжнародного права та національного законодавства держав Сторін,

домовилися про таке:

СТАТТЯ 1
ВИЗНАЧЕННЯ

У цій Угоді терміни вживаються в такому значенні:

1) «інформація з обмеженим доступом» – будь-яка інформація, незалежно від її форми, носія та способу запису, а також вироби або будь-які їх частини, включно з тими, що перебувають в процесі створення, які потребують охорони від несанкціонованого доступу згідно з національним законодавством держави кожної із Сторін та цією Угодою;

2) «компетентні органи» – органи, зазначені у статті 3 цієї Угоди, які визначені Сторонами як відповідальні за здійснення нагляду за виконанням цієї Угоди;

3) «уповноважені органи» – суб'єкти, наділені правом на створення, передачу, одержання, зберігання, охорону та використання інформації з обмеженим доступом згідно з національним законодавством держави своєї Сторони;

4) «контракт з обмеженим доступом» – договір у будь-якій формі між уповноваженими органами держав Сторін, виконання якого пов'язано з інформацією з обмеженим доступом;

5) «Сторона-джерело» – уповноважений орган держави Сторони, який створює та передає інформацію з обмеженим доступом Стороні-одержувачу;

6) «Сторона-одержувач» – уповноважений орган держави Сторони, який отримує інформацію з обмеженим доступом від Сторони-джерела;

7) «порушення правил, що стосуються взаємної охорони інформації з обмеженим доступом» – недотримання порядку поводження з такою інформацією, включаючи розголошення інформації з обмеженим доступом чи втрату її матеріальних носіїв.

СТАТТЯ 2
ГРИФИ ОБМЕЖЕННЯ ДОСТУПУ

1. Інформація з обмеженим доступом позначається грифом обмеження доступу відповідно до національного законодавства держави Сторони-джерела. Сторона-одержувач повинна забезпечувати щонайменше еквівалентний рівень охорони одержаної інформації з обмеженим доступом відповідно до положень пункту 3 цієї статті.

2. Гриф обмеження доступу може бути змінено або знято лише Стороною-джерелом. Сторона-одержувач має бути письмово повідомлена про кожну зміну або зняття грифу обмеження доступу отриманої раніше інформації з обмеженим доступом.

3. Сторони погоджуються, що наведені нижче грифи обмеження доступу є еквівалентними:

РЕСПУБЛІКА ПОЛЬЩА	УКРАЇНА	ЕКВІВАЛЕНТ АНГЛІЙСЬКОЮ МОВОЮ
ŚCIŚLE TAJNE	Особливої важливості	TOP SECRET
TAJNE	Цілком таємно	SECRET
POUFNE	Таємно	CONFIDENTIAL
ZASTRZEŻONE	Для службового користування	RESTRICTED

СТАТТЯ 3
КОМПЕТЕНТНІ ОРГАНИ

1. Компетентними органами для цілей цієї Угоди є:

1) в Республіці Польща: Голова Агентства внутрішньої безпеки.

2) в Україні: Служба безпеки України.

2. Сторони інформують одна одну дипломатичними каналами про будь-які зміни у назвах компетентних органів своїх держав або про зміну їх компетенції.

СТАТТЯ 4
ПРИНЦИПИ ОХОРОНИ ІНФОРМАЦІЇ З ОБМЕЖЕНИМ ДОСТУПОМ

1. Сторони згідно з положеннями цієї Угоди та національного законодавства своїх держав вживають усі необхідні заходи для забезпечення належної охорони інформації з обмеженим доступом, переданої або створеної за результатом спільної діяльності уповноважених органів держав Сторін.

2. Сторона-одержувач використовує інформацію з обмеженим доступом виключно з метою, з якою її було передано.

3. Доступ до інформації з обмеженим доступом надається виключно особам, обов'язки яких потребують ознайомлення з цією інформацією та яким надано право на доступ до такої інформації, відповідно до національного законодавства держави Сторони-одержувача.

4. Сторона-одержувач не передає інформацію з обмеженим доступом, зазначену в пункті 1 цієї статті, третій стороні без попередньої письмової згоди на те Сторони-джерела.

СТАТТЯ 5
ВИЗНАННЯ ДОЗВІЛЬНИХ ДОКУМЕНТІВ

За умовами цієї Угоди Сторони взаємно визнають документи, що дозволяють провадити діяльність, пов'язану з інформацією з обмеженим доступом, надані згідно з національним законодавством їхніх держав.

СТАТТЯ 6
КОНТРАКТИ З ОБМЕЖЕНИМ ДОСТУПОМ

1. Перед укладенням контракту з обмеженим доступом, виконання якого пов'язано з інформацією із ступенем обмеження доступу POUFNE/"Таємно" або вище, замовник повинен звернутися до компетентного органу своєї держави, щоб останній направив запит до компетентного органу держави іншої Сторони для отримання письмового підтвердження наявності у підрядника права, згідно з національним законодавством своєї держави, на провадження діяльності, пов'язаної з інформацією з обмеженим доступом відповідного ступеня обмеження доступу.

2. Підрядник не може отримати доступ до інформації з обмеженим доступом в рамках контракту з обмеженим доступом до моменту одержання письмового підтвердження, зазначеного у пункті 1 цієї статті.

3. Контракт з обмеженим доступом повинен містити необхідні вимоги щодо охорони інформації з обмеженим доступом, передбачені національним законодавством держави замовника.

4. Субпідрядник повинен виконувати ті ж самі вимоги щодо охорони інформації з обмеженим доступом, що висуваються для підрядника.

СТАТТЯ 7
ПЕРЕДАЧА ІНФОРМАЦІЇ З ОБМЕЖЕНИМ ДОСТУПОМ

1. Передача інформації з обмеженим доступом здійснюється дипломатичними каналами.

2. Інформація, позначена грифом ZASTRZEŻONE/«Для службового користування», може також передаватися іншим шляхом, передбаченим національним законодавством держави Сторони-джерела.

3. Компетентні органи держав Сторін можуть домовитися про інші способи передачі інформації з обмеженим доступом за умови забезпечення її охорони від несанкціонованого доступу.

4. Сторона-одержувач повинна письмово підтвердити факт отримання інформації з обмеженим доступом.

СТАТТЯ 8
ВІДТВОРЕННЯ ТА ПЕРЕКЛАД ІНФОРМАЦІЇ З ОБМЕЖЕНИМ ДОСТУПОМ

1. Відтворення або переклад інформації з обмеженим доступом здійснюється згідно з національним законодавством держави кожної Сторони. Відтворена, перекладена інформація охороняється так само, як її оригінал. Кількість копій та перекладів не повинна перевищувати необхідну для службових цілей.

2. Відтворення або переклад інформації з грифом ŚCIŚLE TAJNE/«Особливої важливості» дозволяються лише після отримання попередньої письмової згоди на це Сторони-джерела.

СТАТТЯ 9
ЗНИЩЕННЯ ІНФОРМАЦІЇ З ОБМЕЖЕНИМ ДОСТУПОМ

1. За виключенням інформації, позначеної грифом ŚCIŚLE TAJNE/«Особливої важливості», інформація з обмеженим доступом знищується відповідно до національного законодавства держави Сторони-одержувача у такий спосіб, щоб унеможливити її часткове чи повне відновлення.

2. Інформація, позначена грифом ŚCIŚLE TAJNE/«Особливої важливості», не знищується, вона повертається Стороні-джерелу.

СТАТТЯ 10
ВІЗИТИ

1. Представникам уповноважених органів держави однієї Сторони, які прибувають з візитом на територію держави іншої Сторони, доступ до інформації з обмеженим доступом надається тільки після попереднього одержання письмового дозволу, виданого компетентним органом держави уповноваженого органу, що приймає.

2. Щонайменше за 30 діб до запланованого візиту, зазначеного у пункті 1 цієї статті, а в термінових випадках – за коротший проміжок часу, компетентний орган держави уповноваженого органу, що приймає, повинен отримати від компетентного органу держави іншої Сторони запит на проведення візиту.

3. Запит на проведення візиту, зазначений у пункті 2 цієї статті, має містити:

1) мету, дату та програму візиту;

2) ім'я та прізвище відвідувача, дату і місце його народження, громадянство, номер паспорта;

3) посаду відвідувача та назву установи, яку він або вона представляє;

4) рівень та термін дії документу, що надає відвідувачу право на доступ до інформації з обмеженим доступом відповідно до національного законодавства своєї держави;

5) назву та адресу установи, яку планується відвідати;

6) ім'я, прізвище та посаду особи, з якою планується зустріч;

7) дату, підпис та службову печатку компетентного органу.

4. З метою захисту наведених у пункті 3 цієї статті персональних даних, які передаються згідно з положеннями пунктів 1, 5 і 6 цієї статті, відповідно до національного законодавства держав Сторін повинні застосовуватися такі положення:

1) персональні дані, що передаються за цією Угодою, використовуються лише з метою, визначеною уповноваженим органом, що їх передає, та на визначених ним умовах;

2) персональні дані, передані за цією Угодою, не повинні зберігатися довше, ніж це необхідно для їх обробки;

3) якщо передача персональних даних відбулася всупереч національному законодавству держави Сторони, уповноважений орган, що їх передає, повинен повідомити про це уповноважений орган, що отримує персональні дані, який зобов'язаний знищити ці дані у такий спосіб, щоб унеможливити їх повне або часткове відновлення;

4) уповноважений орган, що передає персональні дані, несе відповідальність за їх правильність і, у випадку їх недостовірності чи неповноти, зобов'язаний повідомити про це уповноважений орган, що отримує персональні дані, який повинен виправити чи знищити ці дані;

5) уповноважені органи, що передають та отримують персональні дані, зобов'язані обліковувати факти їх передачі, одержання та знищення;

6) уповноважені органи, що передають та отримують персональні дані, зобов'язані ефективно захищати їх від розкриття стороннім особам, несанкціонованого внесення до них змін, їх втрати, пошкодження або знищення.

5. За погодженням з компетентним органом можуть створюватися списки уповноважених осіб, яким надається дозвіл на багаторазове здійснення візитів у зв'язку з реалізацією певного проекту, програми чи контракту з обмеженим доступом. Такі списки повинні містити дані, визначені у пункті 3 цієї статті, а термін їх дії не повинен перевищувати 12 місяців. Після погодження зазначених списків компетентним органом дати візитів визначаються безпосередньо уповноваженим органом, що направляє відвідувачів, та уповноваженим органом, що їх приймає, відповідно до узгоджених умов.

6. Візити, пов'язані з доступом до інформації з грифом ZASTRZEŻONE/«Для службового користування» узгоджуються безпосередньо між уповноваженим органом, що направляє відвідувачів, та уповноваженим органом, що їх приймає.

СТАТТЯ 11
ПОРУШЕННЯ ПРАВИЛ, ЩО СТОСУЮТЬСЯ ВЗАЄМНОЇ ОХОРОНИ ІНФОРМАЦІЇ З ОБМЕЖЕНИМ ДОСТУПОМ

1. У кожному випадку порушення правил, що стосуються взаємної охорони інформації з обмеженим доступом, компетентний орган держави Сторони-одержувача повинен негайно повідомити про факт такого порушення компетентний орган держави Сторони-джерела, а також провести розслідування згідно з національним законодавством своєї держави.

2. Результати такого розслідування письмово повідомляються компетентному органу держави Сторони-джерела.

3. Компетентний орган держави Сторони-джерела за запитом компетентного органу держави Сторони-одержувача надає сприяння під час проведення розслідування.

СТАТТЯ 12
МОВИ СПІВРОБІТНИЦТВА

У рамках виконання положень цієї Угоди Сторони користуватимуться англійською або їхніми державними мовами, додаючи при цьому переклад державною мовою іншої Сторони або англійською мовою.

СТАТТЯ 13
ВИТРАТИ

Кожна Сторона самостійно несе витрати, що виникають у зв'язку з виконанням положень цієї Угоди.

СТАТТЯ 14
КОНСУЛЬТАЦІЇ

1. Компетентні органи повідомляють один одного про будь-які зміни у національному законодавстві своїх держав у сфері охорони інформації з обмеженим доступом, які впливають на виконання положень цієї Угоди.

2. З метою забезпечення взаємодії під час виконання положень цієї Угоди компетентні органи держав Сторін проводять між собою консультації за запитом одного з них.

3. Кожна Сторона дозволяє представникам компетентного органу держави іншої Сторони здійснювати візити на територію її держави для обговорення заходів з охорони інформації з обмеженим доступом, яка була передана іншою Стороною.

4. З метою забезпечення ефективної співпраці за цією Угодою, та у рамках повноважень компетентних органів, визначених національним законодавством їх держав, компетентні органи держав Сторін, у разі необхідності, можуть укладати письмові домовленості, спрямовані на реалізацію положень цієї Угоди.

СТАТТЯ 15
ВИРІШЕННЯ СПОРІВ

1. Усі спори щодо застосування цієї Угоди вирішуються шляхом прямих переговорів між компетентними органами держав Сторін.

2. Якщо вирішення спору не може бути досягнуто шляхом, зазначеним у пункті 1 цієї статті, такий спір вирішується дипломатичними каналами.

СТАТТЯ 16
ВІДНОШЕННЯ ДО ІНШИХ УГОД

1. З дати набрання чинності цією Угодою припиняють дію:

1) Угода між Урядом Республіки Польща та Кабінетом Міністрів України про взаємну охорону секретної інформації, вчинена у м. Варшаві 4 вересня 2001 року;

2) стаття 8 Угоди між Урядом Республіки Польща і Кабінетом Міністрів України про співробітництво в сфері боротьби з організованою злочинністю, вчиненої у м. Києві 3 березня 1999 року.

2. Інформація з обмеженим доступом, обмін якою здійснено або яку спільно створено на підставі Угоди, зазначеної у підпункті 1 пункту 1 цієї статті, та відповідно до норми, передбаченої підпунктом 2 пункту 1 цієї статті, повинна охоронятися згідно з положеннями цієї Угоди.

СТАТТЯ 17
ПРИКІНЦЕВІ ПОЛОЖЕННЯ

1. Ця Угода набирає чинності з першого дня другого місяця після отримання Сторонами дипломатичними каналами останнього письмового повідомлення про виконання внутрішньодержавних процедур, необхідних для набрання нею чинності.

2. Зміни та доповнення до цієї Угоди можуть вноситись на основі взаємної письмової згоди обох Сторін. Такі зміни та доповнення набирають чинності згідно з положеннями пункту 1 цієї статті.

3. Ця Угода укладається на невизначений період. Її дію може припинити будь-яка Сторона шляхом направлення письмового повідомлення іншій Стороні. У такому випадку ця Угода припиняє дію через шість місяців після отримання такого письмового повідомлення.

4. У разі припинення дії цієї Угоди, Сторони продовжують забезпечувати охорону вже отриманої або спільно створеної інформації з обмеженим доступом відповідно до положень цієї Угоди.

Учинено у м. Варшава 27 серпня 2015 р. у двох примірниках, кожен українською, польською та англійською мовами, при цьому усі тексти є автентичними. У випадку виникнення розбіжностей у тлумаченні, текст, викладений англійською мовою, має переважну силу.

ЗА УРЯД РЕСПУБЛІКИ ПОЛЬЩА

ЗА КАБІНЕТ МІНІСТРІВ УКРАЇНИ

[TRANSLATION IN FRENCH – TRADUCTION EN FRANÇAIS]

ACCORD ENTRE LE GOUVERNEMENT DE LA RÉPUBLIQUE DE POLOGNE ET LE CABINET DES MINISTRES DE L'UKRAINE RELATIF À LA PROTECTION RÉCIPROQUE DES INFORMATIONS CLASSIFIÉES

Le Gouvernement de la République de Pologne et le Cabinet des Ministres de l'Ukraine, ci-après dénommés « Parties »,

Tenant dûment compte de la nécessité de garantir la protection efficace des informations classifiées échangées par les Parties ou générées durant leur coopération,

Guidés par l'adoption de règlements mutuels dans le cadre de la protection des informations classifiées,

Sans préjudice des règles contraignantes du droit international et de la législation interne des Parties,

Sont convenus de ce qui suit :

Article premier. Définitions

Aux fins du présent Accord, les définitions suivantes s'appliquent :

1) L'expression « informations classifiées » désigne toutes informations, indépendamment de leur forme, de leur support et de leur moyen d'enregistrement, ainsi que tout produit ou élément y relatif, y compris au cours de leur création, qui nécessitent une protection contre la divulgation non autorisée conformément à la législation interne de chaque Partie et au présent Accord ;

2) L'expression « autorités compétentes » désigne les autorités visées à l'article 3 du présent Accord, désignées par les Parties et en charge de superviser la mise en œuvre du présent Accord ;

3) L'expression « organismes autorisés » désigne les entités autorisées à créer, transmettre, recevoir, stocker, protéger et utiliser des informations classifiées conformément à la législation interne de l'État de la Partie dont elles relèvent ;

4) L'expression « contrat classifié » désigne tout accord, indépendamment de sa forme, conclu entre les organismes autorisés des Parties, dont l'exécution fait intervenir des informations classifiées ;

5) L'expression « partie d'origine » désigne tout organisme autorisé de l'État de la Partie qui est à l'origine et qui transmet des informations classifiées à la partie destinataire ;

6) L'expression « partie destinataire » désigne tout organisme autorisé de l'État de la Partie qui reçoit des informations classifiées de la partie d'origine ;

7) L'expression « violation des règles sur la protection réciproque des informations classifiées » désigne le non-respect des exigences de traitement de telles informations, y compris la divulgation non autorisée d'informations classifiées ou la perte de leurs supports matériels.

Article 2. Classifications de sécurité

1. Les informations classifiées se voient octroyer une classification de sécurité, conformément à la législation interne de la partie d'origine. La partie destinataire garantit un niveau de protection au moins équivalent à celui des informations classifiées reçues, conformément aux dispositions du paragraphe 3 du présent article.

2. La classification de sécurité ne peut être modifiée ou supprimée que par la partie d'origine. La partie destinataire est avisée par écrit de tout changement ou de toute suppression de la classification de sécurité des informations classifiées reçues antérieurement.

3. Les Parties conviennent que les classifications de sécurité suivantes sont équivalentes :

RÉPUBLIQUE DE POLOGNE	UKRAINE	ÉQUIVALENT EN FRANÇAIS
ŚCIŚLE TAJNE	Особливої важливості	TRÈS SECRET
TAJNE	Цілком таємно	SECRET
POUFNE	Таємно	CONFIDENTIEL
ZASTRZEŻONE	Для службового користування	RESTREINT

Article 3. Autorités compétentes

1. Aux fins du présent Accord, les autorités compétentes sont :
   1) Pour la République de Pologne : le Directeur de l'Agence de sécurité intérieure ;
   2) Pour l'Ukraine : le Service de sécurité de l'Ukraine.

2. Les Parties s'informent mutuellement par la voie diplomatique de toute modification concernant la dénomination des autorités compétentes de leur État ou les compétences de ces dernières.

Article 4. Principes régissant la protection des informations classifiées

1. Les Parties adoptent toute mesure prévue par le présent Accord et compatible avec la législation de leur État visant à protéger les informations classifiées qui leur ont été transmises ou qui ont été générées dans le cadre de la coopération mutuelle entre les organismes autorisés des Parties.

2. La partie destinataire utilise les informations classifiées uniquement aux fins pour lesquelles elles ont été transmises.

3. L'accès aux informations classifiées n'est accordé qu'aux personnes qui ont besoin d'en connaître et qui sont autorisées à accéder à ces informations conformément à la législation interne de l'État de la partie destinataire.

4. La partie destinataire ne transmet aucune information, telle que définie au paragraphe 1 du présent article, à une tierce partie sans le consentement écrit préalable de la partie d'origine.

Article 5. Reconnaissance des documents d'autorisation

Dans le cadre du présent Accord, les Parties reconnaissent mutuellement les documents autorisant le traitement d'informations classifiées délivrés conformément à la législation interne de leur État respectif.

Article 6. Contrats classifiés

1. Avant de conclure un contrat classifié faisant intervenir des informations classifiées de niveau « POUFNE/Таємно » ou d'un niveau supérieur, le mandant s'adresse à l'autorité compétente de l'État dont il relève pour demander à l'autorité compétente de l'autre Partie de délivrer une confirmation écrite établissant que le contractant est autorisé, conformément à la législation interne de son État, à exercer des activités en lien avec des informations classifiées en appliquant la classification de sécurité appropriée.

2. Dans le cadre d'un contrat classifié, les informations classifiées ne sont accessibles au contractant qu'après réception de la confirmation écrite visée au paragraphe 1 du présent article.

3. Le contrat classifié contient les exigences nécessaires en matière de protection des informations classifiées, telles que prévues par la législation interne de l'État dont relève le mandant.

4. Tout sous-traitant est tenu de respecter les mêmes conditions en matière de protection des informations classifiées que celles imposées au contractant.

Article 7. Transmission des informations classifiées

1. Les informations classifiées sont transmises par la voie diplomatique.

2. Les informations classifiées de niveau « ZASTRZEŻONE/Для службового користування » peuvent également être transmises d'une autre manière, laquelle est définie par la législation interne de l'État de la partie d'origine.

3. Les autorités compétentes des États des Parties peuvent convenir d'autres formes de transmission des informations classifiées qui assurent leur protection contre la divulgation non autorisée.

4. La partie destinataire confirme par écrit la réception des informations classifiées.

Article 8. Reproduction et traduction d'informations classifiées

1. La reproduction et la traduction d'informations classifiées s'effectue conformément à la législation interne de l'État de chacune des Parties. Les reproductions ou traductions d'informations bénéficient du même niveau de protection que les originaux. Le nombre de copies et de traductions est limité au nombre requis à des fins officielles.

2. Les informations classifiées de niveau « ŚCIŚLE TAJNE/Особливої важливості » ne peuvent être reproduites ou traduites qu'avec le consentement écrit préalable de la partie d'origine.

Article 9. Destruction d'informations classifiées

1. À l'exception des informations classifiées de niveau « ŚCIŚLE TAJNE/Особливої важливості », les informations classifiées sont détruites conformément à la législation interne de la partie destinataire, de manière à empêcher leur reconstitution partielle ou totale.

2. Les informations classifiées de niveau « ŚCIŚLE TAJNE/Особливої важливості » ne sont pas détruites, elles sont restituées à la partie d'origine.

Article 10. Visites

1. Les représentants des organismes autorisés de l'État de l'une des Parties qui effectuent une visite sur le territoire de l'État de l'autre Partie ne sont autorisés à accéder aux informations classifiées qu'après avoir reçu un consentement écrit préalable délivré par l'autorité compétente de l'État dont relève l'organisme autorisé hôte.

2. Au moins 30 jours avant une visite prévue, telle que visée au paragraphe 1 du présent article, et dans un délai plus court en cas d'urgence, l'autorité compétente de l'État dont relève l'organisme autorisé hôte reçoit une demande de visite de la part de l'autorité compétente de l'État de l'autre Partie.

3. La demande de visite, telle que visée au paragraphe 2 du présent article, comprend :

1) Le but, la date et le programme de la visite ;
2) Le nom et le prénom du visiteur, sa date et son lieu de naissance, sa nationalité et le numéro de son passeport ;
3) La fonction du visiteur, ainsi que le nom de l'entité qu'il représente ;
4) Le niveau et la date de validité du document autorisant le visiteur à accéder aux informations classifiées, conformément à la législation interne de l'État dont relève le visiteur ;
5) Le nom et l'adresse de l'entité qui fera l'objet d'une visite ;
6) Le nom, le prénom et la fonction de la personne à qui il sera rendu visite ;
7) La date, la signature et le cachet officiel de l'autorité compétente.

4. Pour protéger les données à caractère personnel, visées au paragraphe 3 du présent article, transmises dans le cadre des dispositions énoncées aux paragraphes 1, 5 et 6 du présent article, conformément à la législation interne des États des Parties, les dispositions suivantes s'appliquent :

1) Les données à caractère personnel transmises dans le cadre du présent Accord sont utilisées exclusivement aux fins définies par l'organisme autorisé qui les transmet et selon les conditions définies par celui-ci ;
2) Les données à caractère personnel transmises dans le cadre du présent Accord ne sont conservées que le temps nécessaire à leur traitement ;
3) Lorsque le transfert de données à caractère personnel est contraire à la législation interne de l'État de la Partie, l'organisme autorisé qui les transmet en informe l'organisme autorisé qui les reçoit, lequel est tenu de supprimer les données de manière à empêcher leur reconstitution partielle ou totale ;
4) L'organisme autorisé qui transmet les données à caractère personnel est responsable de leur exactitude et, lorsque les données semblent fausses ou incomplètes, il est tenu

d'en informer l'organisme autorisé qui les reçoit, lequel est tenu de les corriger ou de les supprimer ;

5) Les organismes autorisés qui transmettent ou reçoivent des données à caractère personnel sont tenus de consigner leur transmission, leur réception et leur suppression ;

6) Les organismes autorisés qui transmettent ou reçoivent des données à caractère personnel sont tenus de protéger efficacement les données à caractère personnel traitées contre leur divulgation à des personnes non autorisées et d'empêcher qu'elles ne soient modifiées de manière non autorisée, perdues, endommagées ou détruites.

5. L'autorité compétente peut convenir d'établir des listes de personnes autorisées à effectuer des visites récurrentes dans le cadre de l'exécution d'un projet, programme ou contrat classifié spécifique. Ces listes contiennent les données visées au paragraphe 3 du présent article et sont valables pour une période qui n'excède pas 12 mois. Une fois ces listes approuvées par l'autorité compétente, les dates des visites sont fixées directement entre l'organisme autorisé d'envoi et l'organisme autorisé hôte, conformément aux conditions convenues.

6. Les visites supposant l'accès à des informations classifiées de niveau « ZASTRZEŻONE/Для службового користування » sont organisées directement entre l'organisme autorisé d'envoi et l'organisme autorisé hôte.

Article 11. Violation des règles sur la protection réciproque des informations classifiées

1. En cas de violation des règles sur la protection réciproque des informations classifiées, l'autorité compétente de l'État de la partie destinataire en informe immédiatement l'autorité compétente de l'État de la partie d'origine et mène l'enquête conformément à la législation interne de l'État dont elle relève.

2. Les résultats de l'enquête sont communiqués par écrit à l'autorité compétente de l'État de la partie d'origine.

3. L'autorité compétente de l'État de la partie d'origine coopère aux fins de la conduite de l'enquête à la demande de l'autorité compétente de l'État de la partie destinataire.

Article 12. Langues

Dans le cadre de la mise en œuvre des dispositions du présent Accord, les Parties utilisent la langue anglaise ou leurs langues officielles respectives, en joignant, le cas échéant, une traduction dans la langue officielle de l'autre Partie ou en langue anglaise.

Article 13. Frais

Chaque Partie assume les frais qu'elle engage relativement à la mise en œuvre des dispositions du présent Accord.

Article 14. Consultations

1. Les autorités compétentes se tiennent mutuellement informées de toute modification apportée à la législation interne de leur État concernant la protection des informations classifiées et qui a une incidence sur la mise en œuvre des dispositions du présent Accord.

2. Les autorités compétentes se consultent mutuellement, à la demande de l'une d'entre elles, afin de coopérer dans la mise en œuvre des dispositions du présent Accord.

3. Chaque Partie autorise les représentants de l'autorité compétente de l'État de l'autre Partie à effectuer des visites sur le territoire de son État pour discuter des procédures de protection des informations classifiées transmises par l'autre Partie.

4. Afin d'assurer une coopération efficace dans le domaine visé par le présent Accord et dans le cadre des pouvoirs reconnus aux autorités compétentes par la législation interne de l'État dont elles relèvent, les autorités compétentes peuvent, si nécessaire, conclure des arrangements écrits pour mettre en œuvre les dispositions du présent Accord.

Article 15. Règlement des différends

1. Tout différend concernant l'application du présent Accord est réglé au moyen de négociations directes entre les autorités compétentes de l'État des Parties.

2. Les différends qui ne peuvent être réglés conformément au paragraphe 1 sont réglés par la voie diplomatique.

Article 16. Relations avec d'autres accords

1. À partir de la date d'entrée en vigueur du présent Accord :

   1) L'Accord entre le Gouvernement de la République de Pologne et le Cabinet des Ministres de l'Ukraine sur la protection réciproque d'informations classifiées, conclu à Varsovie le 4 septembre 2001 ;

   2) L'article 8 de l'Accord entre le Gouvernement de la République de Pologne et le Cabinet des ministres de l'Ukraine relatif à la coopération dans la lutte contre la criminalité organisée, conclu à Kiev le 3 mars 1999 ;

   cessent d'être contraignants.

2. Les informations classifiées qui ont été échangées ou générées mutuellement sur la base de l'Accord visé à l'alinéa 1 du paragraphe 1 du présent article et conformément aux dispositions visées à l'alinéa 2 du paragraphe 1 du présent article sont protégées conformément aux dispositions du présent Accord.

Article 17. Dispositions finales

1. Le présent Accord entre en vigueur le premier jour du deuxième mois suivant la réception de la dernière des notifications par lesquelles les Parties s'informent, par la voie diplomatique, de l'accomplissement des procédures juridiques internes nécessaires à l'entrée en vigueur du présent Accord.

2. Le présent Accord peut être amendé sur la base d'un consentement mutuel écrit des deux Parties. Les amendements entrent en vigueur conformément aux dispositions du paragraphe 1 du présent article.

3. Le présent Accord est conclu pour une durée indéterminée. L'une ou l'autre Partie peut le dénoncer moyennant une notification écrite adressée à l'autre Partie. Dans ce cas, le présent Accord cesse d'être en vigueur six mois après la réception de cette notification.

4. En cas de dénonciation du présent Accord, les Parties continuent d'assurer la protection des informations classifiées déjà reçues ou générées mutuellement conformément aux dispositions du présent Accord.

FAIT à Varsovie, le 27 août 2015, en deux exemplaires originaux, chacun en langues polonaise, ukrainienne et anglaise, tous les textes faisant également foi. En cas de divergence d'interprétation, le texte anglais prévaut.

Pour le Gouvernement de la République de Pologne :

[DARIUSZ ŁUCZAK]

Pour le Cabinet des Ministres d'Ukraine :

[WASYLIJ HRYCAK]

No. 54204

Argentina and Brazil

Agreement between the Government of the Argentine Republic and the Government of the Federative Republic of Brazil for the construction of an international bridge over the Pepirí-Guazú River between the cities of San Pedro, Argentina and Paraíso, Brazil. Buenos Aires, 31 January 2011

Entry into force: *1 October 2014 by notification, in accordance with article V*

Authentic texts: *Portuguese and Spanish*

Registration with the Secretariat of the United Nations: *Argentina, 11 January 2017*

Argentine et Brésil

Accord entre le Gouvernement de la République argentine et le Gouvernement de la République fédérative du Brésil relatif à la construction d'un pont international au-dessus du fleuve Pepirí-Guazú entre les villes de San Pedro (Argentine) et Paraíso (Brésil). Buenos Aires, 31 janvier 2011

Entrée en vigueur : *1er octobre 2014 par notification, conformément à l'article V*

Textes authentiques : *portugais et espagnol*

Enregistrement au Secrétariat de l'Organisation des Nations Unies : *Argentine, 11 janvier 2017*

[TEXT IN PORTUGUESE – TEXTE EN PORTUGAIS]

ACORDO
ENTRE O GOVERNO DA REPÚBLICA ARGENTINA
E O GOVERNO DA REPÚBLICA FEDERATIVA DO BRASIL
PARA A CONSTRUÇÃO DE UMA PONTE INTERNACIONAL
SOBRE O RIO PEPERI-GUAÇU,
ENTRE AS CIDADES DE SAN PEDRO, ARGENTINA, E PARAÍSO, BRASIL

O Governo da República Argentina

e

O Governo da República Federativa do Brasil,

(doravante denominados "Partes"),

Tendo em conta a vontade expressa na Declaração Conjunta firmada pelos Presidentes das Partes, em 23 de abril de 2009, no âmbito do Mecanismo de Integração e Coordenação Brasil-Argentina; e

Considerando a conclusão das obras de pavimentação da BR-282, no Estado de Santa Catarina, Brasil, e o início do processo de construção das obras básicas e de pavimentação sobre a Rodovia Provincial N° 27, entre a Rodovia Nacional N° 14 (San Pedro) e a Ponte sobre o Rio Peperi-Guaçu, na Província de Misiones, Argentina;

Acordam:

Artigo I

1. As Partes comprometem-se a iniciar, por intermédio de suas respectivas autoridades competentes, o exame das questões relativas à construção de uma nova ponte internacional sobre o Rio Peperi-Guaçu, entre os municípios de Paraíso (Brasil) e San Pedro (Argentina), que permitirá a interconexão da BR-282/SC com a Rodovia Nacional N° 14, Província de Misiones.

2. As Partes comprometem-se, igualmente, a definir a melhor alternativa de instalação do passo de fronteira.

Artigo II

Para os fins mencionados no Artigo I do presente Acordo, as Partes estabelecem uma Comissão Mista integrada por igual número de representantes de cada país, com a seguinte composição:

a) Pela Parte argentina: Ministério das Relações Exteriores, Comércio Internacional e Culto; Ministério de Planejamento Federal, Investimento Público e Serviços; Direção Nacional de Vias e outros organismos nacionais competentes; e

b) Pela Parte brasileira: Ministério das Relações Exteriores; Ministério dos Transportes, Departamento Nacional de Infraestrutura de Transportes; Ministério da Integração Nacional e outros organismos nacionais competentes.

Artigo III

1. Será da competência da Comissão Mista:

a) reunir os antecedentes para a elaboração dos Termos de Referência relativos aos aspectos técnicos, econômicos, ambientais, físicos, financeiros e legais do empreendimento, levando em consideração as condições hidrológicas e hidráulicas do local;

b) preparar a documentação necessária à construção da ponte e à realização de obras complementares e acessos;

c) referendar o Projeto executivo das obras;

d) preparar a documentação necessária, proceder ao chamado à licitação pública e adjudicar o Projeto;

e) supervisionar a construção das obras até o seu término e realizar duas vistorias, a primeira após seis meses e a segunda um ano após a inauguração.

2. A Comissão Mista terá poderes para solicitar assistência técnica e toda a informação que considerar necessária para o cumprimento de suas funções.

3. Cada Parte será responsável pelas despesas decorrentes de sua representação na Comissão Mista.

4. A Comissão Mista reger-se-á por Regulamento acordado entre as Partes, mediante Acordo por troca de Notas.

Artigo IV

1. Os custos relativos aos estudos, aos projetos e à construção da Ponte Internacional sobre o Rio Peperi-Guaçu serão compartilhados entre o Brasil e a Argentina, inclusive no que se refere às obrigações tributárias de cada Parte.

2. Cada Parte ficará responsável pelas despesas relativas aos respectivos acessos à Ponte, à construção do posto de fronteira do seu lado, bem como às desapropriações necessárias à implantação das obras em cada território nacional, segundo as condições a serem acordadas internamente com os governos locais.

3. As Partes poderão optar por compartilhar um único posto de fronteira, cujos custos necessários para a construção e operação serão rateados de modo uniforme, em conformidade com o disposto no parágrafo 1 deste Artigo.

Artigo V

1. O presente Acordo entrará em vigor na data da segunda notificação pela qual uma Parte informa a outra, por via diplomática, do cumprimento dos respectivos requisitos internos para sua entrada em vigor.

2. Qualquer controvérsia relativa à interpretação ou aplicação do presente Acordo será dirimida por negociação entre as Partes, pela via diplomática.

3. Este Acordo poderá ser emendado por consentimento mútuo das Partes, por via diplomática. As emendas entrarão em vigor em conformidade com os procedimentos estabelecidos no parágrafo 1 deste Artigo.

4. Cada Parte poderá, a qualquer momento, notificar à outra sua decisão de denunciar o presente Acordo. A denúncia surtirá efeitos trinta (30) dias após a data da notificação. As Partes acordarão os detalhes para a conclusão das atividades que já estiverem em execução no âmbito deste Acordo.

Feito em Buenos Aires, em 31 de janeiro de 2011, em dois exemplares originais, em espanhol e português, sendo ambos igualmente autênticos.

Pelo Governo da
República Argentina

Pelo Governo da
República Federativa do Brasil

[TEXT IN SPANISH – TEXTE EN ESPAGNOL]

ACUERDO
ENTRE EL GOBIERNO DE LA REPÚBLICA ARGENTINA
Y EL GOBIERNO DE LA REPÚBLICA FEDERATIVA DEL BRASIL
PARA LA CONSTRUCCIÓN DE UN PUENTE INTERNACIONAL
SOBRE EL RÍO PEPIRÍ-GUAZÚ,
ENTRE LAS CIUDADES DE SAN PEDRO, ARGENTINA, Y PARAÍSO, BRASIL

El Gobierno de la República Argentina

y

El Gobierno de la República Federativa del Brasil,

(en adelante denominados "las Partes"),

Teniendo en cuenta la voluntad expresada en la Declaración Conjunta firmada por los Presidentes de las Partes, el 23 de abril de 2009, en el ámbito del Mecanismo de Integración y Coordinación Bilateral Argentina - Brasil; y

Considerando la conclusión de las obras de pavimentación de la BR-282, en el Estado de Santa Catarina (Brasil), y el inicio de las tareas para la construcción de obras básicas y pavimento sobre la Ruta Provincial N° 27 entre la Ruta Nacional N° 14 (San Pedro) y el Puente sobre el río Pepirí-Guazú, en la Provincia de Misiones (Argentina);

Acuerdan:

ARTÍCULO I

1. Las Partes se comprometen a iniciar, por intermedio de sus respectivas autoridades competentes, el examen de las cuestiones referentes a la construcción de un nuevo puente internacional sobre el Río Pepirí-Guazú, entre los municipios de San Pedro (Argentina) y Paraíso (Brasil), que permitirá la interconexión de la BR-282/SC con la Ruta Nacional N° 14, Provincia de Misiones.

2. Las Partes se comprometen, asimismo, a definir la mejor alternativa de instalación del paso de frontera.

ARTÍCULO II

Para los fines mencionados en el Artículo I del presente Acuerdo, las Partes establecen una Comisión Mixta integrada por igual número de representantes de cada país, con la siguiente composición:

a) Por la Parte argentina: el Ministerio de Relaciones Exteriores, Comercio Internacional y Culto; el Ministerio de Planificación Federal, Inversión Pública y Servicios; la Dirección Nacional de Vialidad y otros organismos nacionales competentes; y

b) Por la Parte brasileña: el Ministerio de Relaciones Exteriores; el Ministerio de Transportes, Departamento Nacional de Infraestructura de Transportes, y el Ministerio de Integración Nacional, y otros organismos nacionales competentes.

ARTÍCULO III

1. Será competencia de la Comisión Mixta:

a) Reunir los antecedentes para la elaboración de los Términos de Referencia relativos a los aspectos técnicos, económicos, ambientales, físicos, financieros y legales del emprendimiento, considerando las condiciones hidrológicas e hidráulicas del lugar;

b) Preparar la documentación necesaria para la construcción del puente y de las obras complementarias y accesos;

c) Refrendar el Proyecto ejecutivo de las obras;

d) Preparar la documentación necesaria y proceder al llamado a licitación pública y adjudicar el Proyecto;

e) Supervisar la construcción de las obras hasta su término y realizar dos inspecciones, siendo la primera a los seis meses y la segunda un año después de la inauguración.

2. La Comisión Mixta tendrá poderes para solicitar asistencia técnica y toda la información que considere necesaria para el cumplimiento de sus funciones.

3. Cada Parte será responsable por los gastos resultantes derivados de su representación en la Comisión Mixta.

4. La Comisión Mixta se regirá por un Reglamento acordado entre las Partes mediante Acuerdo por Notas Reversales.

ARTÍCULO IV

1. Los costos relativos a los estudios, a los proyectos y a la construcción del puente internacional sobre el Río Pepirí-Guazú serán compartidos entre la Argentina y Brasil, inclusive en relación a las obligaciones tributarias de cada Parte.

2. Cada Parte será responsable por los gastos relativos a los respectivos accesos al Puente, a la construcción del puesto de frontera de su lado, así como a las expropiaciones necesarias a la implantación de las obras en cada territorio nacional, según las condiciones que sean acordadas internamente con los gobiernos locales.

3. Las Partes podrán optar por compartir un único puesto de frontera, cuyos costos necesarios para la construcción y operación serán prorrateados de manera uniforme, conforme lo dispuesto en el párrafo 1 de este Artículo.

ARTÍCULO V

1. El presente Acuerdo entrará en vigor a partir de la fecha de la segunda notificación por la cual una Parte informa a la otra, por la vía diplomática, del cumplimiento de los respectivos requisitos internos para la entrada en vigor de este Acuerdo.

2. Cualquier controversia que pueda surgir a partir de la interpretación o aplicación del presente Acuerdo será dirimida por negociación entre las Partes, por vía diplomática.

3. Este Acuerdo podrá ser enmendado por consentimiento mutuo de las Partes, por la vía diplomática. Las enmiendas entrarán em vigor de conformidad con los procedimientos establecidos en el párrafo 1 de este Artículo.

4. Cualquiera de las Partes podrá, en cualquier momento, notificar a la otra su decisión de denunciar el presente Acuerdo. La denuncia surtirá efectos treinta (30) dias después de la fecha de notificación. Las Partes acordarán sobre los detalles para la conclusión de las actividades que ya estén en ejecución.

Hecho en Buenos Aires, el 31 de enero de 2011, en dos ejemplares originales en español y portugués, siendo ambos igualmente auténticos.

Por el Gobierno de la República Argentina	Por el Gobierno de la República Federativa del Brasil

[TRANSLATION IN ENGLISH – TRADUCTION EN ANGLAIS]

AGREEMENT BETWEEN THE GOVERNMENT OF THE ARGENTINE REPUBLIC AND THE GOVERNMENT OF THE FEDERATIVE REPUBLIC OF BRAZIL FOR THE CONSTRUCTION OF AN INTERNATIONAL BRIDGE OVER THE PEPIRÍ-GUAZÚ RIVER, BETWEEN THE CITIES OF SAN PEDRO, ARGENTINA, AND PARAÍSO, BRAZIL

The Government of the Argentine Republic and the Government of the Federative Republic of Brazil, (hereinafter referred to as "the Parties"),

Taking into account the wishes expressed in the joint statement signed by the Presidents of the Parties on 23 April 2009, within the framework of the Mechanism of Bilateral Brazil-Argentina Integration and Coordination, and

Considering the completion of the paving works on the BR-282 in the state of Santa Catarina (Brazil) and the beginning of work for the construction of roadbeds and surfacing on provincial highway No. 27 between national highway No. 14 (San Pedro) and the bridge over the Pepirí-Guazú River, in Misiones province (Argentina),

Have agreed as follows:

Article I

1. The Parties undertake, through their respective competent authorities, to begin the examination of issues relating to the construction of a new international bridge over the Pepirí-Guazú River, between the municipalities of San Pedro (Argentina) and Paraíso (Brazil), which will link the BR-282/SC with national highway No. 14, Misiones province.

2. The Parties likewise undertake to determine the best option for the establishment of the border crossing.

Article II

For the purposes set out in article I of this Agreement, the Parties shall establish a Joint Commission comprising an equal number of representatives from each country, as follows:

(a) For the Argentine Party: The Ministry of Foreign Affairs, International Trade and Worship; the Ministry of Federal Planning, Public Investment and Services; the National Road Directorate and other competent national bodies; and

(b) For the Brazilian Party: The Ministry of Foreign Affairs; the Ministry of Transport, National Department of Transport Infrastructure; the Ministry of National Integration and other competent national bodies.

Article III

1. The responsibilities of the Joint Commission shall be:

(a) To compile background material for the drafting of the terms of reference for the technical, economic, environmental, physical, financial and legal aspects of the work, taking into account the hydrological and hydraulic conditions of the site;

(b) To prepare the documentation necessary for the construction of the bridge, associated works and approaches;

(c) To endorse the final plans for the work;

(d) To prepare the necessary documentation and effect the public bidding for and award of the project;

(e) To supervise the construction until completion and to conduct two inspections, the first one after six months and the second, one year after inauguration.

2. The Joint Commission shall have the authority to request technical assistance as well as any information it may deem necessary for the performance of its functions.

3. Each Party shall bear the expenses arising from its representation on the Joint Commission.

4. The Joint Commission shall be governed by regulations agreed upon by both Parties through diplomatic notes.

Article IV

1. The costs arising from studies, plans and building works for the international bridge over the Pepirí-Guazú River shall be shared between Argentina and Brazil, including in relation to the tax liabilities of each Party.

2. Each Party shall be responsible for the costs relating to the respective approaches to the bridge, the building of their respective border post and the expropriations required for the implementation of the work in each national territory, in accordance with the conditions to be agreed on internally with local governments.

3. The Parties may opt to share a single border post, for which the costs of construction and operation shall be uniformly apportioned, in accordance with the provisions of paragraph 1 of this article.

Article V

1. This Agreement shall enter into force on the date of the second notification whereby one Party informs the other, through the diplomatic channel, of the fulfilment of the respective internal requirements for its entry into force.

2. Any disputes that may arise out of the interpretation or implementation of this Agreement shall be settled by negotiation between the Parties, through the diplomatic channel.

3. This Agreement may be amended with the mutual consent of the Parties, through the diplomatic channel. The amendments shall enter into force in accordance with the procedure set out in paragraph 1 of this article.

4. Either of the Parties may at any time notify the other Party of its decision to terminate this Agreement. The termination shall take effect 30 days after the date of notification. The Parties shall agree on the details for the conclusion of activities already being carried out.

DONE at Buenos Aires on 31 January 2011 in two original copies, in Spanish and Portuguese, both texts being equally authentic.

For the Government of the Argentine Republic:

[HÉCTOR TIMERMAN]

[JULIO DE VIDO]

For the Government of the Federative Republic of Brazil:

[ANTONIO DE AGUIAR PATRIOTA]

[TRANSLATION IN FRENCH – TRADUCTION EN FRANÇAIS]

ACCORD ENTRE LE GOUVERNEMENT DE LA RÉPUBLIQUE ARGENTINE ET LE GOUVERNEMENT DE LA RÉPUBLIQUE FÉDÉRATIVE DU BRÉSIL RELATIF À LA CONSTRUCTION D'UN PONT INTERNATIONAL AU-DESSUS DU FLEUVE PEPIRÍ-GUAZÚ, ENTRE LES VILLES DE SAN PEDRO (ARGENTINE) ET PARAÍSO (BRÉSIL)

Le Gouvernement de la République argentine et le Gouvernement de la République fédérative du Brésil (ci-après dénommés « Parties »),

Tenant compte de la volonté exprimée dans la déclaration conjointe signée par les Présidents des Parties le 23 avril 2009, dans le cadre du mécanisme d'intégration et de coordination bilatérale entre l'Argentine et le Brésil, et

Considérant l'achèvement des travaux de pavage de la route BR-282, située dans l'État de Santa Catarina (Brésil), et le début des travaux de construction de la plateforme et de revêtement de la route provinciale n° 27 reliant la route nationale n° 14 (San Pedro) et le pont au-dessus du fleuve Pepirí-Guazú, dans la province de Misiones (Argentine),

Sont convenus de ce qui suit :

Article premier

1. Les Parties s'engagent à entreprendre, par l'intermédiaire de leurs autorités compétentes respectives, l'examen des questions relatives à la construction d'un nouveau pont international au-dessus du fleuve Pepirí-Guazú, entre les municipalités de San Pedro (Argentine) et de Paraíso (Brésil), qui reliera la route BR-282/SC à la route nationale n° 14, située dans la province de Misiones.

2. De même, les Parties s'engagent à déterminer la solution qui leur convient le mieux concernant l'établissement du poste frontalier.

Article II

Aux fins énoncées à l'article premier du présent Accord, les Parties créent une Commission mixte comprenant un nombre égal de représentants de chaque pays, composée comme suit :

a) Pour la Partie argentine : le Ministère des affaires étrangères, du commerce international et du culte, le Ministère de la planification fédérale, de l'investissement public et des services, la Direction nationale des routes et d'autres organismes nationaux compétents ; et

b) Pour la Partie brésilienne : le Ministère des affaires étrangères, le Ministère des transports, le Département national des infrastructures de transport, le Ministère de l'intégration nationale et d'autres organismes nationaux compétents.

Article III

1. Les responsabilités de la Commission mixte sont les suivantes :

   a) Réunir des renseignements généraux afin d'élaborer le cahier des charges relatif aux aspects techniques, économiques, environnementaux, physiques, financiers et juridiques des travaux, en tenant compte des conditions hydrologiques et hydrauliques du site ;

   b) Préparer la documentation nécessaire à la construction du pont, à l'exécution des travaux auxiliaires et à la construction des ouvrages et accès ;

   c) Approuver le projet exécutif des travaux ;

   d) Préparer la documentation nécessaire, lancer un appel d'offres public et attribuer le projet ;

   e) Superviser l'exécution des travaux jusqu'à leur achèvement et effectuer deux inspections, la première six mois après le début des travaux et la seconde, un an après.

2. La Commission mixte est habilitée à solliciter une assistance technique et à demander toute information qu'elle juge nécessaire à l'exercice de ses fonctions.

3. Chaque Partie prend en charge les dépenses afférentes à sa représentation à la Commission mixte.

4. La Commission mixte est régie par un règlement convenu par les deux Parties au moyen d'un échange de notes diplomatiques.

Article IV

1. L'Argentine et le Brésil se partagent les coûts relatifs aux études, aux plans et aux travaux de construction du pont international au-dessus du fleuve Pepirí-Guazú, ainsi que les coûts liés aux obligations fiscales de chaque Partie.

2. Chaque Partie prend en charge les dépenses liées à ses propres ouvrages d'accès au pont, à la construction du poste frontière sur son territoire et aux expropriations nécessaires à l'implantation des travaux sur chaque territoire national, dans des conditions à convenir en interne avec les gouvernements locaux.

3. Les Parties peuvent choisir de partager un poste frontière unique, dont les coûts de construction et d'exploitation sont répartis de manière uniforme, conformément aux dispositions du paragraphe 1 du présent article.

Article V

1. Le présent Accord entre en vigueur à la date de la seconde notification par laquelle une Partie informe l'autre, par la voie diplomatique, de l'accomplissement de ses formalités internes nécessaires à cet effet.

2. Tout différent découlant de l'interprétation ou de l'application du présent Accord est réglé par voie de négociations entre les Parties par la voie diplomatique.

3. Le présent Accord peut être amendé d'un commun accord entre les Parties, par la voie diplomatique. Tout amendement entre en vigueur conformément à la procédure énoncée au paragraphe 1 du présent article.

4. Chacune des Parties peut à tout moment notifier à l'autre son intention de dénoncer le présent Accord. La dénonciation prend effet 30 jours après la date de la notification. Les Parties conviennent des modalités d'achèvement des activités en cours.

FAIT à Buenos Aires, le 31 janvier 2011, en deux exemplaires originaux en langues espagnole et portugaise, les deux textes faisant également foi.

Pour le Gouvernement de la République argentine :
[HÉCTOR TIMERMAN]
[JULIO DE VIDO]

Pour le Gouvernement de la République fédérative du Brésil :
[ANTONIO DE AGUIAR PATRIOTA]

No. 54205

Argentina and United Arab Emirates

Agreement on cooperation in the peaceful uses of nuclear energy between the Argentine Republic and the United Arab Emirates. Abu Dhabi, 14 January 2013

Entry into force: *5 September 2014 by notification, in accordance with article 18*

Authentic texts: *Arabic, English and Spanish*

Registration with the Secretariat of the United Nations: *Argentina, 11 January 2017*

Argentine et Émirats arabes unis

Accord de coopération en matière d'utilisation de l'énergie nucléaire à des fins pacifiques entre la République argentine et les Émirats arabes unis. Abou Dhabi, 14 janvier 2013

Entrée en vigueur : *5 septembre 2014 par notification, conformément à l'article 18*

Textes authentiques : *arabe, anglais et espagnol*

Enregistrement au Secrétariat de l'Organisation des Nations Unies : *Argentine, 11 janvier 2017*

المادة 18
دخول الاتفاقية حيز النفاذ ومدتها وإنهاؤها

(1) تدخل هذه الاتفاقية حيز النفاذ اعتباراً من تاريخ المذكرة التي ترد أخيراً في تبادل المذكرات الدبلوماسية التي يُشعر كل طرف من خلالها الطرف الآخر باستكمال الإجراءات الداخلية اللازمة لدخول هذه الاتفاقية حيز النفاذ.

(2) تبقى هذه الاتفاقية نافذة المفعول لمدة عشرة أعوام وتكون قابلة للتمديد تلقائياً لفترات متعاقبة أمد كل منها عشرة أعوام ما لم يبلغ أحد الطرفين الطرف الآخر كتابياً من خلال القنوات الدبلوماسية برغبته في إنهاء العمل بهذه الاتفاقية وذلك قبل ستة أشهر على الأقل من انتهاء أي مدة إضافية.

(3) لا يؤثر إنهاء هذه الاتفاقية على تنفيذ أي اتفاقات و/أو عقود مبرمة قبل تاريخ الانهاء ولم يتم انجازها بتاريخ انهاء الاتفاقية، ما لم يتفق الطرفان كتابياً على غير ذلك.

(4) على الرغم من إنهاء هذه الاتفاقية، يظل الالتزام المنصوص عليه في المواد 1، 2 (3)، 8، 9، 10، 12، 13، 14، 16، 17 (4) من هذه الاتفاقية نافذ المفعول ما لم يتفق الطرفان كتابياً على غير ذلك.

حررت هذه الاتفاقية في أبوظبي بتاريخ 14 من شهر يناير لعام 2013 باللغات الاسبانية والعربية والانجليزية، وكل النصوص متساوية في الحجية. وفي حالة وجود أي تعارض بين هذه النسخ فسوف يُعتمد النص باللغة الانجليزية.

عن جمهورية الأرجنتين	عن دولة الإمارات العربية المتحدة
هكتور ماركوس تاميرمان	عبدالله بن زايد آل نهيان
وزير الخارجية وشؤون العبادة	وزير الخارجية

(4) يتعين على الطرف الذي يرغب بممارسة حقوقه بموجب الفقرة (1) من هذه المادة على أساس وجود "إخلال جوهري" أولاً معرفة ما إن كانت الوقائع التي أدت الى اتخاذ مثل هذا الإجراء وفقاً للفقرة (1) مقصودة أم لا. فإذا تبين بعد دراسة الوقائع أنها كانت مقصودة، يحق له عندئذ ممارسة حقوقه بموجب الفقرة (1) من هذه المادة. أما إذا تبين أن الاخلال الجوهري لم يكن مقصوداً، وكان قابلاً للتصويب، فيتعين على الطرف غير المخِلّ منح الطرف المخالف فترة زمنية معقولة وفقاً لتشريعاته وأنظمته المحلية لتصويب أوضاعه ومعالجة ا الإخلال.

المادة 16
تسوية الخلافات

(1) يمكن لأي طرف أن يطلب إحالة أي خلاف ينشأ بشأن تفسير أو تنفيذ هذه الاتفاقية ولم تتم تسويته عن طريق المفاوضات، الى هيئة تحكيم مكونة من ثلاثة محكمين يتم تعيينهم وفقاً لأحكام هذه المادة. ويقوم كل طرف بتعيين محكم يمكن أن يكون من مواطني ذلك الطرف، ويعين المحكمان المعينان محكماً ثالثاً يتولى مهام رئاسة الهيئة، على ألا يكون من جنسية أي من الطرفين. وتطبق في التحكيم قواعد التحكيم المعتمدة من لجنة الأمم المتحدة للقانون التجاري الدولي (الاونسيترال)، باستثناء ما قد يتفق الطرفان على تعديله كتابياً. فإن لم يعين أي من الطرفين محكماً في غضون ثلاثين يوماً من تاريخ طلب الالتجاء للتحكيم، يجوز للطرف الآخر أن يطلب من رئيس محكمة العدل الدولية تعيين محكم للطرف الذي لم يعين محكماً. وينطبق نفس الإجراء في حال عدم تعيين محكّم ثالث خلال ثلاثين (30) يوماً من تاريخ تعيين المحكّم الثاني. ويتشكل النصاب القانوني من أغلبية أعضاء هيئة التحكيم.

(2) تتخذ هيئة التحكيم قراراتها بأغلبية أصوات جميع أعضائها، وتحدد الهيئة اجراءات التحكيم، وتكون كافة القرارات الصادرة عن هيئة التحكيم ملزمة للطرفين وواجبة التنفيذ من قبلهما.

(3) يدفع كل طرف أجور المحكّم الذي قام بتعيينه ومصاريف تمثيله القانوني. ويتقاسم الطرفان أجور رئيس هيئة التحكيم والمصاريف الأخرى بينهما مناصفةً.

(4)

المادة 17
التعديلات

يجوز تعديل هذه الاتفاقية بموافقة خطية من الطرفين و من خلال القنوات الدبلوماسية. وتدخل التعديلات حيز النفاذ وفقاً للفقرة (1) من المادة (18).

ويكون كل طرف مسؤولاً عن تنفيذ واستمرار تطبيق اجراءات الحماية المادية على أراضيه.

المادة 14
الموافقة المسبقة

يتعين على كل طرف الحصول على موافقة خطية مسبقة من الطرف الآخر:

(1) قبل نقل أي مواد نووية أو مواد نووية مشتقة أو مواد أو معدات أو تكنولوجيا أو معلومات أو عناصر مشتقة خاضعة لهذه الاتفاقية الى طرف ثالث خارج الاقليم التابع لولاية أيٍّ من طرفي الاتفاقية.

(2) قبل القيام بتخصيب أي من المواد النووية الخاضعة لهذه الاتفاقية إلى نسبة 20% أو أكثر في النظير المشع U235 أو قبل إعادة معالجة أيٍّ من المواد النووية الخاضعة لهذه الاتفاقية.

المادة 15
وقف التعاون

(1) في حال قيام أي طرف في أي وقت بعد دخول هذه الاتفاقية حيز النفاذ:

أ. بالإخلال بشكل جوهري بأحكام المواد 16،14،13،12،10 من هذه الاتفاقية؛ أو

ب. بإنهاء أو الإخلال بشكل جوهري باتفاقية الضمانات التي وقعها ذلك الطرف مع الوكالة

يحق للطرف الآخر إيقاف أي تعاون آخر بموجب هذه الاتفاقية أو تعليق هذه الاتفاقية أو انهائها والمطالبة بإعادة أي من المواد والمواد النووية والمعدات التي تم نقلها بموجب هذه الاتفاقية وأي مواد انشطارية خاصة تم انتاجها باستخدام المواد والمواد النووية والمعدات التي تم نقلها.

(2) في حال ممارسة أيٍّ من الطرفين حقوقه بموجب هذه المادة في المطالبة بإعادة أي من المواد أو المواد النووية أو المعدات، يتعين عليه تعويض الطرف الآخر ـــ بعد إزالة تلك المواد من أراضي الطرف الآخر ـــ بالقيمة السوقية العادلة لتلك المواد أو المواد النووية أو المعدات.

(3) في حال ارتأى أحد الطرفين ضرورة ممارسة أي من الحقوق المشار اليها أعلاه في هذه المادة، ينبغي عليه إبلاغ الطرف الآخر كتابياً بهذا القرار.

المادة 12
الضمانات

(1) تخضع كافة المواد النووية أو المواد النووية المشتقة أو المعدات أو التكنولوجيا التي يتم نقلها الى أحد الطرفين بموجب هذه الاتفاقية، للاتفاق الذي أبرمه ذلك الطرف مع الوكالة لتطبيق الضمانات الخاصة بالأنشطة النووية ضمن منطقة إقليمه أو في اقليم خاضع لولايته أو تحت سيطرته في أي مكان آخر. (فبالنسبة لدولة الإمارات العربية المتحدة، يتم النقل وفقاً للاتفاقية المبرمة بين دولة الإمارات العربية المتحدة وبين الوكالة الدولية للطاقة الذرية لتطبيق الضمانات الخاصة بمعاهدة حظر انتشار الأسلحة النووية الموقعة بتاريخ 15 ديسمبر 2002 والبروتوكول الاضافي الموقع في 8 أبريل2009. أما بالنسبة لجمهورية الأرجنتين فيتم النقل وفقاً لاتفاقية الضمانات المبرمة مع جمهورية البرازيل الاتحادية، ومع الوكالة الأرجنتينية – البرازيلية للحساب والرقابة على المواد النووية والوكالة الدولية للطاقة الذرية، الموقعة في فيينا بتاريخ 13 ديسمبر 1991 التي دخلت حيز النفاذ في 3 مارس 1994).

(2) يتعين على كل طرف اتخاذ التدابير اللازمة لضمان وتسهيل تطبيق الضمانات المنصوص عليها في هذه المادة (12).

(3) تطبق أحكام المادة (12) هذه بما يضمن تفادي أي تداخل لا مبرر له في الأنشطة النووية التي يمارسها الطرفان وبما ينسجم مع أفضل الممارسات الإدارية التي تكفل تنفيذ البرامج النووية السلمية بشكل آمن واقتصادي.

(4) في حال تبيّن لأي من الطرفين الظروف التي تثبت عدم قيام الوكالة بتطبيق الضمانات وفقاً للاتفاقية المذكورة في الفقرة (1) من هذه المادة (12) هذه أوعدم إمكانية تطبيقها مستقبلاً لأي سبب من الأسباب، يتعين على الطرفين، لضمان استمرار تطبيق الضمانات ، القيام فوراً بإجراء مشاورات لتحديد ضمانات مماثلة في نطاقها وأثرها تلك الضمانات التي تم استبدالها وذلك لضمان استمرار تطبيق الضمانات.

المادة 13
الحماية المادية

يلتزم كل طرف بتوفير الحماية المادية للمواد النووية التي يتم نقلها اليه وفقاً لهذه الاتفاقية أي مواد مشتقة بمستويات لا تقل عن مستويات الحماية الواردة في وثيقة الوكالة INFCIRC/225/Rev. 4 بصيغتها المعدلة .

المادة (9)
نقل المعلومات

(1) لا يتم نقل أي معلومات بموجب هذه الاتفاقية لا تسمح القوانين المحلية للطرفين أو الاتفاقيات أو المعاهدات الدولية ذات الصلة بنقلها أو أي معلومات يعتبرها الطرفان من أسرار الدولة.

(2) يقوم الطرف الذي استلم المعلومات بموجب هذه الاتفاقية بحمايتها بمستوى مماثل لمستوى الحماية التي يوفرها الطرف الناقل لهذه المعلومات. ولا يجوز الكشف عن تلك المعلومات أو نقلها إلى طرف ثالث دون الحصول على موافقة خطية من الطرف الناقل.

(3) يحدد الطرفان عدد الأفراد الذين يمكنهم الحصول على مثل هذه المعلومات ليقتصر على الأفراد الذين لابد لهم من الاطلاع عليها.

(4) ينبغي استخدام المعلومات التي يتم نقلها بموجب هذه الاتفاقية حصراً وفقاً لهذه الاتفاقية وليس لأي غرض آخر.

المادة 10
الاستخدام السلمي

ينفَّذ التعاون بموجب هذه الاتفاقية للأغراض السلمية فقط. ويضمن الطرفان عدم استخدام أيٍّ من المواد النووية أو المواد أو المعدات أو المعلومات أو التكنولوجيا المنقولة وفقاً لهذه الاتفاقية، أو أي عناصر أو مواد نووية مشتقة لغير الأغراض السلمية (ويشمل ذلك، على سبيل المثال لا الحصر،صنع الأسلحة النووية والأجهزة المتفجرة النووية الأخرى).

المادة 11
نطاق التطبيق

تبقى المواد النووية أو المواد أو المعدات أو التكنولوجيا أو العناصر أو أي عناصر أو مواد نووية مشتقة يتم نقلها وفقاً لهذه الاتفاقية، خاضعة للاتفاقية طالما أنها ما تزال في إقليم الطرف المعني أو في أي إقليم خاضع لولايته أو سيطرته في أي مكان؛ أو لحين اتفاق الطرفين كتابياً بأن تلك المواد النووية أو المواد أو المعدات أو المعلومات أو التكنولوجيا أو العناصر أو المواد النووية المشتقة لم تعد صالحة للاستخدام في أي نشاط نووي من منظور نظام الضمانات أو حسبما يتفق عليه الطرفان خلافاً لذلك.

المادة (6)
لجنة التنسيق المشتركة

(1) يشكل الطرفان لجنة تنسيق مشتركة تتولى:

أ. مراجعة تنفيذ هذه الاتفاقية ؛

ب. النظر في المسائل المنبثقة عن تنفيذ هذه الاتفاقية؛

ج. إجراء المشاورات في القضايا ذات الاهتمام المشترك المتعلقة بالاستخدامات السلمية للطاقة النووية.

(2) تُعقد اجتماعات لجنة التنسيق المشتركة، حسب اتفاق الطرفين، بالتناوب في دولة الإمارات العربية المتحدة وجمهورية الأرجنتين. ويتحمل كل طرف جميع التكاليف المتعلقة بحضور تلك الاجتماعات فيما تتحمل الدولة المضيفة تكاليف تنظيم اجتماع لجنة التنسيق المشتركة.

يُبلغ الطرفان بعضهما البعض كتابةً من خلال القنوات الدبلوماسية بأي تغيير في لجنة التنسيق المشتركة المبينة في هذه المادة.

المادة (7)
اتفاقيات وعقود محددة

يتم تنفيذ التعاون بموجب هذه الاتفاقية لكل حالة على حدة، من خلال اتفاقيات تُبرم بين الطرفين و/أو المؤسسات المخولة من قبل السلطات المختصة المحددة في المادة (5). تحدد تلك الاتفاقيات نطاق التعاون وحقوق طرفي الاتفاقية والتزاماتهما والشروط المالية وغيرها من شروط التعاون.

المادة (8)
حقوق الملكية الفكرية

يضمن كل طرف توفير الحماية والاستخدام الفعال لحقوق الملكية الفكرية المنقولة أو المنشأة بموجب هذه الاتفاقية وفقاً للقوانين المحلية لكل طرف والمعاهدات الدولية الملزمة للطرفين. لا تنقل هذه الاتفاقية أو تمنح أيّ طرف أي حق في حقوق الملكية الفكرية للطرف الآخر. تنظّم الشروط الخاصة بحماية واستخدام حقوق الملكية الفكرية عن طريق اتفاقيات و/أو عقود محددة تُبرم وفقاً للمادة (7).

(و) الطب النووي؛

(ز) الحماية من الإشعاع والسلامة النووية والإشعاعية، والأنشطة التنظيمية، وتقييم الأثر الإشعاعي للطاقة النووية ودورة الوقود النووي على البيئة؛

(ح) التأهب والاستجابة لحالات الطوارئ ؛

(ط) الضمانات والحماية المادية للمواد النووية؛

(ي) تدريب وتطوير الكوادر العاملة في المجالات المذكورة أعلاه؛

(ك) مجالات التعاون الأخرى التي يتفق عليها الطرفان كتابياً.

المادة (4)
أشكال التعاون

يمكن تنفيذ التعاون المذكور في المادة (3) كما يلي:

(أ) تبادل الكوادر العلمية والفنية وتدريبها؛

(ب) تبادل الخبراء والمحاضرين؛

(ج) تبادل المعلومات؛

(د) التشاور بشأن القضايا العلمية والتكنولوجية؛

(ه) تنفيذ الدراسات والمشاريع المشتركة في مجال البحث العلمي والتطوير التقني؛

(و) نقل المواد النووية والمعدات والتكنولوجيا والدعم الفني في واحد أو أكثر من المجالات المذكورة في المادة (3)؛

(ز) أشكال التعاون الأخرى التي يتفق عليها الطرفان كتابياً.

المادة (5)
السلطات المختصة

تكون السلطات المختصة المسؤولة عن تنفيذ هذه الاتفاقية هي:

(أ) بالنسبة لجمهورية الأرجنتين: الهيئة الوطنية للطاقة الذرية (CNEA) وهيئة التنظيم النووي (ARN)، كل حسب اختصاصه؛

(ب) بالنسبة لدولة الإمارات العربية المتحدة: وزارة الخارجية

يُخطر الطرفان بعضهما البعض كتابياً من خلال القنوات الدبلوماسية بأي تغيير في التعيينات المذكورة في هذه المادة (5).

(ط) "الشخص" يعني أي شخص طبيعي أو كيان منظم و/أو قائم بموجب القوانين أو الولاية القضائية لأي من الطرفين دون أن يشمل ذلك الطرفين أنفسهم؛

(ي) "التكنولوجيا" تحمل المعنى الوارد في الملحق "أ" من وثيقة الوكالة INFCIRC/254/Rev.9/Part 1 بصيغتها المعدلة. ولن تكون أي من التعديلات التي تتم سارية المفعول بموجب هذه الاتفاقية إلا بعد إخطار الطرفين بعضهما البعض كتابياً من خلال القنوات الدبلوماسية بقبولهما لها؛

(ك) "النقل" يعني أي عملية نقل ويشمل ذلك، حيثما كان متصلاً، عمليات إعادة النقل.

المادة (2)
نطاق التعاون

(1) يمكن للطرفان، على أساس المساواة والمنفعة المتبادلة والتعامل بالمثل، تطوير وتعزيز التعاون العلمي والتقني والاقتصادي في مجال الاستخدامات السلمية للطاقة النووية وفقاً للاحتياجات والأولويات لبرامجهما النووية الوطنية والقوانين المحلية للطرفين وتعهداتهما والتزاماتهما الدولية.

(2) تخضع المواد النووية والمواد والمعدات والمكونات والتكنولوجيا المتبادلة بين الطرفين لهذه الاتفاقية.

(3) لا يشمل التعاون بين الطرفين المعلومات أو المعدات أو التكنولوجيا الخاصة بالتخصيب أو إعادة المعالجة.

(4) لا يوجد في هذه الاتفاقية ما يحدّ من التعهدات والالتزامات الدولية للطرفين في المجال النووي.

المادة (3)
مجالات التعاون

يجوز للطرفين بموجب هذه الاتفاقية التعاون في المجالات التالية:

(أ) البحوث الأساسية والتطبيقية في مجال الاستخدامات السلمية للطاقة النووية؛

(ب) إنتاج واستخدام النظائر المشعة في الطب والصناعة والزراعة؛

(ج) بحث وتطوير وتصميم وبناء وتشغيل وصيانة محطات الطاقة النووية و مفاعلات الأبحاث ؛

(د) الإنتاج الصناعي للعناصر والمواد اللازمة للاستخدام في المفاعلات النووية والوقود الخاص بها؛

(ه) إدارة ومعالجة النفايات المشعة؛

ورغبة منهما في تعزيز التعاون في مجال تطوير واستخدام الطاقة النووية للأغراض السلمية بشفافية وبما يحقق المنفعة للجميع؛

فقد تم الاتفاق كما يلي:

المادة (1)
تعريفات

لأغراض هذه الاتفاقية فإن:

(أ) "العناصر المشتقة" تعني المواد والمعدات والتكنولوجيا المستمدة أو التي تم الحصول عليها من المواد النووية والمعدات والمواد والتكنولوجيا التي يتم نقلها بموجب هذه الاتفاقية؛

(ب) "المواد النووية المشتقة" تعني جميع الأجيال المتعاقبة من المواد النووية المستخلصة أو التي تم الحصول عليها كمنتجات أو منتجات ثانوية من المواد النووية التي يتم نقلها بموجب هذه الاتفاقية؛

(ج) "معدات أو تكنولوجيا التخصيب أو إعادة المعالجة " تعني جميع المعدات المصممة أو المستخدمة أساساً لتخصيب اليورانيوم، أو إعادة معالجة الوقود النووي؛

(د) "المعدات" تعني العناصر المدرجة في الملحق "ب" من وثيقة الوكالة INFCIRC/254/Rev.9/Part1 بصيغتها المعدلة. ولن تكون أي من التعديلات سارية المفعول بموجب هذه الاتفاقية إلا بعد إخطار الطرفين بعضهما البعض كتابياً من خلال القنوات الدبلوماسية بقبولهما لها؛

(ه) "المعلومات" تعني البيانات العلمية أو التجارية أو التقنية او المعلومات بأية صيغة كانت أو أي معلومات أو بيانات أخرى يتم تزويدها أو تبادلها بموجب هذه الاتفاقية؛

(و) "الملكية الفكرية" تحمل المعنى الوارد في المادة (2) من اتفاقية إنشاء المنظمة العالمية للملكية الفكرية (WIPO)، الموقعة في ستوكهولم في 14 يوليو 1967؛

(ز) "المواد" تعني أي مواد غير نووية مدرجة في الفقرة (2) من الملحق "ب" من وثيقة الوكالة INFCIRC/254/Rev.9/Part 1 بصيغتها المعدلة. ولن تكون أي من التعديلات التي سارية المفعول بموجب هذه الاتفاقية إلا بعد إخطار الطرفين بعضهما البعض كتابياً من خلال القنوات الدبلوماسية بقبولهما لها؛

(ح) "المواد النووية" تعني أي "مادة مصدرية" أو "مادة انشطارية خاصة" كما هي محددة في المادة (20) من قانون الوكالة .

[TEXT IN ARABIC – TEXTE EN ARABE]

اتفاقية بين

جمهورية الأرجنتين

و

دولة الإمارات العربية المتحدة

للتعاون في مجال الاستخدامات السلمية للطاقة النووية

إن جمهورية الأرجنتين و دولة الإمارات العربية المتحدة (المشار اليهما مجتمعين بـــ "الطرفان" ومنفردين بـــ "الطرف")؛

إذ تدركان مزايا التعاون الفعال لكلا الطرفين في مجال تطوير واستخدام الطاقة الذرية للأغراض السلمية؛

وترغبان بإرساء الإطار القانوني اللازم لهذا التعاون؛

وانطلاقاً من رغبة الطرفين في تحقيق تعاون اقتصادي وعلمي وتقني يحقق المنفعة للطرفين على أساس الاحترام المتبادل لسيادة كل طرف وبرامجه النووية؛

وإدراكاً منهما لأهمية الطاقة النووية في تلبية الطلب العالمي المتزايد على الطاقة بطريقة أنظف وأكثر كفاءة؛

واخذا بالاعتبار بأن الطرفين دول أعضاء في الوكالة الدولية للطاقة الذرية (المشار إليها فيما يلي بـــ "الوكالة") وحريصان على دعم أهدافها؛

وتأكيداً على دعم الطرفين لنظام الوكالة للضمانات وأهميته في ضمان ان التعاون الدولي في مجال استخدام الطاقة النووية للأغراض السلمية يتم في إطار ترتيبات لا تسهم في انتشار الأسلحة النووية أو الأجهزة المتفجرة النووية الأخرى؛

وإشارة إلى أن دولة الإمارات العربية المتحدة والأرجنتين طرفان في معاهدة حظر انتشار الأسلحة النووية (1968)، واتفاقية الحماية المادية للمواد النووية (1980)، واتفاقية التبليغ المبكر عن وقوع حادث نووي (1986)، واتفاقية تقديم المساعدة في حالة وقوع حادث نووي أو طارئ إشعاعي (1986)، واتفاقية الأمان النووي (1994)، والاتفاقية المشتركة بشأن أمان التصرف في الوقود المستهلك والنفايات المشعة (2009).

[TEXT IN ENGLISH – TEXTE EN ANGLAIS]

AGREEMENT ON COOPERATION IN THE PEACEFUL USES OF NUCLEAR ENERGY BETWEEN THE ARGENTINE REPUBLIC AND THE UNITED ARAB EMIRATES

The Argentine Republic and the United Arab Emirates (hereinafter referred to as "the Parties" and each a "Party");

TAKING into account the advantages to both Parties of effective co-operation in the development and application of atomic energy for peaceful purposes;

DESIRING to establish the necessary legal framework therefore;

WISHING to develop a mutually beneficial economic, scientific and technical cooperation between the Parties, on the basis of mutual respect for each other's sovereignty and of reciprocity and with due respect of each other's nuclear programs;

RECOGNIZING the significance of nuclear energy for meeting growing global energy demands in a cleaner and more efficient manner;

NOTING that the Parties are Member States of the International Atomic Energy Agency (hereinafter referred to as "the IAEA") and affirming their support for its objectives;

AFFIRMING their support to the safeguards system of the IAEA, and its importance in ensuring that international cooperation in the use of nuclear energy for peaceful purposes is carried out under arrangements that will not contribute to the proliferation of nuclear weapons or other nuclear explosive devices;

NOTING that the Argentine Republic and the United Arab Emirates are Parties to the Treaty on the Non-Proliferation of Nuclear Weapons (1968), the Convention on the Physical Protection of Nuclear Material (1980), the Convention of Early Notification of a Nuclear Accident (1986), the Convention on Assistance in the Case of a Nuclear Accident or Radiological Emergency (1986), the Convention on Nuclear Safety (1994); and the Joint Convention on the Safety of Spent Fuel Management and the Safety of Radioactive Waste Management (2009).

DESIRING to enhance their cooperation in the use and development of nuclear energy for peaceful purposes in a transparent way and beneficial to all;

Have agreed on the following:

ARTICLE 1
DEFINITIONS

For the purposes of this Agreement:

(a) "derived items" means material, equipment and technology derived or obtained from nuclear material, material, equipment and technology, transferred under this Agreement;
(b) "derived nuclear material" means all successive generations of nuclear material recovered or obtained as products or as by-products from nuclear material transferred under this Agreement;
(c) "enrichment or reprocessing equipment or technology" means all equipment designed or used primarily for uranium enrichment, or reprocessing of nuclear fuel;
(d) "equipment" means those items listed in Annex B of IAEA document INFCIRC/254/Rev.9/Part 1, as amended. Any such amendment shall have effect under this Agreement only when both Parties have informed each other in writing through diplomatic channels that they accept such amendment
(e) "information" means scientific, commercial or technical data or information in any form, or any other data or information provided or exchanged under this Agreement;
(f) "intellectual property" has the meaning set out in article 2 of the Convention establishing the World Intellectual Property Organization (WIPO), signed at Stockholm on July 14, 1967.
(g) "material" means any non-nuclear material listed in Annex B paragraph 2 of IAEA document INFCIRC/254/Rev.9/Part 1, as amended. Any such amendment shall have effect under this Agreement only when both Parties have informed each other in writing through diplomatic channels that they accept such amendment
(h) "nuclear material" means any "source material" or "special fissionable material" as those terms are defined in Article XX of the Statute of the IAEA, as amended;
(i) "person" means any natural person or entity organized and/or existing under the laws or jurisdiction of either Party but not including the Parties themselves;
(j) "technology" has the meaning provided in Annex A of IAEA document INFCIRC/254/Rev.9/Part 1, as amended. Any such amendment shall have effect under this Agreement only when both Parties have informed each other in writing through diplomatic channels that they accept such amendment and
(k) "transfer" means any transfer including, where relevant, a retransfer.

ARTICLE 2
SCOPE OF COOPERATON

(1) The Parties may, on the basis of mutual benefit, equality and reciprocity, develop and strengthen scientific, technical and economic cooperation in the field of the peaceful uses of nuclear energy in accordance with the needs and priorities of their national nuclear programs, and the domestic law of the Parties and their international obligations and commitments.
(2) Nuclear material, material, equipment, components, and technology exchanged between the parties shall be deemed subject to this Agreement.
(3) The cooperation between the Parties shall not include enrichment or reprocessing equipment or technology and/or information.
(4) Nothing in this Agreement shall derogate from the international obligations and commitments of the Parties in nuclear field.

ARTICLE 3
FIELDS OF COOPERATION

The Parties may cooperate under this Agreement in the following areas:

(a) Basic and applied research in the peaceful uses of nuclear energy;
(b) Production and utilization of radioactive isotopes in industry, medicine and agriculture;
(c) Research, development, design, construction, operation and maintenance of nuclear power plants and research reactors;
(d) Industrial production of items and materials needed for use in nuclear reactors and their fuel;
(e) Treatment and management of radioactive wastes;
(f) Nuclear medicine;
(g) Radiological protection, nuclear and radiation safety, regulatory activities, and the assessment of the radiological impact of nuclear energy and its nuclear fuel cycle on the environment;
(h) Emergency preparedness and response;
(i) Safeguards and physical protection of nuclear materials;
(j) Training and development of manpower working in the above mentioned fields;
(k) Other areas of cooperation to be agreed upon by the Parties in writing.

ARTICLE 4
FORMS OF COOPERATION

Cooperation described in Article 3 may be carried out in the following ways:

(a) Exchange, education and training of scientific and technical personnel;
(b) Exchange of experts, and lectures;
(c) Exchange of information;
(d) Consultation on scientific and technological issues;
(e) Implementation of joint studies and projects on scientific research and technological development;
(f) Transfer of nuclear material, equipment, technology and technical assistance in one or more of the areas described in Article 3.
(g) Other forms of cooperation to be agreed upon by the Parties in writing.

ARTICLE 5
COMPETENT AUTHORITIES

The competent authorities responsible for the implementation of this Agreement shall be:

(a) For the Argentine Republic: The National Atomic Energy Commission (CNEA) and the Nuclear Regulatory Authority (ARN), in accordance with their respective competences;
(b) For the United Arab Emirates: the Ministry of Foreign Affairs.

The Parties shall notify each other in writing through diplomatic channels of any changes to the designations described in this Article 5.

ARTICLE 6
JOINT COORDINATING COMMITTEE

(1) The Parties shall establish a Joint Coordinating Committee to:
   (a) Review the implementation of this Agreement;
   (b) Consider the issues arising from its implementation; and
   (c) Hold consultations on issues of mutual interest related to peaceful uses of nuclear energy.
(2) The Joint Coordinating Committee meetings shall be held when the Parties so agree alternately in the United Arab Emirates and in the Argentine Republic. Each Party shall be responsible for all costs incurred with regard to attendance of those meetings while the host country will be responsible for the costs of organizing the Joint Coordinating Committee.

The Parties shall notify each other in writing through diplomatic channels of designation or any changes to the designations of Joint Coordinating Committee described in this Article 6.

ARTICLE 7
SPECIFIC AGREEMENTS AND CONTRACTS

Cooperation under this Agreement may be carried out on a case by case basis, through specific agreements entered into between the Parties and/or organizations authorized by the competent authorities specified in Article 5. Such agreements will define the scope of the cooperation, the rights and obligations of the parties to the agreements, and the financial terms and other terms of the cooperation.

ARTICLE 8
INTELECTUAL PROPERTY RIGHTS

In accordance with the domestic laws of each Party and the international treaties that oblige both Parties, each Party shall provide for the efficient protection and use of intellectual property rights transferred or created under this Agreement. This agreement does not transfer or grant either Party any right in the intellectual property rights of the other Party. The specific conditions of protection and use of intellectual property rights shall be regulated by the specific agreements and/or contracts concluded pursuant to Article 7.

ARTICLE 9
TRANSFER OF INFORMATION

(1) This Agreement does not require the transfer of any information which the Parties are not permitted under their respective national laws or international agreements or treaties to transfer or which the Parties consider to be a state secret.
(2) The Party receiving information under this Agreement shall protect it at a level equivalent to the level of protection applied to such information by the supplying Party. Such information shall not be disclosed or transferred to a third party without the written consent of the transferring Party.

(3) The Parties shall limit the number of individuals with access to such information to only those persons who receive such information on a "need-to-know" basis.
(4) Information transferred under this Agreement shall be used exclusively in accordance with this Agreement and not for any other purpose.

ARTICLE 10
PEACEFUL USE

Cooperation under this Agreement shall be carried out only for peaceful purpose. The Parties shall ensure that none of the nuclear material, material, equipment, information, items of technology transferred pursuant to this Agreement, or any derived items or derived nuclear materials shall be used for any non-peaceful purpose (including but not limited to the manufacture of nuclear weapons and other nuclear explosive devices).

ARTICLE 11
TERM OF APPLICABLITY

Nuclear material, material, equipment, items or technology transferred pursuant to this Agreement, or any derived items or derived nuclear, shall remain subject to this Agreement as long as it remains in the territory of the Party concerned or under its jurisdiction or control anywhere; or until such time as the Parties agree in writing that such nuclear material, material, equipment, information items, technology, derived items or derived nuclear material is no longer usable for any nuclear activity relevant from the point of view of safeguards; or as otherwise agreed by the Parties.

ARTICLE 12
SAFEGUARDS

(1) All nuclear material, derived nuclear material, equipment or technology transferred; to a Party under this Agreement shall be subject to the agreement that such Party has entered into with the IAEA for the application of safeguards to nuclear activities within its territory, under its jurisdiction or carried out under its control anywhere. (In the case of the United Arab Emirates, in accordance with the Agreement between the United Arab Emirates and the International Atomic Energy Agency for the Application of Safeguards in Connection with the Treaty on the Non-proliferation of Nuclear Weapons of December 15, 2002 and its Additional Protocol signed April 8, 2009; and in the case of the Argentine Republic, its Safeguards Agreement with the Federative Republic of Brazil, the Argentine-Brazilian Agency for Accounting and Control of Nuclear Materials, and the IAEA, signed at Vienna, December 13, 1991 and in force since March 3, 1994).

(2) Each Party shall take such measures as are necessary to maintain and facilitate the application of safeguards provided for under this Article 12.

(3) The provisions of this Article 12 shall be implemented in such a manner as to avoid undue interference in the Parties' nuclear activities and so as to be consistent with the prudent management practices required for the economic and safe conduct of their nuclear programs with peaceful purposes.

(4) If either Party becomes aware of circumstances which demonstrates that the IAEA for any reason is not or will not be applying safeguards in accordance with the agreements as described in paragraph (1) of this Article 12, to ensure effective continuity of safeguards, the Parties shall immediately enter into consultations between themselves for the establishment of safeguards equivalent in scope and effect to the safeguards being replaced.

ARTICLE 13
PHYSICAL PROTECTION

Physical protection shall be maintained by each Party with respect to nuclear material transferred to it in accordance with this Agreement, and with respect to any derived material, at levels not lower than those identified in IAEA document INFCIRC/225/Rev.4 as amended.

Each Party shall be responsible for the implementation and maintenance of physical protection measures on its territory.

ARTICLE 14
PRIOR CONSENT

The written consent of the other Party shall be obtained:

(1) prior to the transfer of any nuclear material, derived nuclear material, material, equipment, technology, information or derived item subject to this Agreement beyond the jurisdiction of a Party to this Agreement to a third party,

(2) prior to the enrichment of any nuclear material subject to this Agreement to twenty (20) percent or more in the isotope U235 or to the reprocessing of any nuclear material subject to this Agreement.

ARTICLE 15
CESSATION OF COOPERATION

(1) If either Party at any time following entry into force of this Agreement:

(a) materially violates provisions of Article 10, 12,13,14, and 16 ; or
(b) terminates, abrogates or materially violates a safeguards agreement with the IAEA;

the other Party shall have the right to cease further cooperation under this Agreement, to suspend or terminate this Agreement and to require the return of any material, nuclear material and equipment transferred under this Agreement and any special fissionable material produced through the use of nuclear material, material and equipment so transferred.

(2) If either Party exercises its rights under this Article to require the return of any material, nuclear material or equipment, it shall, after its removal from the territory of the other Party, reimburse the other Party for the fair market value of such material, nuclear material or equipment.

(3) If either Party deems it necessary to exercise the above-mentioned rights under this Article, its decision to do so shall be notified to the other Party in writing.

(4) In determining whether to exercise its rights under paragraph 1 of this Article based on a "material violation" a Party shall first consider whether the facts giving rise to the right to take such action in accordance with paragraph 1 were caused deliberately. If the Party, following such consideration, determines that the actions were caused deliberately, it shall be entitled to exercise its rights under paragraph 1 of this Article. In the event that it finds such material violation not to be deliberate, and to the extent that it judges that such material violation can be rectified, the non-breaching Party shall endeavor, subject to its national legislation and regulations, to afford the breaching Party an opportunity to cure the violation within a reasonable period.

ARTICLE 16
SETTLEMENT OF DISPUTES

(1) Any dispute arising out of the interpretation or application of this Agreement which is not settled by negotiation shall, at the request of either Party, be submitted to an arbitral tribunal which shall be composed of three arbitrators appointed in accordance with the provisions of this Article. Each Party shall designate one arbitrator who may be its national and the two arbitrators so designated shall appoint a third one, a national of a third State, who shall be the Chairman. The arbitration rules of the United Nations Commission on International Trade Law shall govern the arbitration, except as may be modified by mutual determination of the Parties in writing. If, within 30 days of the request for arbitration, either Party has not designated an arbitrator, either Party to the dispute may request the President of the International Court of Justice to appoint an arbitrator. The same procedure shall apply if, within 30 days of the designation of appointment of the second arbitrator, the third arbitrator has not been appointed. A majority of the members of the tribunal shall constitute a quorum.

(2) All decisions shall be made by majority vote of all the members of the arbitral tribunal. The arbitral procedure shall be fixed by the tribunal. All decisions and rulings of the tribunal shall be binding on the Parties and shall be implemented by them.

(3) Each Party shall cover the expenses of the arbitrator designated by it as well as the expenses of its legal representation. The expenses of the Chairman and other expenses shall be evenly distributed between the Parties.

ARTICLE 17
AMENDMENTS

This Agreement can be modified with both Parties approval in writing through diplomatic channels. The amendments will enter into force in accordance with Article 18 (1).

ARTICLE 18
ENTRY INTO FORCE, DURATION AND TERMINATION

(1) This Agreement shall enter into force on the date on which the Parties have notified each other in writing through diplomatic channels, that their respective internal procedures necessary for its entry into force have been implemented. The date of entry into force shall be the date of the reception of the last notification.

(2) This Agreement shall remain in force for a period of ten (10) years and shall be automatically extended for subsequent ten (10) years period, unless either Party notifies the other Party in writing through the diplomatic channels of its intention to terminate this Agreement at least six (6) months prior to the expiration date of any such ten (10) year period.

(3) The termination of this Agreement shall not affect the implementation of any arrangements and/or contracts, made prior to such termination but still not completed by the date of its termination, unless otherwise agreed upon by the Parties in writing.

(4) Notwithstanding termination of this Agreement, the obligation contained in Articles 1, 2 (3), 8, 9, 10, 12, 13, 14, 16, and 17 (4) of this Agreement shall remain in force unless otherwise agreed by the Parties.

Done in Abu Dhabi, on the 14th of January, 2013, in two originals in the Spanish, Arabic and English languages, being both equally authentic. In case of inconsistency or conflict between languages, the English version shall at all times prevail.

For the Argentine Republic

Héctor Marcos Timerman
Ministro de Relaciones
Exteriores y Culto

For the United Arab Emirates

Abdullah Bin Zayed All Nahyan
Minister of Foreign Affairs

[TEXT IN SPANISH – TEXTE EN ESPAGNOL]

ACUERDO SOBRE COOPERACIÓN

EN LOS USOS PACÍFICOS DE LA ENERGÍA NUCLEAR

ENTRE

LA REPÚBLICA ARGENTINA

Y LOS EMIRATOS ÁRABES UNIDOS

La República Argentina y los Emiratos Árabes Unidos (en adelante denominados conjuntamente "las Partes" e individualmente "Parte");

TENIENDO en cuenta las ventajas que representa para ambas Partes una cooperación eficaz en el desarrollo y la aplicación de la energía atómica con fines pacíficos;

DESEOSOS de establecer el marco legal necesario a tal fin;

CON EL DESEO de desarrollar una cooperación mutuamente beneficiosa en las áreas económica, científica y técnica entre las Partes, sobre la base del respeto mutuo de la soberanía de cada una de ellas y de la reciprocidad, y con el debido respeto por los programas nucleares de cada una;

RECONOCIENDO la importancia de la energía nuclear para satisfacer la creciente demanda global de energía de manera más limpia y eficiente;

DESTACANDO que las Partes son Estados Miembros del Organismo Internacional de Energía Atómica (en adelante denominado "el OIEA") y manifestando su respaldo a los objetivos del Organismo;

EXPRESANDO su apoyo al sistema de salvaguardias del OIEA y su importancia para asegurar que la cooperación internacional en el uso de la energía nuclear con fines pacíficos se realice mediante acuerdos que no contribuyan a la proliferación de armas nucleares o de otros dispositivos nucleares explosivos;

RECORDANDO que la República Argentina y los Emiratos Árabes Unidos son Partes del Tratado sobre la No Proliferación de Armas Nucleares (1968), la Convención sobre la Protección Física de Material Nuclear (1980), la Convención sobre la Pronta Notificación de Accidentes Nucleares (1986), la Convención sobre Asistencia en caso de Accidente Nuclear o Emergencia Radiológica (1986), la Convención sobre Seguridad Nuclear (1994); y la Convención Conjunta sobre Seguridad en la Gestión del Combustible Gastado y sobre la Seguridad en la Gestión de Desechos Radiactivos (2009):

DESEOSOS de profundizar su cooperación en el uso y desarrollo de la energía nuclear con fines pacíficos de manera transparente y beneficiosa para todos;

Han acordado lo siguiente:

ARTÍCULO 1
DEFINICIONES

A los efectos del presente Acuerdo:

(a) "elementos derivados" significa materiales, equipos y tecnología derivados u obtenidos de materiales nucleares, materiales, equipos y tecnología nucleares transferidos conforme al presente Acuerdo;

(b) "material nuclear derivado" significa todas las generaciones sucesivas de material nuclear recuperado u obtenido como producto o producto secundario del material nuclear transferido conforme al presente Acuerdo;

(c) "equipo o tecnología de enriquecimiento o reprocesamiento" significa todos los equipos diseñados o utilizados principalmente para el enriquecimiento de uranio o reprocesamiento del combustible nuclear;

(d) "equipos" significa los elementos enumerados en el Anexo B del documento del OIEA INFCIRC/254/Rev.9/Part 1, con sus modificaciones. Cualquier modificación tendrá efecto conforme al presente Acuerdo solamente cuando ambas Partes se hayan informado mutuamente por escrito, a través de la vía diplomática, que la aceptan;

(e) "información" significa datos o información científica, comercial o técnica en cualquier forma u otros datos o información que se proporcionen o intercambien conforme al presente Acuerdo;

(f) "propiedad intelectual" significa lo expresado en el Artículo 2 del Convenio que establece la Organización Mundial de la Propiedad Intelectual (OMPI) firmado en Estocolmo el 14 de julio de 1967;

(g) "material" significa todo material no nuclear enumerado en el Anexo B, párrafo 2, del documento del OIEA INFCIRC/254/Rev.9/Part 1, con sus modificaciones. Cualquier modificación tendrá efecto en virtud del presente Acuerdo solamente cuando ambas Partes se hayan informado mutuamente por escrito, a través de la vía diplomática, que la aceptan.

(h) "material nuclear" significa cualquier "material fuente" o "material fisionable especial" según la definición de dichos términos en el Artículo XX del Estatuto del OIEA, con sus modificaciones;

(i) "persona" significa toda persona física o jurídica constituida y/o existente de conformidad con las leyes o en la jurisdicción de cualquiera de las Partes, pero no incluye a las Partes propiamente dichas;

(j) "tecnología" tiene el significado que se le atribuye en el Anexo A del documento del OIEA INFCIRC/254/Rev.9/Part 1, con sus modificaciones. Cualquier modificación tendrá efecto en virtud del presente Acuerdo solamente cuando ambas Partes se hayan informado mutuamente por escrito, a través de la vía diplomática, que la aceptan; y

(k) "transferencia" significa cualquier transferencia, incluidas, en caso de corresponder, las retransferencias.

ARTÍCULO 2

ALCANCE DE LA COOPERACIÓN

1) Las Partes, sobre la base del beneficio mutuo, la igualdad y la reciprocidad, podrán desarrollar y fortalecer la cooperación científica, técnica y económica en el ámbito del uso pacífico de la energía nuclear de conformidad con las necesidades y prioridades de sus programas nucleares nacionales, su legislación interna y sus obligaciones y compromisos internacionales.

2) El material nuclear, materiales, el equipamiento, los componentes y la tecnología intercambiados entre las Partes se considerarán sujetos al presente Acuerdo.

3) La cooperación entre las Partes no incluirá equipos o tecnología y/o información de enriquecimiento o reprocesamiento.

4) Nada de lo contenido en el presente Acuerdo afectará las obligaciones y los compromisos internacionales de las Partes en materia nuclear.

ARTÍCULO 3

ÁREAS DE COOPERACIÓN

Las Partes podrán cooperar en el marco del presente Acuerdo en las siguientes áreas:

a) investigación básica y aplicada en materia de uso pacífico de la energía nuclear;
b) producción y utilización de isótopos radioactivos en las áreas de la industria, la medicina y la agricultura;

c) investigación, desarrollo, diseño, construcción, operación y mantenimiento de plantas de energía nuclear y reactores de investigación;
d) producción industrial de elementos y materiales necesarios para su uso en reactores nucleares y su combustible;
e) tratamiento y gestión de desechos radioactivos;
f) medicina nuclear;
g) protección radiológica, seguridad nuclear y contra la radiación, actividades regulatorias y evaluación del impacto radiológico de la energía nuclear y de su ciclo de combustible nuclear en el ambiente;
h) preparación para emergencias y respuesta a ellas;
i) salvaguardias y protección física de materiales nucleares;
j) capacitación y desarrollo de la fuerza laboral en las áreas mencionadas anteriormente;
k) otras áreas de cooperación que las Partes acuerden por escrito.

ARTÍCULO 4
FORMAS DE COOPERACIÓN

La cooperación descripta en el Artículo 3 podrá desarrollarse a través de las siguientes modalidades:

a) intercambio, formación y capacitación de personal científico y técnico;
b) intercambio de expertos y disertantes;
c) intercambio de información;
d) consultas sobre cuestiones científicas y tecnológicas;
e) implementación de estudios y proyectos conjuntos de investigación científica y desarrollo tecnológico;
f) transferencia de material, equipos y tecnología nuclear, y asistencia técnica en una o más de las áreas descriptas en el Artículo 3;
g) otras formas de cooperación que las Partes acuerden por escrito.

ARTÍCULO 5

AUTORIDADES COMPETENTES

Las autoridades competentes responsables de la implementación del presente Acuerdo serán:

a) por la República Argentina: la Comisión Nacional de Energía Atómica (CNEA) y la Autoridad Regulatoria Nuclear (ARN), en el marco de sus respectivas competencias;

b) por los Emiratos Arabes Unidos: el Ministerio de Relaciones Exteriores.

Las Partes se notificarán mutuamente por escrito, a través de la vía diplomática, de cualquier cambio en las denominaciones descriptas en el Artículo 5.

ARTÍCULO 6

COMISIÓN MIXTA DE COORDINACIÓN

1) Las Partes establecerán una Comisión Mixta de Coordinación para:

a) revisar la implementación del presente Acuerdo;

b) considerar los temas que surjan de su implementación y

c) mantener consultas sobre temas de interés mutuo relacionados con los usos pacíficos de la energía nuclear.

2) Las reuniones de la Comisión Mixta de Coordinación se realizarán cuando las Partes lo acuerden, en forma alternada en los Emiratos Arabes Unidos y en la República Argentina. Cada Parte será responsable de todos los gastos en que se incurra con relación a la asistencia a estas reuniones, mientras que el país anfitrión

correrá con los gastos relativos a la organización de la Comisión Mixta de Coordinación.

Las Partes se notificarán mutuamente por escrito y por vía diplomática la designación u otro cambio en las designaciones de la Comisión Mixta de Coordinación descripta en el presente Artículo 6.

ARTÍCULO 7

ACUERDOS Y CONTRATOS ESPECÍFICOS

La cooperación prevista en el presente Acuerdo podrá realizarse según las circunstancias de cada caso en particular, a través de acuerdos específicos celebrados entre las Partes y/u organizaciones autorizadas por las autoridades competentes indicadas en el Artículo 5. Dichos acuerdos definirán el alcance de la cooperación, los derechos y las obligaciones de las partes de los acuerdos, y los términos financieros y de otra índole de la cooperación.

ARTÍCULO 8

DERECHOS DE PROPIEDAD INTELECTUAL

De conformidad con la legislación interna de cada Parte y los tratados internacionales de los que sean signatarias, cada Parte garantizará la protección y utilización eficaces de los derechos de propiedad intelectual transferidos o creados de conformidad con el presente Acuerdo. El presente Acuerdo no transfiere ni otorga a ninguna de las Partes ningún derecho sobre los derechos de propiedad intelectual de la otra Parte. Las condiciones específicas de protección y uso de los derechos de propiedad intelectual estarán reguladas por los acuerdos específicos y/o contratos celebrados de conformidad con el Artículo 7.

ARTÍCULO 9
TRANSFERENCIA DE INFORMACIÓN

1) El presente Acuerdo no requiere la transferencia de información que las Partes no estén autorizadas a transmitir de conformidad con sus respectivas leyes nacionales o acuerdos o tratados internacionales o que las Partes consideren secreto de estado.

2) La Parte que reciba información de conformidad con el presente Acuerdo le otorgará un nivel de protección equivalente al que aplique a dicha información la Parte que la provee. Dicha información no será divulgada ni transferida a un tercero sin el consentimiento por escrito de la Parte que la transfiera.

3) Las Partes limitarán la cantidad de personas con acceso a dicha información solamente a aquellas personas que reciban dicha información por necesidades específicas.

4) Toda información que se transfiera conforme al presente Acuerdo se utilizará exclusivamente de conformidad con el presente Acuerdo y no para otros fines.

ARTÍCULO 10
USO PACÍFICO

La cooperación en el marco del presente Acuerdo será solamente con fines pacíficos. Las Partes se asegurarán de que ningún material nuclear, ni materiales, equipos, información o elementos de tecnología transferidos de conformidad con el presente Acuerdo o cualquier elemento derivado o materiales nucleares derivados se utilicen con fines no pacíficos (incluida, entre otras cosas, la fabricación de armas nucleares u otros aparatos explosivos nucleares).

ARTÍCULO 11
PLAZO DE APLICACIÓN

El material nuclear, materiales, equipos, elementos o tecnología transferidos de conformidad con el presente Acuerdo, o cualquier elemento derivado o elemento nuclear derivado, estarán sujetos al presente Acuerdo mientras permanezcan en el territorio de la Parte concernida o bajo su jurisdicción o control en cualquier lugar; o bien hasta que las Partes acuerden por escrito que dicho material nuclear, materiales, equipos, elementos de información, tecnología, elementos derivados o material nuclear derivado ya no son utilizables para ninguna actividad nuclear relevante desde el punto de vista de las salvaguardias; o bien según lo dispongan las Partes.

ARTÍCULO 12
SALVAGUARDIAS

1) Todos los materiales nucleares, materiales nucleares derivados, equipos o tecnologías transferidas a una Parte de conformidad con el presente Acuerdo estarán sujetos al acuerdo que dicha Parte haya celebrado con el OIEA para la aplicación de salvaguardias a actividades nucleares dentro de su territorio, bajo su jurisdicción o realizadas bajo su control en cualquier lugar (en el caso del Gobierno de los Emiratos Árabes Unidos, de conformidad con el Acuerdo entre los Emiratos Árabes Unidos y el Organismo Internacional de Energía Atómica para la Aplicación de Salvaguardias en conexión con el Tratado de No Proliferación de Armas Nucleares del 15 de Diciembre de 2002 y su Protocolo Adicional firmado el 8 de abril de 2009; y, en el caso de la República Argentina, su Acuerdo sobre Salvaguardias con la República Federativa del Brasil, la Agencia Argentino-Brasileña de Contabilidad y Control de Materiales Nucleares y el OIEA, firmado en Viena el 13 de diciembre de 1991 y vigente desde el 3 de marzo de 1994).

2) Cada Parte tomará las medidas que sean necesarias para mantener y facilitar la aplicación de las salvaguardias dispuestas en el presente Artículo 12.

3) Las disposiciones del presente Artículo 12 se implementarán de manera tal que se evite una interferencia indebida en las actividades nucleares de las Partes y en forma acorde a las prácticas de manipulación prudente requeridas para el desarrollo económico y seguro de sus programas nucleares con fines pacíficos.

4) En caso de que cualquiera de las Partes adquiera conocimiento de circunstancias que demuestren que el OIEA por cualquier razón no aplica o no va a aplicar salvaguardias de conformidad con los acuerdos según lo dispuesto en el inciso (1) del presente Artículo 12, las Partes, a fin de garantizar la continuidad efectiva de las salvaguardias, iniciarán de inmediato consultas mutuas con miras a establecer salvaguardias equivalentes a las reemplazadas en lo que respecta a su alcance y efecto.

ARTÍCULO 13
PROTECCIÓN FÍSICA

Cada Parte mantendrá protección física con respecto al material nuclear que se le transfiera de conformidad con el presente Acuerdo, así como con respecto a todo material derivado, en niveles no inferiores a los identificados por el documento del OIEA INFCIRC/225/Rev.4, con sus modificaciones.

Cada Parte será responsable de la implementación y el mantenimiento de las medidas de protección física en su territorio.

ARTÍCULO 14
CONSENTIMIENTO PREVIO

Se deberá obtener el consentimiento escrito de la otra Parte:

1) con anterioridad a la transferencia de cualquier material nuclear, material derivado, materiales, equipamiento, tecnología, información o elemento derivado sujetos al presente Acuerdo fuera de la jurisdicción de una Parte del presente a un tercero;

2) con anterioridad al enriquecimiento de cualquier material nuclear sujeto al presente Acuerdo al veinte (20) por ciento o más en el isótopo U235 o al reprocesamiento de cualquier material nuclear sujeto al presente Acuerdo.

ARTÍCULO 15

CESE DE LA COOPERACIÓN

(1) Si alguna de las Partes, en cualquier momento después de la entrada en vigor del presente Acuerdo:

(a) viola sustancialmente las disposiciones de los Artículos 10, 12, 13, 14 y 16; o

(b) termina, deroga o viola sustancialmente un acuerdo de salvaguardias con el OIEA;

la otra Parte tendrá el derecho de poner fin a la cooperación prevista por el presente Acuerdo, suspender o terminar el mismo y requerir la devolución de todo material, material nuclear y equipos transferidos en virtud del presente Acuerdo y cualquier material fisionable especial producido a través del uso del material nuclear, demás materiales y equipos así transferidos.

(2) En caso de que alguna de las Partes ejerza sus derechos en virtud del presente Artículo para requerir la devolución de cualquier material, material nuclear o equipos, luego de su retiro del territorio de la otra Parte, deberá reembolsar a la otra Parte el valor de mercado de dicho material, material nuclear o equipos.

(3) En caso de que las Partes consideren necesario ejercer los derechos antes mencionados conforme al presente Artículo, su decisión deberá ser notificada por escrito a la otra Parte.

(4) Al determinar si ejercer sus derechos en virtud del párrafo 1 del presente Artículo sobre la base de un "incumplimiento sustancial" una de las Partes deberá considerar primero si los hechos que habilitan a tomar dichas medidas de acuerdo al párrafo 1 se produjeron en forma deliberada. Si la Parte, después de esta evaluación determina que las acciones se produjeron en forma deliberada, podrá ejercer su derecho en virtud del párrafo 1 del presente Artículo. En caso de que entienda que el incumplimiento sustancial no ha sido deliberado y en la medida en que estime que dicho incumplimiento puede ser rectificado, la Parte no incumplidora se esforzará, con sujeción a su legislación y normas nacionales, por brindar a la Parte incumplidora una oportunidad para subsanar el incumplimiento dentro de un período razonable.

ARTÍCULO 16
SOLUCIÓN DE CONTROVERSIAS

1) Cualquier controversia que surja de la interpretación o aplicación del presente Acuerdo que no se solucione mediante negociaciones se someterá, a solicitud de cualquiera de las Partes, a un tribunal arbitral integrado por tres árbitros designados de conformidad con las disposiciones del presente Artículo. Cada Parte designará un árbitro, que podrá ser nacional de esa Parte, y los dos árbitros designados de esa manera nombrarán a un tercero, nacional de un tercer Estado, que presidirá el tribunal. Las normas de arbitraje de la Comisión de las Naciones Unidas para el Derecho Mercantil Internacional regirán el arbitraje, salvo que esto se modifique por mutua determinación de las Partes por escrito. Si, dentro de los 30 días de la solicitud de arbitraje, alguna de las Partes no hubiera designado un árbitro, cualquiera de las Partes de la controversia podrá solicitar al Presidente de la Corte Internacional de Justicia que lo designe. El mismo procedimiento se aplicará si, dentro de los 30 días de la designación del segundo árbitro, el tercer árbitro no hubiera sido nombrado. El quórum quedará constituido con la mayoría de los miembros del tribunal.

2) Las decisiones se tomarán por mayoría de votos de todos los miembros del tribunal arbitral. El procedimiento de arbitraje será establecido por el tribunal. Las

decisiones y fallos del tribunal serán vinculantes para las Partes, quienes estarán obligadas a aplicarlos.

3) Cada Parte correrá con los gastos del árbitro que designe y con los gastos de su representación legal. Los gastos del Presidente y demás gastos serán sufragados en partes iguales por las Partes.

ARTÍCULO 17
MODIFICACIONES

El presente Acuerdo podrá ser modificado con la aprobación por escrito de ambas Partes a través de la vía diplomática. Las modificaciones entrarán en vigencia de conformidad con el Artículo 18 (1).

ARTÍCULO 18
ENTRADA EN VIGOR, DURACIÓN Y TERMINACIÓN

1) El presente Acuerdo entrará en vigor en la fecha en que las Partes se notifiquen por escrito, a través de la vía diplomática, que han cumplido con sus procedimientos internos respectivos que sean necesarios para su entrada en vigor. La fecha de entrada en vigor será la fecha en la que se reciba la última notificación.

2) El presente Acuerdo tendrá una vigencia de diez (10) años y se prorrogará automáticamente por períodos subsiguientes de diez (10) años, a menos que cualquiera de las Partes notifique a la otra por escrito, a través de la vía diplomática, su intención de denunciarlo, al menos seis (6) meses antes de la fecha de expiración de cualquiera de dichos períodos de diez años.

3) La terminación del presente Acuerdo no afectará la implementación de los acuerdos y/o contratos celebrados con anterioridad y que se encuentren en curso de ejecución en la fecha de dicha terminación, a menos que las Partes acuerden otra cosa por escrito.

4) Sin perjuicio de la terminación del presente Acuerdo, las obligaciones contenidas en los Artículos 1, 2 (3), 8, 9, 10, 12, 13, 14, 16 y 17 (4) del presente Acuerdo permanecerán vigentes, salvo que las Partes acuerden lo contrario.

Hecho en Abu Dhabi, el 14 del mes de enero del año 2013, en dos originales en los idiomas español, árabe e inglés siendo ambos igualmente auténticos En caso de incoherencias o discrepancias entre las distintas versiones, prevalecerá siempre la versión en inglés.

Por la República Argentina	Por los Emiratos Árabes Unidos
Héctor Marcos Timerman Ministro de Relaciones Exteriores y Culto	Abdullah Bin Zayed All Nahyan Ministro de Relaciones Exteriores

[Translation in French – Traduction en français]

ACCORD DE COOPÉRATION EN MATIÈRE D'UTILISATION DE L'ÉNERGIE NUCLÉAIRE À DES FINS PACIFIQUES ENTRE LA RÉPUBLIQUE ARGENTINE ET LES ÉMIRATS ARABES UNIS

La République argentine et les Émirats arabes unis (ci-après dénommés « Parties » et individuellement « Partie »),

Tenant compte des avantages que présente, pour les deux Parties, une coopération efficace en matière de développement et d'application de l'énergie atomique à des fins pacifiques,

Désireux d'instaurer le cadre juridique nécessaire à cet effet,

Souhaitant mettre en place une coopération économique, scientifique et technique profitable aux deux Parties, dans le respect mutuel de leur souveraineté, de la réciprocité et de leurs programmes nucléaires respectifs,

Reconnaissant l'importance de l'énergie nucléaire pour satisfaire la demande croissante d'énergie dans le monde de manière moins polluante et plus efficace,

Notant que les Parties sont des États Membres de l'Agence internationale de l'énergie atomique (ci-après dénommée « AIEA ») et affirmant leur adhésion aux objectifs de celle-ci,

Affirmant leur appui au système de garanties de l'AIEA et à son importance pour s'assurer qu'une coopération internationale en matière d'utilisation de l'énergie nucléaire à des fins pacifiques est réalisée dans le cadre d'accords qui ne contribueront pas à la prolifération des armes nucléaires ou d'autres dispositifs nucléaires explosifs,

Notant que la République argentine et les Émirats arabes unis sont parties au Traité sur la non-prolifération des armes nucléaires (1968), à la Convention sur la protection physique des matières nucléaires et des installations nucléaires (1980), à la Convention sur la notification rapide d'un accident nucléaire (1986), à la Convention sur l'assistance en cas d'accident nucléaire ou de situation d'urgence radiologique (1986), à la Convention sur la sûreté nucléaire (1994) et à la Convention commune sur la sûreté de la gestion du combustible usé et sur la sûreté de la gestion des déchets radioactifs (2009),

Désireux de renforcer leur coopération en matière d'utilisation et de développement de l'énergie nucléaire à des fins pacifiques, de manière transparente et profitable à tous,

Sont convenus de ce qui suit :

Article premier. Définitions

Aux fins du présent Accord :

a) L'expression « éléments dérivés » désigne les matières, l'équipement et la technologie dérivés ou obtenus à partir de matières nucléaires, de matières, de l'équipement et de la technologie transférés en vertu du présent Accord ;

b) L'expression « matières nucléaires dérivées » désigne l'ensemble des générations successives de matières nucléaires récupérées ou obtenues comme produits ou sous-produits à partir des matières nucléaires transférées en vertu du présent Accord ;

c) L'expression « équipement ou technologie d'enrichissement ou de retraitement » désigne les équipements conçus ou utilisés principalement pour l'enrichissement de l'uranium ou le retraitement du combustible nucléaire ;

d) Le terme « équipement » désigne les éléments énumérés à l'annexe B du document INFCIRC/254/Rev.9/Part 1 de l'AIEA, tel qu'amendé. Ces modifications ne prennent effet au titre du présent Accord que lorsque les deux Parties se sont mutuellement informées, par écrit et par la voie diplomatique, qu'elles acceptent lesdites modifications ;

e) Le terme « informations » désigne les données et les renseignements scientifiques, commerciaux ou techniques, quelle que soit leur forme, ou toute autre donnée ou tout autre renseignement communiqué ou échangé en vertu du présent Accord ;

f) L'expression « propriété intellectuelle » a le sens qui lui est attribué à l'article 2 de la Convention instituant l'Organisation mondiale de la propriété intellectuelle (OMPI), signée à Stockholm le 14 juillet 1967 ;

g) Le terme « matières » désigne les matières non nucléaires énumérées au paragraphe 2 de l'annexe B du document INFCIRC/254/Rev.9/Part 1 de l'AIEA, tel qu'amendé. Ces modifications ne prennent effet au titre du présent Accord que lorsque les deux Parties se sont mutuellement informées, par écrit et par la voie diplomatique, qu'elles acceptent lesdites modifications ;

h) L'expression « matière nucléaire » désigne toute « matière brute » ou « produit fissile spécial » tel que défini à l'article XX du Statut de l'AIEA, tel qu'amendé ;

i) Le terme « personne » désigne toute personne physique ou morale constituée et/ou existant en vertu de la législation de l'une des Parties ou relevant de sa compétence, à l'exclusion des Parties elles-mêmes ;

j) Le terme « technologie » a le sens qui lui est attribué à l'annexe A du document INFCIRC/254/Rev.9/Part 1 de l'AIEA, tel qu'amendé. Ces modifications ne prennent effet, aux termes du présent Accord, que lorsque les deux Parties se sont mutuellement informées, par écrit et par la voie diplomatique, qu'elles acceptent lesdites modifications ;

k) Le terme « transfert » désigne tout transfert, y compris, le cas échéant, le retransfert.

Article 2. Portée de la coopération

1) Les Parties peuvent, sur la base de l'avantage mutuel, de l'égalité et de la réciprocité, développer et renforcer leur coopération scientifique, technique et économique dans le domaine de l'utilisation de l'énergie nucléaire à des fins pacifiques, conformément aux besoins et aux priorités de leur programme nucléaire national, à leur droit interne et à leurs obligations et engagements internationaux respectifs.

2) Les matières nucléaires, les matières, l'équipement, les composants et la technologie échangés entre les Parties sont considérés comme soumis au présent Accord.

3) La coopération entre les Parties n'inclut pas l'équipement ou la technologie d'enrichissement ou de retraitement ni les informations en matière d'enrichissement et/ou de retraitement.

4) Aucune des dispositions du présent Accord ne porte atteinte aux obligations et aux engagements internationaux des Parties dans le domaine nucléaire.

Article 3. Domaines de coopération

Les Parties peuvent coopérer au titre du présent Accord dans les domaines suivants :

a) La recherche fondamentale et appliquée dans le domaine de l'utilisation de l'énergie nucléaire à des fins pacifiques ;

b) La production et l'utilisation d'isotopes radioactifs dans l'industrie, la médecine et l'agriculture ;

c) La recherche, le développement, la conception, la construction, l'exploitation et l'entretien de centrales nucléaires et de réacteurs de recherche ;

d) La production industrielle d'éléments et de matières pour les réacteurs nucléaires et leur combustible ;

e) Le traitement et la gestion des déchets radioactifs ;

f) La médecine nucléaire ;

g) La radioprotection, la sûreté nucléaire et radiologique, les activités de réglementation et l'évaluation des effets radiologiques de l'énergie nucléaire et du cycle du combustible nucléaire sur l'environnement ;

h) La préparation et l'intervention en cas de situation d'urgence ;

i) Les garanties et la protection physique des matières nucléaires ;

j) La formation et le perfectionnement de la main-d'œuvre œuvrant dans les domaines susmentionnés ;

k) Tout autre domaine de coopération convenu entre les Parties par écrit.

Article 4. Formes de coopération

La coopération décrite à l'article 3 du présent Accord peut prendre les formes suivantes :

a) L'échange et la formation théorique et pratique de personnel scientifique et technique ;

b) L'échange d'experts et de conférenciers ;

c) L'échange d'informations ;

d) La concertation sur des problèmes scientifiques et technologiques ;

e) La mise en œuvre d'études et de projets conjoints de recherche scientifique et de développement technologique ;

f) Le transfert de matières nucléaires, d'équipement et de technologies ainsi que l'assistance technique dans un ou plusieurs des domaines visés à l'article 3 ;

g) Toute autre forme de coopération convenue entre les Parties par écrit.

Article 5. Autorités compétentes

Les autorités compétentes chargées de la mise en œuvre du présent Accord sont :

a) Pour la République argentine : la Commission nationale de l'énergie atomique (CNEA) et l'Autorité de réglementation nucléaire (ARN), selon leurs compétences respectives ;

b) Pour les Émirats arabes unis : le Ministère des affaires étrangères.

Les Parties se notifient, par écrit et par la voie diplomatique, tout changement concernant les autorités compétentes mentionnées dans le présent article 5.

Article 6. Comité mixte de coordination

1) Les Parties établissent un comité mixte de coordination chargé :

a) D'examiner la mise en œuvre du présent Accord ;

b) D'aborder les questions découlant de la mise en œuvre du présent Accord ; et

c) De tenir des consultations sur des questions d'intérêt commun relatives à l'utilisation de l'énergie nucléaire à des fins pacifiques.

2) Le Comité mixte de coordination se réunit lorsque les Parties en conviennent, alternativement aux Émirats arabes unis et en République argentine. Chaque Partie prend à sa charge les frais liés à sa participation à ces réunions, et le pays hôte prend à sa charge les frais d'organisation du Comité mixte de coordination.

Les Parties se notifient, par écrit et par la voie diplomatique, l'identité des membres désignés pour faire partie du Comité mixte de coordination visé au présent article 6, ainsi que tout changement concernant ces membres.

Article 7. Accords et contrats spécifiques

La coopération au titre du présent Accord peut être mise en œuvre au cas par cas, par le biais d'accords spécifiques conclus entre les Parties et/ou les organisations autorisées par les autorités compétentes visées à l'article 5. Ces accords définissent la portée de la coopération, les droits et obligations des parties aux accords, ainsi que les conditions financières et autres modalités de la coopération.

Article 8. Droits de propriété intellectuelle

Conformément au droit interne de chacune des Parties et aux traités qui sont contraignants pour les deux Parties, les Parties garantissent une protection et une utilisation efficaces des droits de propriété intellectuelle créés ou transférés dans le cadre du présent Accord. Aucun droit sur les droits de propriété intellectuelle d'une Partie n'est transféré ni conféré à l'autre Partie en vertu du présent Accord. Les conditions spécifiques de protection et d'utilisation des droits de propriété intellectuelle sont régies par les accords et/ou contrats spécifiques conclus conformément à l'article 7.

Article 9. Transfert d'informations

1) Le présent Accord n'oblige nullement à transférer des informations que les Parties ne sont pas autorisées à transférer en vertu de leur législation nationale ou de traités ou accords internationaux, ou que les Parties considèrent comme un secret d'État.

2) La Partie qui reçoit des informations en vertu du présent Accord leur garantit un niveau de protection équivalent à celui appliqué à ces informations par la Partie émettrice. Ces informations ne peuvent pas être divulguées ni transférées à une tierce partie sans l'accord écrit de la Partie qui les a transférées.

3) Les Parties limitent le nombre d'individus ayant accès à ces informations aux seules personnes qui ont « besoin d'en connaître ».

4) Les informations transférées en vertu du présent Accord ne sont pas utilisées à d'autres fins que celles prévues par le présent Accord.

Article 10. Utilisation à des fins pacifiques

La coopération au titre du présent Accord est menée uniquement à des fins pacifiques. Les Parties veillent à ce que les matières nucléaires, les matières, l'équipement, les informations et la technologie transférés en application du présent Accord, ainsi que les éléments dérivés et matières nucléaires dérivées, ne soient pas utilisés à des fins non pacifiques (y compris, mais sans s'y limiter, la fabrication d'armes nucléaires et d'autres dispositifs explosifs nucléaires).

Article 11. Durée d'application

Les matières nucléaires, les matières, l'équipement, les éléments ou la technologie transférés en application du présent Accord, ou les éléments dérivés et les matières nucléaires dérivées, restent soumis au présent Accord aussi longtemps qu'ils demeurent sur le territoire de la Partie concernée, ou qu'ils relèvent de sa compétence ou de son contrôle où que ce soit ; ou jusqu'au moment où les Parties conviennent par écrit que ces matières nucléaires, matières, équipement, éléments d'information ou technologie, éléments dérivés ou matières nucléaires dérivées, ne peuvent plus être utilisés pour une quelconque activité nucléaire pertinente du point de vue des garanties ; ou de toute autre façon convenue entre les Parties.

Article 12. Garanties

1) Toutes les matières nucléaires, les matières nucléaires dérivées, l'équipement et la technologie transférés à une Partie en vertu du présent Accord sont soumis à l'accord conclu entre cette Partie et l'AIEA relatif à l'application des garanties aux activités nucléaires menées sur son territoire, sous sa compétence ou sous son contrôle, en tout lieu. (Dans le cas des Émirats arabes unis, l'Accord entre les Émirats arabes unis et l'Agence internationale de l'énergie atomique relatif à l'application des garanties prévues au Traité sur la non-prolifération des armes nucléaires, conclu le 15 décembre 2002 et complété par un Protocole additionnel signé le 8 avril 2009 ; et dans le cas de la République argentine, l'Accord relatif à l'application de garanties avec la République fédérative du Brésil, l'Agence argentino-brésilienne de comptabilité et de contrôle des matières nucléaires et l'AIEA, signé à Vienne le 13 décembre 1991 et entré en vigueur le [4] mars 1994).

2) Chaque Partie prend toutes les mesures nécessaires afin d'assurer et de faciliter l'application des garanties prévues au présent article 12.

3) Les dispositions du présent article sont appliquées de manière à éviter toute ingérence injustifiée dans les activités nucléaires des Parties et conformément aux méthodes de gestion prudentes nécessaires à l'exécution de programmes nucléaires à des fins pacifiques de façon économique et sûre.

4) Si l'une ou l'autre Partie prend connaissance de situations qui prouvent que l'AIEA, pour une raison quelconque, n'applique pas ou n'appliquera pas de garanties conformément aux accords visés au paragraphe 1 du présent article 12, les Parties se consultent immédiatement, en vue

d'assurer la continuité effective desdites garanties, pour mettre en place des garanties d'une portée et d'un effet équivalents aux garanties qu'elles remplacent.

Article 13. Protection physique

Chaque Partie assure aux matières nucléaires qui lui sont transférées en vertu du présent Accord, ainsi qu'à toute matière dérivée, une protection physique à des niveaux au moins équivalents à ceux établis dans le document INFCIRC/225/Rev.4 de l'AIEA, tel qu'amendé.

Chaque Partie est responsable de l'application et de la gestion des mesures de protection physique sur son territoire.

Article 14. Consentement préalable

Chaque Partie obtient le consentement écrit de l'autre Partie :

1) Avant le transfert, du territoire d'une Partie au présent Accord à une tierce partie, de matières nucléaires, matières nucléaires dérivées, matières, équipement, technologie ou éléments dérivés visés par le présent Accord ;

2) Avant l'enrichissement à 20 % ou plus en isotope U-235 de toute matière nucléaire visée par le présent Accord ou avant le retraitement de toute matière nucléaire visée par le présent Accord.

Article 15. Cessation de la coopération

1) Si l'une des Parties, à tout moment après l'entrée en vigueur du présent Accord :

a) Enfreint de façon substantielle les dispositions des articles 10, 12, 13, 14 ou 16 ; ou

b) Dénonce, abroge ou enfreint de façon substantielle un accord de garanties conclu avec l'AIEA ;

l'autre Partie a le droit de cesser toute coopération ultérieure dans le cadre du présent Accord, de suspendre et de dénoncer le présent Accord et d'exiger que lui soient restitués toutes matières, toutes matières nucléaires et tout équipement transférés en vertu du présent Accord ainsi que tout produit fissile spécial issu de l'utilisation des matières nucléaires, des matières et de l'équipement ainsi transférés.

2) Si l'une des Parties exerce ses droits en vertu du présent article et demande la restitution de matières, de matières nucléaires ou d'équipement, elle doit, après leur renvoi du territoire de l'autre Partie, rembourser cette dernière de la juste valeur marchande de ces matières, de ces matières nucléaires ou de cet équipement.

3) Si l'une des Parties juge nécessaire d'exercer les droits susmentionnés en vertu du présent article, elle en avise l'autre Partie par écrit.

4) Afin de décider s'il convient qu'elle exerce ses droits en vertu du paragraphe 1 du présent article eu égard à une « violation substantielle », la Partie concernée détermine dans un premier temps si les faits ayant conduit au droit à prendre les mesures visées au paragraphe 1 résultent d'un acte délibéré. Si ladite Partie détermine après cet examen que les faits résultent d'un acte délibéré, elle est en droit d'exercer ses droits en vertu du paragraphe 1 du présent article. Dans le cas où elle détermine que cette violation substantielle ne résulte pas d'un acte délibéré, et dès lors qu'elle estime qu'il est possible d'y remédier, la Partie qui n'est pas en violation s'efforce, sous réserve de ses lois

et règlements nationaux, de donner à la Partie défaillante la possibilité de réparer cette violation dans un délai raisonnable.

Article 16. Règlement des différends

1) Dans le cas où un différend découlant de l'interprétation ou de l'application du présent Accord n'est pas réglé par la négociation, l'une ou l'autre Partie peut demander qu'il soit soumis à un tribunal d'arbitrage composé de trois arbitres nommés conformément aux dispositions du présent article. Chaque Partie désigne un arbitre qui peut être un ressortissant de son État et les deux arbitres ainsi désignés nomment un troisième arbitre, ressortissant d'un État tiers, qui devient le Président du tribunal. Le Règlement d'arbitrage de la Commission des Nations Unies pour le droit commercial international régit l'arbitrage, sous réserve de modifications apportées par écrit d'un commun accord entre les Parties. Si, dans un délai de 30 jours à compter du dépôt de la demande d'arbitrage, aucune des Parties n'a désigné un arbitre, l'une ou l'autre Partie au litige peut demander au Président de la Cour internationale de Justice de nommer un arbitre. La même procédure est applicable si, dans les 30 jours suivant la désignation ou la nomination du second arbitre, le troisième arbitre n'a pas été nommé. Le quorum est constitué par la majorité des membres du tribunal.

2) Toutes les décisions sont prises à la majorité des voix de tous les membres du tribunal d'arbitrage. La procédure d'arbitrage est fixée par le tribunal. Toutes les décisions du tribunal sont contraignantes pour les Parties et doivent être appliquées par celles-ci.

3) Chaque Partie prend en charge les frais de l'arbitre qu'elle a désigné ainsi que les frais de sa représentation juridique. Les frais du Président ainsi que les autres frais sont partagés également entre les deux Parties.

Article 17. Amendements

Le présent Accord peut être modifié par consentement écrit mutuel des Parties, échangé par la voie diplomatique. Les modifications entrent en vigueur conformément au paragraphe 1 de l'article 18.

Article 18. Entrée en vigueur, durée et dénonciation

1) Le présent Accord entre en vigueur à la date à laquelle les Parties se sont notifié par écrit et par la voie diplomatique l'accomplissement de leurs formalités internes requises à cet effet. La date d'entrée en vigueur est la date de réception de la dernière notification.

2) Le présent Accord reste en vigueur pour une durée de 10 ans et est automatiquement reconduit pour des périodes successives de 10 ans, à moins que l'une des Parties ne notifie à l'autre, par écrit et par la voie diplomatique, son intention de le dénoncer au moins six mois avant la date d'expiration de toute période de 10 ans.

3) À moins que les Parties n'en conviennent autrement par écrit, la dénonciation du présent Accord est sans incidence sur la mise en œuvre des accords et/ou contrats conclus avant ladite dénonciation et non encore exécutés à la date de la dénonciation.

4) Nonobstant la dénonciation du présent Accord, les obligations énoncées à l'article premier, au paragraphe 3 de l'article 2, aux articles 8, 9, 10, 12, 13, 14 et 16 et au paragraphe 4 de l'article 17 du présent Accord restent en vigueur, sauf si les Parties en conviennent autrement.

FAIT à Abou Dhabi, le 14 janvier 2013, en deux exemplaires originaux en langues espagnole, arabe et anglaise, tous les textes faisant également foi. En cas d'incohérence ou de conflit entre les versions linguistiques, le texte anglais prévaut à tout moment.

Pour la République argentine :

HÉCTOR MARCOS TIMERMAN
Ministre des affaires étrangères et du culte

Pour les Émirats arabes unis :

ABDULLAH BIN ZAYED ALL NAHYAN
Ministre des affaires étrangères

No. 54206

Argentina
and
Portugal

Social Security Agreement between the Argentine Republic and the Portuguese Republic. Santiago de Chile, 9 November 2007

Entry into force: *1 November 2014, in accordance with article 37*

Authentic texts: *Portuguese and Spanish*

Registration with the Secretariat of the United Nations: *Argentina, 11 January 2017*

Argentine
et
Portugal

Accord relatif à la sécurité sociale entre la République argentine et la République portugaise. Santiago du Chili, 9 novembre 2007

Entrée en vigueur : *1er novembre 2014, conformément à l'article 37*

Textes authentiques : *portugais et espagnol*

Enregistrement au Secrétariat de l'Organisation des Nations Unies : *Argentine, 11 janvier 2017*

[TEXT IN PORTUGUESE – TEXTE EN PORTUGAIS]

CONVENÇÃO SOBRE SEGURANÇA SOCIAL ENTRE A REPÚBLICA ARGENTINA E A REPÚBLICA PORTUGUESA

A República Argentina e a República Portuguesa, adiante designadas "Estados Contratantes";

Inspiradas no propósito de firmar os estreitos laços históricos e de amizade que unem os dois povos;

Animadas pelo desejo de melhorar as relações entre os dois Estados em matéria de segurança social e de adequá-las à evolução jurídica alcanzada;

Decidiram celebrar uma Convenção que substitui a "Convenção de Segurança Social" assinada em Lisboa em 20 de Maio de 1966;

Pelo que acordaram no seguinte:

TÍTULO I
Disposições Gerais

Artigo 1°
Definições

1. Para efeitos da presente Convenção, as expressões e os termos que a seguir se enumeram têm o seguinte significado:

a) "Argentina": designa a República Argentina e "Portugal", designa a República Portuguesa;

b) "Território" designa:

i) Relativamente à Argentina, o território tal como se encontra definido pela legislação argentina;
ii) Relativamente a Portugal, o território no continente europeu e os arquipélagos dos Açores e da Madeira;

c) "Legislação": designa os actos normativos respeitantes aos regimes ou sistemas referidos no artigo 2° da presente Convenção;

d) "Autoridade competente" designa:

i) Relativamente à Argentina, o Ministério do Trabalho, Emprego e Segurança Social (Ministério de Trabajo, Empleo y Seguridad Social) e o Ministério da Saúde (Ministério de Salud) no âmbito das respectivas competências;
ii) Relativamente a Portugal, o membro ou membros do Governo ou qualquer outra autoridade correspondente responsável pelas matérias mencionadas no artigo 2° da presente Convenção;

e) "Instituição competente": designa, em ambos os Estados Contratantes, a instituição ou organismo responsável, conforme o caso, pela aplicação da legislação mencionada no artigo 2° da presente Convenção;

f) "Organismo de ligação": designa o organismo de coordenação e informação entre as instituições dos dois Estados Contratantes que intervém na aplicação da Convenção, assim como na informação dos interessados sobre os direitos e obrigações resultantes da mesma;

g) "Trabalhador": a pessoa que, pelo facto de desempenhar ou ter desempenhado actividade por conta de outrem ou por conta própria, está ou esteve sujeita às legislações enumeradas no artigo 2° da presente Convenção;

h) "Familiar", "beneficiário" ou "sobrevivente": designa as pessoas definidas como tais pela legislação aplicável;

i) "Período de seguro": designa, em ambos os Estados Contratantes, qualquer período considerado como tal pela legislação nos termos da qual tenha sido cumprido, assim como qualquer período considerado por essa legislação como equiparado a um período de seguro;

j) "Prestação": quaisquer prestações previstas nas legislações mencionadas no artigo 2° da presente Convenção, incluindo os seus complementos, suplementos ou actualizações;

k) "Prestações por maternidade": designa as prestações atribuídas na eventualidade de maternidade, reguladas na Argentina, pela legislação relativa às prestações familiares e, em Portugal, pela legislação relativa à protecção na maternidade;

l) "Dependência": designa a situação em que as pessoas não podem praticar com autonomia os actos indispensáveis à satisfação das necessidades básicas da vida quotidiana, carecendo da assistência de terceira pessoa.

2. Outros termos ou expressões utilizados na presente Convenção têm o significado que lhes for atribuído pela legislação aplicável.

Artigo 2°
Campo de aplicação material

1. A presente Convenção aplica-se:

a) Relativamente à Argentina:

i) À legislação relativa às prestações contributivas do Sistema de Segurança Social (Sistema de Seguridad Social) no que se refere aos regimes de velhice, invalidez e morte, baseados na repartição ou na capitalização individual, cuja gestão está a cargo de organismos nacionais, provinciais, municipais, profissionais ou das administradoras de fundos de aposentações e pensões (ARJP);
ii) Ao regime de prestações médico-assistenciais (Obras Sociais);
iii) Ao regime de riscos profissionais;
iv) Ao regime de prestações familiares.

b) Relativamente a Portugal:

i) À legislação relativa aos regimes de segurança social aplicáveis à generalidade dos trabalhadores por conta de outrem e aos trabalhadores independentes, incluindo os regimes de inscrição facultativa, do sistema previdencial do sistema de segurança social, no que respeita às eventualidades de doença e maternidade, doenças profissionais e acidentes de trabalho, invalidez, velhice e morte;
ii) À legislação relativa ao subsistema de protecção familiar, no que respeita às prestações dependentes da existência de carreiras contributivas, no que respeita às eventualidades de encargos familiares, deficiência e dependência;
iii) Aos regimes especiais aplicáveis a certas categorias de trabalhadores no que respeita às eventualidades referidas nas subalíneas i) e ii);
iv) Ao regime do Serviço Nacional de Saúde.

2. A presente Convenção aplica-se igualmente à legislação que no futuro venha a completar ou a alterar a que se encontra mencionada no número anterior.

3. A presente Convenção aplica-se à legislação que venha a estabelecer um novo regime especial ou específico de segurança social, quando as autoridades competentes assim acordarem.

4. A presente Convenção aplica-se à legislação que num Estado Contratante estenda as disposições vigentes a determinados grupos de pessoas, desde que a autoridade competente do outro Estado, nos seis meses seguintes à notificação da publicação ou promulgação das citadas disposições, a isso não se oponha.

Artigo 3°
Campo de aplicação pessoal

A presente Convenção aplica-se aos trabalhadores que estão ou tenham estado sujeitos à legislação dos dois Estados Contratantes referida no artigo 2°, independentemente da sua nacionalidade, assim como aos seus familiares e sobreviventes.

Artigo 4°
Princípio de igualdade de tratamento

Sem prejuízo das disposições da presente Convenção, as pessoas mencionadas no artigo 3°, que residam ou se encontrem no território de um dos Estados Contratantes, gozam dos mesmos direitos e estão sujeitas às mesmas obrigações que os nacionais desse Estado.

Artigo 5°
Conservação dos direitos adquiridos e pagamento das prestações no estrangeiro

1. Os trabalhadores abrangidos pela Convenção que, no outro Estado Contratante, têm direito às prestações previstas nas legislações mencionadas no artigo 2°, conservam esse direito quando transferem a sua residência para o território do seu próprio Estado.

2. Salvo disposição em contrário da presente Convenção, as prestações concedidas por um dos Estados Contratantes nos termos da legislação mencionada no artigo 2°, não estão sujeitas a redução, modificação, suspensão, supressão ou retenção pelo facto de o beneficiário se encontrar a residir no território do outro Estado.

3. As prestações concedidas por aplicação da presente Convenção a beneficiários que residem no território de um Estado terceiro são pagas nas mesmas condições e idêntica extensão que as previstas para os próprios nacionais que residam nesse Estado terceiro.

Artigo 6°
Totalização dos períodos de seguro

Se a legislação de um dos Estados Contratantes fizer depender a aquisição, conservação ou recuperação do direito às prestações previstas nas legislações mencionadas no artigo 2° da presente Convenção do cumprimento de períodos de seguro, a instituição desse Estado tem em conta, se necessário, os períodos de seguro cumpridos nos termos da legislação do outro Estado Contratante, desde que não se sobreponham.

Artigo 7º
Redução, suspensão ou supressão das prestações

As cláusulas de redução, suspensão ou supressão das prestações previstas na legislação de um dos Estados Contratantes, em caso de cumulação de uma prestação com outras prestações de segurança social ou com outros rendimentos, incluindo os resultantes do exercício de actividade profissional, são oponíveis ao interessado, mesmo que se trate de prestações adquiridas nos termos da legislação do outro Estado Contratante ou de rendimentos obtidos no território desse outro Estado.

TÍTULO II
Disposições sobre a legislação aplicável

Artigo 8º
Regra geral

Sem prejuízo do disposto no artigo 9º, as pessoas abrangidas pela presente Convenção estão sujeitas exclusivamente à legislação do Estado Contratante em cujo território exerçam actividade profissional, mesmo que tenham residência permanente no outro Estado ou a entidade patronal tenha a sua sede principal ou domicílio nesse outro Estado.

Artigo 9º
Regras especiais

Em relação ao disposto no artigo 8º, são estabelecidas as seguintes regras especiais:

a) O trabalhador que dependa habitualmente de uma empresa que tenha a sua sede no território de um dos Estados Contratantes, onde desempenha tarefas profissionais de investigação, científicas, técnicas ou de direcção, que seja destacado para o território do outro Estado para aí prestar serviço por um período limitado, continua sujeito à legislação do Estado de origem durante um período máximo de doze meses, prorrogável, a título excepcional, mediante consentimento prévio da autoridade competente deste último Estado.

Em relação aos trabalhadores que desempenhem actividades diferentes das acima mencionadas, é indispensável, para beneficiar do disposto na presente alínea, o consentimento prévio e expresso da autoridade competente do Estado para onde se verifica o destacamento.

b) O disposto na alínea anterior é também aplicado aos trabalhadores que habitualmente exerçam uma actividade autónoma no território de um dos Estados Contratantes e que se transfiram para o território do outro Estado para aí exercerem a mesma actividade por um período limitado.

c) O pessoal itinerante ao serviço de empresas de transporte aéreo que desempenhe a sua actividade no território dos dois Estados está sujeito à legislação do Estado em cujo território a empresa tenha a sua sede principal.

d) A tripulação de um navio com bandeira de um dos Estados Contratantes está sujeita à legislação desse Estado. Todavia, se o navio arvorar a bandeira de um Estado terceiro, aqueles trabalhadores ficam sujeitos à legislação do Estado Contratante em cujo território se localiza a sede ou domicílio da empresa armadora.

e) Os trabalhadores que estejam ocupados na carga, descarga e reparação de navios ou no serviço de vigilância num porto ficam sujeitos à legislação do Estado Contratante em cujo território se situa o porto.

f) Sem prejuízo do disposto nas alíneas g) e h), os membros do pessoal das missões diplomáticas e postos consulares e os membros da sua família, estão sujeitos às disposições da Convenção de Viena sobre Relações Diplomáticas, de 18 de Abril de 1961, e da Convenção de Viena sobre Relações Consulares, de 24 de Abril de 1963.

g) O pessoal administrativo e técnico e os membros do pessoal de serviço das missões diplomáticas e postos consulares que tenham a qualidade de funcionários públicos no Estado acreditante continuam sujeitos à legislação deste Estado.

h) O pessoal missões diplomáticas e postos consulares dos Estados Contratantes, localmente contratado, assim como o pessoal ao serviço privado dos membros das ditas missões diplomáticas e postos consulares, podem optar entre a aplicação da legislação do Estado a cujo serviço se encontram ou da legislação do outro Estado Contratante, desde que sejam nacionais do primeiro Estado.

A opção deve ser exercida no prazo de seis meses a partir da data de entrada em vigor da presente Convenção ou da data do início do trabalho no território do Estado Contratante onde se desenvolve a actividade, conforme o caso.

i) As pessoas enviadas por um dos Estados Contratantes ao território do outro Estado, em missões oficiais de cooperação, continuam sujeitas à legislação do Estado que as envia, com ressalva do que, em contrário, se encontre disposto nos acordos de cooperação correspondentes.

j) Os funcionários públicos e os trabalhadores que desempenhem funções em empresas públicas, autarquias ou organismos diversos de carácter público de um dos Estados Contratantes e que sejam destacados, no exercício das suas funções, para o território do outro Estado Contratante, mantêm-se sujeitos, bem como o respectivo agregado familiar, à legislação do Estado Contratante para o qual prestam serviço.

Artigo 10°
Excepções

As autoridades competentes dos Estados Contratantes ou os organismos por elas designados podem, de comum acordo, estabelecer excepções ao disposto nos artigos 8° e 9°, no interesse de certas pessoas ou categorias de pessoas, a pedido destas ou das respectivas entidades patronais.

TÍTULO III
Disposições relativas às prestações de invalidez, velhice e morte

SECÇÃO I
Disposições comuns

Artigo 11°
Verificação do direito e liquidação das prestações

1. Com excepção do disposto no artigo 17°, o trabalhador que sucessiva ou alternadamente tenha estado sujeito à legislação de um ou outro Estado Contratante, tem direito às prestações previstas neste Capítulo nas seguintes condições:

a) A instituição competente de cada Estado Contratante, em primeiro lugar, determina o direito e calcula as prestações tendo em conta unicamente os períodos de seguro cumpridos neste Estado.

b) Se o trabalhador não reunir, autonomamente, as condições de abertura do direito às prestações, a instituição competente de cada Estado Contratante verifica o direito às prestações totalizando os períodos de seguro cumpridos em conformidade com a legislação do outro Estado Contratante, de acordo com o previsto no artigo 6° da presente Convenção. Quando, efectuada a totalização, o direito se encontra adquirido, para o cálculo do montante a pagar, aplicam-se as seguintes regras:

i) Determina-se o montante da prestação a que o interessado teria direito como se todos os períodos de seguro totalizados tivessem sido cumpridos em conformidade com a respectiva legislação (montante ou pensão teórica).
ii) Estabelece-se o montante efectivo da prestação aplicando à pensão teórica, calculada nos termos da respectiva legislação, a proporção existente entre os períodos de seguro cumpridos no Estado Contratante a que pertence a instituição que calcula a prestação e a totalidade dos períodos de seguro cumpridos em ambos os Estados (montante ou pensão prorratizada).
iii) Se a legislação de um dos Estados Contratantes exigir uma duração máxima de períodos de seguro para o benefício de uma prestação completa, a instituição competente desse Estado toma

em conta, para efeito de totalização, somente os períodos de contribuição do outro Estado necessários para atingir o direito à dita prestação.

2. Determinado o direito em conformidade com o estabelecido no número anterior, a instituição competente de cada Estado Contratante concede e paga as prestações independentemente da resolução adoptada pela instituição competente do outro Estado.

3. Quando o trabalhador ou os seus sobreviventes não tenham direito às prestações por aplicação do disposto nos números anteriores, são também totalizados os períodos de seguro correspondentes à actividade exercida em Estados terceiros, aos quais um dos Estados Contratantes se encontre vinculado por força de um instrumento internacional de coordenação de segurança social.

Artigo 12°
Períodos de seguro inferiores a um ano

1. Sem prejuízo do disposto na alínea b) do n.° 1 do artigo 11° da presente Convenção, se a duração total dos períodos de seguro cumpridos nos termos da legislação de um Estado Contratante não atingir um ano e, em conformidade com a legislação desse Estado não for adquirido direito às prestações, a instituição do dito Estado não é obrigada a conceder qualquer prestação com base no referido período.

2. Os períodos referidos no número anterior são tomados em conta, se necessário, pela instituição do outro Estado Contratante para a abertura do direito e para o cálculo do montante das prestações nos termos da respectiva legislação, não se aplicando contudo o estabelecido na subalínea ii) da alínea b) do n.° 1 do artigo 11° da presente Convenção.

Artigo 13°
Condições específicas para a abertura do direito

1. Se a legislação de um Estado Contratante subordinar a concessão das prestações reguladas neste Capítulo à condição de que o trabalhador se encontre sujeito a essa legislação no momento da ocorrência do risco, esta condição considera-se cumprida se no dito momento o trabalhador estiver seguro ao abrigo da legislação do outro Estado ou, na sua falta, se receber deste Estado prestações da mesma natureza ou de natureza diferente desde que resultantes da carreira de seguro do próprio beneficiário.

2. Com vista à abertura do direito à pensão de sobrevivência aplica-se o mesmo principio para que, se necessário, se tenha em conta a situação de beneficiário de prestações ou de actividade profissional do falecido no outro Estado.

3. Se a legislação de um Estado Contratante exigir, para a abertura do direito as prestações, que tenham sido cumpridos períodos de contribuição num

determinado prazo imediatamente anterior à ocorrência do risco, esta condição considera-se cumprida se o interessado os creditar no período imediatamente anterior à abertura do direito às prestações no outro Estado.

4. No caso de o interessado, tida em conta a totalização dos períodos a que se refere o artigo 6° da presente Convenção, não puder satisfazer simultaneamente as condições estabelecidas nas legislações dos dois Estados Contratantes, o direito às referidas prestações é determinado, relativamente a cada legislação, à medida que o interessado for satisfazendo as mesmas condições.

Artigo 14°
Consideração dos períodos de contribuição em regimes especiais ou específicos

1. Se a legislação de um dos Estados Contratantes fizer depender o direito ou a concessão de determinados benefícios ao cumprimento do períodos de seguro numa actividade profissional sujeita a um regime especial ou específico, ou numa determinada actividade, os períodos cumpridos ao abrigo da legislação do outro Estado só são tomados em conta para a concessão de tais prestações ou benefícios, se tiverem sido cumpridos ao abrigo de um regime correspondente ou, na sua falta, na mesma actividade.

2. Se, tendo em conta os períodos assim cumpridos, o interessado não satisfizer as condições requeridas para beneficiar das prestações do regime especial ou específico, estes períodos são tomados em conta para a concessão das prestações do regime geral ou de outro regime especial ou específico em que o interessado puder fazer valer direitos.

Artigo 15°
Disposições relativas ao montante mínimo das prestações

1. A soma do montante das prestações devidas pelas instituições competentes dos Estados Contratantes, de acordo com as disposições deste Título, não pode ser inferior ao montante mínimo vigente no Estado Contratante no qual o beneficiário tem a sua residência permanente.

2. As modalidades de aplicação do disposto no número precedente serão estabelecidas nos acordos administrativos a que se refere o artigo 32°.

Artigo 16°
Determinação da incapacidade

1. Cabe a cada instituição competente qualificar e determinar o grau de invalidez dos requerentes, de acordo com a sua legislação.

2. A instituição competente de cada Estado Contratante tem em conta, para qualificar e determinar o estado e grau de invalidez dos interessados, os relatórios médicos emitidos pela instituição competente do outro Estado.

Todavia, a instituição competente de cada Estado pode submeter o interessado a novos exames médicos.

3. As despesas relativas à avaliação médica e as que se efectuem para determinar a capacidade para o trabalho, assim como outras despesas inerentes ao exame médico, ficam a cargo da instituição competente que realizou esses mesmos, salvo quando se trate de exames complementares eventualmente solicitados pela instituição competente do outro Estado, os quais ficam a cargo da mesma.

SECÇÃO II
Disposições aplicáveis pela Argentina

Artigo 17°
Regime de capitalização individual

1. Os trabalhadores inscritos numa administradora de fundos de aposentações e pensões (Administradora de Fundos de Jubilaciones y Pensiones) da Argentina, financiam as prestações com o saldo acumulado da sua conta de capitalização individual, nos termos estabelecidos pela legislação aplicável.

2. Quando o trabalhador reúne os requisitos estabelecidos na legislação vigente, aplicando-se, se necessário, a totalização de períodos de seguro e as disposições relativas ao cálculo previstas na Secção I do presente Capítulo, as prestações concedidas pelo regime de capitalização argentino são adicionadas às prestações que se encontram a cargo do regime público de previdência ou de repartição.

TÍTULO IV
Disposições relativas a outras prestações

SECÇÃO I
Prestações por doença

Artigo 18°
Concessão das prestações

Os trabalhadores que exerçam actividade profissional no território de um dos Estados Contratantes, assim como os seus familiares, têm direito às prestações em caso de doença e maternidade, nas mesmas condições que os nacionais daquele Estado.

Artigo 19°
Exercício de actividade fora do território do Estado a cuja legislação o trabalhador se encontra sujeito

1. O trabalhador que exerça actividade profissional no território de um Estado Contratante que não é o Estado a cuja legislação se encontra sujeito e que

reuna as condições exigidas pela legislação deste Estado para ter direito a cuidados de saúde, beneficia dessas mesmas prestações, em conformidade com a legislação aplicada pela instituição competente do lugar da residência e por conta da dita instituição.

2. O disposto no número anterior é também aplicado aos familiares que residam no território de um Estado Contratante diferente daquele em que o trabalhador desenvolve a sua actividade profissional, desde que os mesmos não tenham, por si próprios, direito às prestações nos termos da legislação do Estado em que residem.

Artigo 20°
Titulares de prestações por velhice, invalidez e morte

1. Os titulares de prestações de invalidez, velhice e morte devidas por aplicação das legislações de ambos os Estados Contratantes beneficiam de cuidados de saúde, assim como os seus familiares, por parte da instituição do Estado em que residem e a cargo desta.

2. Os titulares de prestações de invalidez, velhice e morte devidas por força da legislação de um único Estado Contratante, residentes no território do outro Estado, beneficiam, bem como os seus familiares, de cuidados de saúde a que tenham direito, concedidas pela instituição deste último Estado de acordo com a legislação por ele aplicada. As prestações são reembolsadas pela instituição do Estado devedor das prestações de invalidez, velhice e morte à instituição que as concedeu.

Artigo 21°
Prestações pecuniárias por maternidade previstas na legislação portuguesa

As prestações pecuniárias por maternidade previstas na legislação portuguesa são concedidas pela respectiva instituição competente às trabalhadoras que se encontram sujeitas a esta legislação, no momento em que ocorra a referida eventualidade, tendo em conta, se necessário, a totalização de períodos de seguro prevista no artigo 6° da presente Convenção.

SECÇÃO II
Prestações familiares

Artigo 22°
Concessão das prestações

1. Os trabalhadores aos quais se aplica a presente Convenção que tenham estado abrangidos pela legislação de um Estado Contratante e residam no território do outro Estado, gozam dos mesmos direitos que os trabalhadores nacionais desse Estado, no que respeita às prestações familiares.

2. As autoridades competentes dos dois Estados Contratantes adoptarão de comum acordo, tendo em consideração a evolução das legislações nacionais, as medidas necessárias ao pagamento das prestações familiares no território de um Estado Contratante diferente daquele a que pertence a instituição competente.

SECÇÃO III
Riscos profissionais

Artigo 23º
Concessão das prestações

1. O direito às prestações por acidente de trabalho ou doença profissional é determinado em conformidade com a legislação do Estado Contratante que abrangia o trabalhador à data em que ocorreu o acidente ou se declarou a doença, salvo se a doença tiver sido contraída no outro Estado, caso em que as prestações ficam a cargo deste Estado, em conformidade com a respectiva legislação.

2. Se o trabalhador não tiver direito às prestações por doença profissional ao abrigo da legislação do Estado Contratante que o abrangia à data em que a doença se declarou, os direitos são examinados pelo outro Estado, em conformidade com a respectiva legislação, sempre que o trabalhador em causa tenha exercido uma actividade susceptível de provocar a referida doença no território deste último Estado.

3. Se a legislação de um Estado Contratante subordinar a concessão das prestações por doença profissional à condição de que a doença considerada tenha sido comprovada pela primeira vez no seu território, esta condição considera-se cumprida quando a doença tiver sido comprovada pela primeira vez no território do outro Estado.

Artigo 24º
Avaliação do grau de incapacidade

Se para avaliar o grau de incapacidade, em caso de acidente de trabalho ou de doença profissional, a legislação de um Estado Contratante determinar que sejam tomados em consideração os acidentes de trabalho e as doenças profissionais anteriormente ocorridos, são igualmente tomados em consideração os acidentes de trabalho e as doenças profissionais ocorridos anteriormente em conformidade com a legislação do outro Estado, como se eles tivessem ocorrido em conformidade com a legislação do primeiro Estado.

TÍTULO V
Disposições diversas e finais

SECÇÃO I
Disposições diversas

Artigo 25°
Transferência de fundos das contas da capitalização individual

Caso venham a ser criados regimes de previdência baseados na capitalização individual, compatíveis em ambos os Estados Contratantes, os Estados decidirão, de comum acordo, as modalidades de transferência internacional dos saldos das contas de capitalização individual, sua afectação e os benefícios a conceder de acordo com as normas internas aplicáveis.

Artigo 26°
Apresentação de pedidos, declarações e recursos

Os pedidos, declarações, recursos e outros documentos que, para efeito de aplicação da legislação de um Estado Contratante, devam ser apresentados num determinado prazo junto da autoridade, instituição ou organismo jurisdicional do dito Estado, consideram-se validamente apresentados se tiverem sido apresentados dentro do mesmo prazo junto da autoridade, instituição ou organismo jurisdicional correspondente do outro Estado.

Artigo 27°
Cooperação administrativa entre instituições

As instituições competentes de ambos os Estados Contratantes podem solicitar mutuamente, em qualquer momento, antecedentes e exames médicos, comprovativos de factos e actos dos quais possam resultar a aquisição, modificação, suspensão, extinção e manutenção do direito às prestações por elas reconhecido. As despesas resultantes, com excepção das previstas no número 3 do artigo 16° da presente Convenção, serão reembolsadas, sem demora, pela instituição que solicitou o reconhecimento ou a comprovação, depois de recebida a relação detalhada de tais despesas.

Artigo 28°
Isenções de direitos, taxas e impostos em actos e documentos administrativos

1. O benefício das isenções de emolumentos de registo, de escritura, de selo e das taxas consulares e outros análogos, previstos na legislação de cada um dos Estados Contratantes, é estendido aos certificados e documentos que sejam enviados pelas administrações e instituições competentes do outro Estado para efeitos de aplicação da presente Convenção.

2. Todos os actos administrativos e documentos que sejam enviados para efeitos de aplicação da presente Convenção são dispensados dos requisitos de

tradução oficial e legalização por parte das autoridades diplomáticas e consulares de cada Estado.

Artigo 29º
Formas e garantia do pagamento das prestações

1. As instituições competentes de cada um dos Estados Contratantes desoneram-se dos pagamentos que se realizem por aplicação da presente Convenção, quando estes se efectuem na moeda do seu país.

2. Caso um dos Estados Contratantes venha a promulgar disposições que restrinjam a transferência de divisas, ambos os Estados adoptarão de imediato as medidas necessárias para garantir a efectividade dos direitos resultantes da presente Convenção.

Artigo 30º
Comunicação recíproca

1. Para efeitos da aplicação da presente Convenção, as autoridades e as instituições competentes dos dois Estados Contratantes comunicam-se entre si e com os interessados ou os seus representantes.

2. O intercâmbio da informação assim como de qualquer outro elemento que as autoridades competentes considerem de interesse para a aplicação da presente Convenção pode ser efectuado entre os organismos de ligação de cada Estado Contratante, por meios informáticos ou outros alternativos que se ajustem e assegurem reserva e fiabilidade, de acordo com a legislação de cada Estado Contratante.

Artigo 31º
Representação diplomática e consular

As autoridades diplomáticas e consulares dos dois Estados Contratantes podem representar, sem mandato especial, os cidadãos do seu Estado junto das autoridades e Instituições Competentes em matéria de segurança social do outro Estado.

Artigo 32º
Atribuições das Autoridades Competentes

Cabe às Autoridades Competentes de ambos os Estados Contratantes:

a) Estabelecer os Acordos Administrativos necessários para a aplicação da presente Convenção;
b) Designar os respectivos Organismos de Ligação bem como definir as respectivas atribuições;
c) Comunicar mutuamente as medidas adoptadas no plano interno para aplicação da presente Convenção;

d) Notificar entre si todas as disposições legislativas e regulamentares que modifiquem as mencionadas no artigo 2º da presente Convenção;
e) Prestar mutuamente os bons ofícios e a mais ampla colaboração técnica e administrativa possível para a aplicação da presente Convenção.

Artigo 33º
Informação entre os organismos de ligação

As autoridades e instituições competentes dos dois Estados Contratantes manter-se-ão reciprocamente informadas, através dos respectivos organismos de ligação, de todas as medidas administrativas que adoptarem para a aplicação da presente Convenção.

Artigo 34º
Comissão Mista de Peritos

1. É instituída uma Comissão Mista de Peritos, formada por representantes dos dois Estados Contratantes, que tem as seguintes funções:

a) Acompanhar a aplicação da Convenção, dos Acordos Administrativos de aplicação e outros instrumentos adicionais;
b) Acordar os procedimentos administrativos e o uso dos formulários mais adequados para a garantia da maior eficácia, simplificação e rapidez na aplicação dos mencionados instrumentos;
c) Assessorar as Autoridades Competentes, quando estas o solicitem ou por iniciativa própria, sobre a aplicação dos ditos instrumentos;
d) Propor às respectivas Autoridades Competentes dos Estados Contratantes eventuais modificações, melhorias e disposições complementares dos citados instrumentos;
e) Desempenhar qualquer outra função, relativamente à interpretação e aplicação dos referidos instrumentos, que lhe seja cometida, de comum acordo, pelas autoridades competentes.

2. A Comissão Mista de Técnicos reúne-se periodicamente na Argentina e em Portugal.

Artigo 35º
Resolução de controvérsias

1. Qualquer controvérsia sobre a interpretação ou a aplicação da presente Convenção é resolvida através de negociações por via diplomática.

2. Se a controvérsia não puder ser resolvida em conformidade com o número anterior do presente artigo, no prazo de seis meses, é submetida a uma Comissão Arbitral, cuja composição e funcionamento são aprovados, por comum acordo, pelos Estados Contratantes.

3. As decisões da Comissão Arbitral são obrigatórias e definitivas.

Artigo 36°
Consideração de períodos anteriores à vigência da Convenção

Os períodos de seguro cumpridos de acordo com a legislação de cada um dos Estados Contratantes antes da data da entrada em vigor da presente Convenção são tomados em consideração para a determinação do direitó às prestações por aplicação da mesma.

SECÇÃO II
Disposições finais

Artigo 37°
Entrada em vigor

1. A presente Convenção entra em vigor no primeiro dia do segundo mês seguinte à data de recepção da última notificação, por escrito e por via diplomática, informando que foram cumpridos pelos Estados Contratantes os respectivos requisitos de Direito interno.

2. Na data da sua entrada em vigor, a presente Convenção substituirá a Convenção de Segurança Social entre a República Argentina e a República Portuguesa, assinada em Lisboa em 20 de Maio de 1966.

3. A presente Convenção não afectará os direitos adquiridos ao abrigo da Convenção assinada em Lisboa em 20 de Maio de 1966. As situações determinadas pelos direitos em curso de aquisição no momento da cessação de vigência daquela Convenção serão reguladas de comum acordo pelos Estados Contratantes.

Artigo 38°
Vigência e denúncia

1. A presente Convenção vigora por um período de tempo indeterminado.

2. Qualquer dos Estados Contratantes poderá, a qualquer momento, denunciar a presente Convenção.

3. A denúncia deve ser notificada, por escrito e por via diplomática, produzindo efeitos seis meses após a recepção da respectiva notificação.

4. Em caso de denúncia da presente Convenção são mantidos os direitos adquiridos e em curso de aquisição, em conformidade com as suas disposições.

Artigo 39º
Registo

O Estado Contratante em cujo território a presente Convenção for assinada, submetê-la-á para registo junto do Secretariado das Nações Unidas, nos termos do artigo 102.º da Carta das Nações Unidas, devendo, igualmente, notificar o outro Estado Contratante da conclusão deste procedimento e indicar-lhe o número de registo atribuído.

Assinado na cidade de Santiago de Chile, aos 9 dias do mês de Novembre de 2007, em dois exemplares, nas línguas espanhola e portuguesa, fazendo ambos os textos igualmente fé.

Pela República Argentina

Pela República Portuguesa

[TEXT IN SPANISH – TEXTE EN ESPAGNOL]

CONVENIO DE SEGURIDAD SOCIAL
ENTRE LA REPÚBLICA ARGENTINA
Y LA REPÚBLICA PORTUGUESA

La República Argentina y la República Portuguesa, en adelante denominados "Estados Contratantes";

Inspiradas por el propósito de afianzar los estrechos lazos históricos y de amistad que unen a ambos pueblos;

Animadas por el deseo de mejorar las relaciones entre los dos Estados en materia de Seguridad Social y de adecuarlas al desarrollo jurídico alcanzado;

Han decidido celebrar un Convenio que sustituye al "Convenio de Seguridad Social" firmado en Lisboa el 20 de mayo de 1966;

Por el que acordaron lo siguiente:

TÍTULO I
Disposiciones Generales

Artículo 1
Definiciones

1. Las expresiones y términos que se enumeran a continuación tienen en el presente Convenio el siguiente significado:

a) "Argentina": designa a la República Argentina y "Portugal", designa a la República Portuguesa;

b) "Territorio":

i)con relación a la Argentina, es el territorio tal como ha sido definido por la legislación argentina;
ii) con relación a Portugal, es el territorio en el continente europeo, y los archipiélagos de las Azores y de Madeira;

c) "Legislación": designa las normas relativas a los regimenes o sistemas referidos en el articulo 2° del presente Convenio;

d) "Autoridad Competente":

i) en lo que se refiere a la Argentina, el Ministerio de Trabajo, Empleo y Seguridad Social y el Ministerio de Salud en el ámbito de sus respectivas competencias;
ii) en lo que se refiere a Portugal, el Ministro o los Ministros, o cualquier otra autoridad de jerarquía equivalente responsable por la legislación mencionada en el artículo 2 del presente Convenio;

e) "Institución Competente": designa, en ambos Estados Contratantes, la Institución u Organismo responsable, en cada caso, de la aplicación de la legislación mencionada en el artículo 2 del presente Convenio;

f) "Organismo de Enlace": designa al organismo de coordinación e información entre las Instituciones de ambos Estados Contratantes que intervenga en la aplicación del Convenio, como así también, de asesoramiento a los interesados sobre los derechos y obligaciones que derivan del mismo;

g) "Trabajador": es toda persona que como consecuencia de realizar o haber realizado una actividad por cuenta ajena o propia, está o ha estado sujeta a las legislaciones enumeradas en el artículo 2 del presente Convenio;

h) "Familiar", "Beneficiario" o "Derechohabiente": designa a las personas definidas como tales por la legislación aplicable;

i) "Período de seguro": en ambos Estados Contratantes designa a todo período considerado como tal por la legislación, en cuyos términos se hubiera cumplido, así como cualquier período considerado por esa legislación como equiparado a un período de seguro;

j) "Prestación": son todas las prestaciones previstas por las legislaciones mencionadas en el artículo 2 del presente Convenio, incluyendo todo complemento, suplemento o revalorización;

k) "Prestaciones por Maternidad": designa a las prestaciones previstas en el caso de maternidad. En lo que se refiere a la Argentina, son las contempladas en la legislación relativa a las asignaciones familiares y en lo que se refiere a Portugal son las prestaciones comprendidas en la legislación relativa a la protección de la contingencia por maternidad;

l) "Dependencia": designa a la situación en la cual las personas no pueden practicar de forma autónoma las tareas indispensables para satisfacer las necesidades básicas de la vida cotidiana, requiriendo de la asistencia de otra u otras personas.

2. Los demás términos o expresiones utilizadas en el presente Convenio tienen el significado que les atribuye la legislación aplicable.

Artículo 2
Ámbito de aplicación material

1. El presente Convenio se aplicará:

a) Con respecto a la Argentina:

i) A la legislación relativa a las prestaciones contributivas del Sistema de Seguridad Social en lo que se refiere a los regímenes de vejez, invalidez y muerte, basados en el sistema de reparto o de capitalización individual, cuya administración se encuentre a cargo de organismos nacionales, provinciales, municipales, profesionales o de las administradoras de fondos de jubilaciones y pensiones (AFJP);
ii) Al régimen de prestaciones médico - asistenciales (Obras Sociales);
iii) Al régimen de Riesgos del Trabajo;
iv) Al régimen de Asignaciones Familiares.

b) Con respecto a Portugal:

i) A la legislación relativa a los regímenes de seguridad social aplicables a la generalidad de los trabajadores en relación de dependencia y a los trabajadores independientes, incluyendo los regímenes de afiliación voluntaria del sistema previsional del sistema de seguridad social, en lo que se refiere a las contingencias de enfermedad, maternidad, enfermedades profesionales y accidentes de trabajo, invalidez, vejez y muerte;
ii) A la legislación relativa al subsistema de protección familiar en lo que se refiere a las prestaciones que dependan de la existencia de servicios con aportes en relación con las contingencias emergentes de las cargas de familia, discapacidad y dependencia;
iii) A los regímenes especiales aplicables a ciertas categorías de trabajadores en lo concerniente a las contingencias mencionadas en los incisos i y ii;
iv) Al Régimen del Servicio Nacional de Salud.

2. El presente Convenio se aplicará igualmente a la legislación que en el futuro complemente o modifique la enumerada en el apartado precedente.

3. El presente Convenio se aplicará a la legislación que establezca un nuevo régimen especial o diferencial de seguridad social, cuando las Autoridades Competentes así lo acuerden.

4. El presente Convenio se aplica a la legislación que, en uno de los Estados Contratantes, extienda la normativa vigente a determinados grupos de personas, siempre que la Autoridad Competente del otro Estado no presente oposición a la misma dentro de los seis meses siguientes a la notificación de la publicación o promulgación, según corresponda, de las citadas disposiciones.

Artículo 3
Ámbito de aplicación personal

El presente Convenio se aplicará a los trabajadores que estén o hayan estado sujetos a la legislación de ambos Estados Contratantes que se menciona en el artículo 2, independientemente de su nacionalidad, así como a sus familiares y derechohabientes.

Artículo 4
Principio de igualdad de trato

Las personas mencionadas en el artículo 3, residentes o radicadas en el territorio de uno de los Estados Contratantes, gozan de los mismos derechos y obligaciones que los nacionales de ese Estado, sin perjuicio de las disposiciones de este Convenio.

Artículo 5
Conservación de los derechos adquiridos y pago de las prestaciones en el extranjero

1. Los trabajadores que estén amparados por este Convenio y que en el otro Estado Contratante tengan derecho a las prestaciones previstas por las legislaciones mencionadas por el artículo 2, conservan tal derecho al trasladarse al territorio de su propio Estado.

2. Salvo disposición en contrario del presente Convenio, las prestaciones otorgadas por uno de los Estados Contratantes en los términos de la legislación mencionada en el artículo 2, no estarán sujetas a reducción, modificación, suspensión, supresión o retención por el solo hecho de que el beneficiario se encuentre o resida en el territorio del otro Estado.

3. Las prestaciones concedidas por la aplicación del presente Convenio a beneficiarios que residan en el territorio de un tercer Estado se harán efectivas en las mismas condiciones y con igual extensión que las previstas para los propios nacionales que residan en ese tercer Estado.

Artículo 6
Totalización de los periodos de seguro

En el caso de que la legislación de uno de los Estados contratantes hiciera depender la adquisición, conservación o recuperación del derecho a las prestaciones previstas por las legislaciones mencionadas en el artículo 2 del presente Convenio del cumplimiento de periodos de seguro, la Institución Competente de ese Estado considerará, si fuera necesario, los periodos de seguro cumplidos de acuerdo con los términos de la legislación del otro Estado contratante, siempre que no se superpongan.

Artículo 7
Reducción, suspensión o supresión de las prestaciones

Las cláusulas de reducción, suspensión o supresión de las prestaciones previstas por la legislación de uno de los Estados Contratantes, en el caso de acumulación de una prestación con otras prestaciones de seguridad social o con otros ingresos, incluyendo los que resulten del ejercicio de una actividad profesional, son oponibles al interesado, aunque se trate de prestaciones adquiridas según los términos de la legislación del otro Estado Contratánte o de ingresos obtenidos en el territorio de ese otro Estado.

TÍTULO II
Disposiciones sobre la Legislación Aplicable

Artículo 8
Norma General

Las personas a quienes les resulte aplicable el presente Convenio, estarán sujetas exclusivamente a la legislación del Estado Contratante en cuyo territorio ejerzan una la actividad laboral, aunque residan en forma permanente en el otro Estado o que el empleador tenga su sede principal o el domicilio en ese otro Estado, sin perjuicio de lo dispuesto en el artículo 9.

Artículo 9
Normas particulares

Con relación a lo dispuesto por el artículo 8, se establecen las siguientes normas particulares:

a) El trabajador que dependa habitualmente de una empresa que tenga su sede en el territorio de uno de los dos Estados Contratantes que desempeñe tareas profesionales, de investigación, científicas, técnicas o de dirección y que sea trasladado para prestar servicios en el territorio del otro Estado por un periodo limitado, continuará sujeto a su legislación de origen durante un periodo máximo de doce meses, prorrogable, con carácter excepcional, mediante previo y expreso consentimiento de la Autoridad Competente de este último Estado.

Para incorporar los términos de este inciso a trabajadores que desempeñen otras actividades diferentes a las mencionadas en el párrafo anterior, resulta indispensable el previo y expreso consentimiento de la Autoridad Competente del Estado receptor.

b) Lo dispuesto por el inciso anterior será también de aplicación a los trabajadores que habitualmente ejerzan una actividad autónoma en el territorio de uno de los Estados Contratantes y que se trasladen al territorio del otro Estado para ejercer allí la misma actividad por un periodo limitado.

c) El personal Itinerante al servicio de empresas de transporte aéreo que desempeñe su actividad en el territorio de ambos Estados estará sujeto a la legislación del Estado en cuyo territorio tenga la empresa su sede principal.

d) La tripulación de un barco con bandera de uno de los Estados Contratantes está sujeta a la legislación de dicho Estado. Sin embargo, cuando el navío enarbole bandera de un tercer Estado, aquellos trabajadores quedarán sujetos a la legislación del Estado Contratante en cuyo territorio esta ubicada la sede o el domicilio de la empresa armadora.

e) Los trabajadores empleados en la carga, descarga y reparación de navíos o en el servicio de vigilancia en un puerto quedan sujetos a la legislación del Estado Contratante en cuyo territorio se localice el puerto.

f) Los miembros del personal de las Misiones Diplomáticas y de las Oficinas Consulares y los miembros de su familia estarán sujetos a las disposiciones de la Convención de Viena sobre Relaciones Diplomáticas, del 18 de abril de 1961 y de la Convención de Viena sobre Relaciones Consulares, del 24 de abril de 1963, sin perjuicio de lo dispuesto en los incisos g) y h).

g) El personal administrativo y técnico y los miembros del personal de servicio de las Misiones Diplomáticas y Oficinas Consulares que tengan la calidad de funcionarios públicos del Estado acreditante permanecerán sujetos a la legislación de este Estado.

h) El personal de las Misiones Diplomáticas y Oficinas Consulares de cada uno de los Estados Contratantes, de contratación local, así como el personal al servicio privado de los miembros de dichas Misiones Diplomáticas y Oficinas Consulares, podrán optar entre la aplicación de la legislación del Estado a cuyo servicio se encuentran o la del otro Estado Contratante, a condición de que sean nacionales del primer Estado.

La opción deberá ser ejercida dentro de los seis primeros meses a partir de la fecha de entrada en vigor del presente Convenio o según el caso, dentro de los seis meses siguientes a la fecha de inicio del trabajo en el territorio del Estado Contratante donde se desarrolla la actividad.

i) Las personas enviadas por uno de los Estados Contratantes al territorio del otro Estado, en misiones oficiales de cooperación, quedarán sujetas a la legislación del Estado que los envía, salvo que en los acuerdos de cooperación correspondientes se disponga lo contrario.

j) Los funcionarios públicos y los trabajadores que se desempeñen en empresas públicas, entidades autárquicas u organismos diversos de carácter publico de uno de los Estados Contratantes que, en el ejercicio de sus funciones, sean trasladados al territorio del otro Estado Contratante, quedarán sujetos, incluyendo al grupo familiar de cada uno de ellos, a la legislación del Estado Contratante para el cual prestan servicios.

Artículo 10
Excepciones

Las Autoridades Competentes de ambos Estados Contratantes o los Organismos designados por ellas, podrán, de común acuerdo, en interés de ciertas personas o categorías de personas, establecer excepciones a lo dispuesto en los artículos 8 y 9, a pedido de las mismas o de los respectivos empleadores.

TÍTULO III
Disposiciones relativas a las Prestaciones de Invalidez, Vejez y Muerte

SECCIÓN I
Disposiciones Comunes

Artículo 11
Determinación del derecho y liquidación de las prestaciones

1. Con excepción de lo dispuesto en el artículo 17 del presente Convenio, el trabajador que haya estado sucesiva o alternativamente sujeto a la legislación de uno u otro Estado Contratante, tendrá derecho a las prestaciones previstas en este Capítulo en las siguientes condiciones:

a) La Institución Competente de cada Estado Contratante determinará en primer lugar el derecho a las prestaciones y posteriormente calculará el monto de las mismas teniendo en cuenta únicamente los períodos de seguro acreditados en ese Estado.

b) Si el trabajador no acredita el derecho en forma independiente, la Institución Competente de cada Estado Contratante determinará el derecho a las mismas, mediante la totalización de los períodos de seguro cumplidos bajo la legislación del otro Estado Contratante de acuerdo a lo previsto en el artículo 6 del presente Convenio. Cuando efectuada la totalización se adquiera el derecho a la prestación, para el cálculo del monto a pagar, se aplicarán las siguientes reglas:

i) Se determinará el monto de la prestación a la cual el interesado hubiera tenido derecho, como si todos los períodos de seguro totalizados hubieran sido cumplidos bajo su propia legislación (haber o pensión teórica).
ii) El importe de la prestación se establecerá aplicando al haber o pensión teórica, calculado según su legislación, la misma proporción existente entre los períodos de seguro cumplidos en el Estado Contratante al que pertenece la Institución que calcula la prestación y la totalidad de los períodos de seguro cumplidos en ambos Estados (haber o pensión a prorrata).
iii) Si la legislación de alguno de los Estados Contratantes exigiera una duración máxima de períodos de seguro para el

reconocimiento de una prestación completa, la Institución Competente de ese Estado tomará en cuenta, a los fines de la totalización, solamente los períodos de cotización del otro Estado necesarios para alcanzar el derecho a dicha prestación.

2. Determinado el derecho y de conformidad con lo establecido en los párrafos precedentes, la Institución Competente de cada Estado Contratante, concederá y pagará las prestaciones independientemente de la resolución que haya adoptado la Institución Competente del otro Estado.

3. En el supuesto que el trabajador o sus derechohabientes no tengan derecho a las prestaciones de acuerdo a las disposiciones de los párrafos anteriores, serán también susceptibles de totalización los servicios prestados en otros Estados que hubieran celebrado instrumentos internacionales de coordinación de seguridad social con uno de los Estados Contratantes.

Artículo 12
Períodos de seguro inferiores a un año

1. No obstante lo dispuesto en el inciso b, del apartado 1 del artículo 11 del presente Convenio, cuando la duración total de los períodos de seguro cumplidos según los términos de la legislación de un Estado Contratante no alcanzare a un año y, de conformidad con la legislación de ese Estado no se adquiera derecho a recibir prestaciones, la Institución de dicho Estado no estará obligada a reconocer prestación alguna por el referido período.

2. Los períodos citados en el párrafo anterior se tendrán en cuenta, si fuera necesario, por la Institución del otro Estado Contratante para el reconocimiento del derecho y determinación de la cuantía de la prestación según su propia legislación, pero ésta no aplicará lo establecido en la sublínea ii) del inciso b, del apartado 1 del artículo 11 del presente Convenio.

Artículo 13
Condiciones específicas para el reconocimiento del derecho

1. Si la legislación de un Estado Contratante subordinara el otorgamiento de las prestaciones reguladas en este Capítulo a la condición de que el trabajador haya estado sujeto a su legislación en el momento de producirse el hecho causante de la prestación, esta condición se considerará cumplida si en dicho momento el trabajador estuviera cubierto en virtud de la legislación del otro Estado Contratante, o en su defecto, si recibiera de ese Estado prestaciones de la misma naturaleza o de naturaleza diferente siempre que resulten de la cobertura del propio beneficiario.

2. El mismo principio se aplicará a los fines del reconocimiento de las pensiones de supervivencia para que, si fuera necesario, se tenga en cuenta la situación de alta como beneficiario, o de revista laboral del causante en el otro Estado Contratante.

3. Si para reconocer el derecho a una prestación la legislación de un Estado Contratante exigiera que se hayan cumplido períodos de cotización en un tiempo determinado inmediatamente anterior al hecho generador de la prestación, ésta condición se considerará cumplida si el interesado los acreditara en el período inmediatamente anterior al reconocimiento de la prestación en el otro Estado contratante.

4. En caso de que el interesado, teniendo en cuenta la totalización de los períodos a que se refiere el artículo 6 del presente Convenio, no pudiera acreditar simultáneamente las condiciones establecidas en las legislaciones de ambos Estados Contratantes, el derecho a las referidas prestaciones se determinará, respecto de cada legislación, a medida que el interesado reúna tales condiciones.

Artículo 14
Cómputo de períodos de cotización en regímenes especiales o diferenciales

1. Si la legislación de uno de los Estados Contratantes condiciona el derecho, o la concesión de determinados beneficios al cumplimiento de períodos de seguro en una actividad laboral sujeta a un régimen especial o diferencial, o en una actividad determinada, los períodos cumplidos bajo la legislación del otro Estado contratante sólo se tendrán en cuenta, para conceder tales prestaciones o beneficios si hubieran sido acreditados al amparo de un régimen de igual naturaleza o, en su defecto, en la misma actividad.

2. Si teniendo en cuenta los períodos así cumplidos, el interesado no satisface las condiciones requeridas para gozar de las prestaciones del régimen especial o diferencial, estos períodos serán tenidos en cuenta para la concesión de prestaciones del régimen general o de otro régimen especial o diferencial en el que el interesado pudiera acreditar derechos.

Artículo 15
Disposiciones relativas al haber mínimo de las prestaciones

1. La suma de las prestaciones debidas por las Instituciones Competentes de los Estados Contratantes de acuerdo con las disposiciones de este Título, no puede ser inferior al haber mínimo vigente en el Estado Contratante donde el beneficiario tenga su residencia permanente.

2. Los acuerdos administrativos a que se refiere el artículo 32 del presente Convenio establecerán las modalidades de aplicación de lo dispuesto en el párrafo precedente.

Artículo 16
Determinación de la incapacidad

1. Cada Institución Competente, de acuerdo con su legislación, tendrá a su cargo la calificación y la determinación del grado de incapacidad de los solicitantes.

2. Para calificar y determinar el estado y grado de incapacidad de los interesados, la Institución Competente de cada Estado Contratante tendrá en cuenta los dictámenes médicos emitidos por la Institución Competente del otro Estado. Sin embargo, la Institución Competente de cada Estado podrá someter a los interesados a nuevos exámenes médicos.

3. Los gastos en conceptos de exámenes médicos y los que se efectúen a fin de determinar la capacidad de trabajo, así como otros gastos inherentes a los exámenes médicos, estarán a cargo de la Institución Competente que haya realizado los mismos, salvo cuando se trate de estudios complementarios eventualmente solicitados por la Institución Competente del otro Estado, los cuales estarán a cargo de la misma.

SECCIÓN II
Disposiciones Aplicables para la Argentina

Artículo 17
Régimen de capitalización individual

1. Los trabajadores afiliados a una Administradora de Fondos de Jubilaciones y Pensiones de la Argentina, financiarán sus prestaciones con el saldo acumulado en su cuenta de capitalización individual, en la forma establecida por la legislación aplicable.

2. Las prestaciones otorgadas por el régimen de capitalización argentino se adicionarán a las prestaciones que se encuentren a cargo del régimen previsional público o de reparto, cuando el trabajador reúna las requisitos establecidos por la legislación vigente, aplicándose en caso de resultar necesario, la totalización de periodos, como así también, las disposiciones relativas al cálculo de las prestaciones contenidas en la sección 1 de este Capitulo.

TÍTULO IV
Disposiciones relativas a otras Prestaciones

SECCIÓN I
Prestaciones por Enfermedad

Artículo 18
Concesión de las prestaciones

Los trabajadores que ejerzan su actividad laboral en el territorio de uno de los Estados Contratantes, al igual que sus familiares, tendrán derecho a las prestaciones en caso de enfermedad y maternidad, en las mismas condiciones que los nacionales de aquel Estado.

Artículo 19

Ejercicio de actividades por residentes fuera del territorio bajo cuya legislación se encuentra el trabajador

1. El trabajador que ejerza su actividad laboral en el territorio del Estado Contratante que no sea el Estado bajo cuya legislación está sujeto y que cumpla con las condiciones exigidas por la legislación de ese Estado para tener derecho a las prestaciones de salud, las mismas serán concedidas por cuenta de la Institución Competente del domicilio del trabajador, y de conformidad con la legislación aplicable para dicha Institución.

2. Lo establecido en el inciso anterior, será también de aplicación a los familiares que residan en el territorio de un Estado Contratante distinto al que el trabajador desarrolla su actividad laboral en tanto no posean por si mismos derecho a aquellas prestaciones en los términos de la legislación del Estado de residencia de éstos.

Artículo 20
Titulares de prestaciones por vejez, invalidez y muerte

1. Los titulares de prestaciones por vejez, invalidez y muerte debidas por aplicación de las legislaciones de ambos Estados Contratantes como también sus familiares, tienen derecho a recibir las prestaciones de salud por parte de la institución del Estado donde residan y a cargo de ésta.

2. Los titulares de prestaciones por vejez, invalidez y muerte en virtud de la legislación de uno solo de los Estados Contratantes, como también sus familiares, que residan en el territorio del otro Estado, tienen derecho a recibir las prestaciones de salud de la Institución de este último Estado de acuerdo con la legislación que ella aplique. Las prestaciones otorgadas serán reembolsadas por la Institución del Estado deudor de la prestación por vejez, invalidez y muerte a la Institución que las ha otorgado.

Artículo 21
Prestaciones pecuniarias por maternidad previstas en la legislación portuguesa

Las prestaciones pecuniarias por maternidad previstas en la legislación portuguesa, serán concedidas por la respectiva Institución Competente a los trabajadores que, en caso de que ocurra la referida contingencia, se hallaren sujetos a esta legislación teniendo en cuenta, si fuera necesario, la totalización de los periodos de seguro previstos por el artículo 6 del presente Convenio.

SECCIÓN II
Asignaciones Familiares

Artículo 22
Concesión de las prestaciones

1. Los trabajadores a quienes se aplica el presente Convenio que hayan estado comprendidos por la legislación de un Estado Contratante, y residan en el territorio del otro Estado gozarán de los mismos derechos que los trabajadores nacionales de dicho Estado en lo que se refiere a las asignaciones familiares.

2. Las Autoridades Competentes de ambos Estados Contratantes adoptarán, de común acuerdo y teniendo en cuenta la evolución de las legislaciones nacionales, las medidas necesarias para posibilitar el pago de las asignaciones familiares en el territorio de un Estado Contratante distinto de aquel en que se encuentre la Institución Competente.

SECCIÓN III
Riesgos del Trabajo

Artículo 23
Concesión de las prestaciones

1. El derecho a las prestaciones por accidente de trabajo o enfermedad profesional se determinará de conformidad con la legislación del Estado Contratante bajo la cual se encontraba el trabajador a la fecha en que ocurrió el accidente o se declaró la enfermedad, salvo que la enfermedad hubiera sido contraída en el otro Estado, en cuyo caso, las prestaciones quedan a cargo de ese Estado, de conformidad con la respectiva legislación.

2. En el caso que el trabajador no tuviere derecho a las prestaciones por enfermedad profesional al amparo de la legislación del Estado Contratante que lo amparaba a la fecha en que se declaró la enfermedad sus derechos serán evaluados por el otro Estado, en conformidad con la respectiva legislación, siempre que el trabajador en cuestión haya ejercido una actividad susceptible de provocar la mencionada enfermedad en el territorio de ese último Estado.

3. En el caso que la legislación de un Estado Contratante sometiera la concesión de las prestaciones por enfermedad profesional a la condición de que la enfermedad considerada haya sido comprobada por primera vez en su territorio, esta condición se considerará cumplida cuando la enfermedad hubiera sido comprobada por primera vez en el territorio del otro Estado.

Artículo 24
Evaluación del grado de incapacidad

Si para evaluar el grado de incapacidad en caso de accidente de trabajo o de enfermedad profesional, la legislación de uno de los Estados Contratantes prevé que los accidentes del trabajo y las enfermedades profesionales verificados anteriormente sean tomados en consideración, lo serán también los accidentes del trabajo y las enfermedades profesionales verificados anteriormente bajo la legislación del otro Estado, como si se hubieran verificado bajo la legislación del primer Estado.

TÍTULO V
Disposiciones Diversas y Finales

SECCIÓN I
Disposiciones Diversas

Artículo 25
Transferencia de fondos de las cuentas de capitalización individual

Si existiesen regímenes previsionales basados en la capitalización individual compatibles en ambos Estados Contratantes, dichos Estados decidirán de común acuerdo las modalidades de la transferencia internacional de los saldos de las cuentas de capitalización individual, su afectación y los beneficios a otorgar de acuerdo con las normas internas que resulten aplicables.

Artículo 26
Presentación de solicitudes, declaraciones o recursos

Las solicitudes, declaraciones, recursos y otros documentos que, a efectos de la aplicación de la legislación de un Estado Contratante, deban ser presentados en un plazo determinado ante la Autoridad o Institución u Organismo jurisdiccional de dicho Estado, serán considerados como válidamente presentados si lo hubieran sido dentro del mismo plazo ante la Autoridad o Institución u Organismo jurisdiccional correspondiente del otro Estado.

Artículo 27
Colaboración administrativa entre Instituciones

Las Instituciones Competentes de ambos Estados Contratantes podrán solicitarse mutuamente, en cualquier momento, antecedentes y exámenes médicos, comprobaciones de hechos y actos de los que puedan derivarse la adquisición, modificación, suspensión, extinción o mantenimiento del derecho a prestaciones por ellas reconocido. Los gastos que en consecuencia se produzcan, con excepción de lo dispuesto en el inciso 3) del artículo 16 del presente Convenio, serán reintegrados, sin demora, por la Institución Competente que solicitó el reconocimiento o la comprobación, cuando se reciban los comprobantes detallados de tales gastos.

Artículo 28
Exenciones de derechos, tasas e impuestos en actos y documentos administrativos

1. El beneficio de las exenciones de derechos y gastos de registro, de escritura, de timbres y sellos y de tasas consulares así como otros análogos, previstos por la legislación de cada uno de los Estados Contratantes, se extenderá a los certificados y documentos que se expidan por las administraciones o instituciones competentes del otro Estado a los efectos de la aplicación del presente Convenio.

2. Todos los actos administrativos y documentos que se expidan para la aplicación del presente Convenio serán dispensados de los requisitos de traducción oficial y legalización por parte de las Autoridades Diplomáticas y Consulares de cada Estado.

Artículo 29
Modalidades y garantía del pago de las prestaciones

1. Las Instituciones Competentes de cada uno de los Estados Contratantes quedarán liberadas de los pagos que se realicen por la aplicación del presente Convenio, cuando los mismos se efectúen en la moneda de su país.

2. En caso de que uno de los Estados Contratantes promulgase alguna disposición que restrinja la transferencia de divisas, ambos Estados adoptarán de inmediato las medidas necesarias para garantizar la efectividad de los derechos derivados del presente Convenio.

Artículo 30
Comunicación recíproca

1. A los efectos de la aplicación del presente Convenio, las autoridades, y las instituciones competentes y los organismos de enlace de los dos Estados Contratantes se comunicarán entre sí y con los interesados o sus representantes.

2. El intercambio de información o de cualquier otro dato que las autoridades competentes consideren de interés para la aplicación del presente Convenio, podrá ser efectuada con intervención de los organismos de enlace por medios informáticos u otros alternativos que se convengan y que aseguren reserva y confiabilidad, de acuerdo a la legislación de cada Estado Contratante.

Artículo 31
Representación diplomática y consular

Las autoridades diplomáticas y consulares de ambos Estados Contratantes podrán representar, sin mandato especial, a los ciudadanos de su propio Estado ante las autoridades e Instituciones Competentes en materia de Seguridad Social del otro Estado.

Artículo 32
Atribuciones de las Autoridades Competentes

Las Autoridades Competentes de ambos Estados Contratantes estarán facultadas para:

a) Establecer los Acuerdos Administrativos necesarios para la aplicación del presente Convenio;
b) Designar a los respectivos Organismos de Enlace así como las respectivas atribuciones;
c) Comunicarse mutuamente las medidas adoptadas en el ámbito interno para la aplicación del presente Convenio;
d) Notificarse recíprocamente todas las disposiciones legislativas y reglamentarias que modifiquen a las mencionadas en el artículo 2 del presente Convenio;
e) Prestarse mutuamente sus buenos oficios y la más amplia colaboración técnica y administrativa posible para la aplicación de este Convenio.

Artículo 33
Información entre los organismos de enlace

Las Autoridades e Instituciones Competentes de ambos Estados Contratantes se mantendrán recíprocamente informadas a través de los respectivos Organismos de Enlace, sobre todas las medidas administrativas que se adopten para la aplicación del presente Convenio.

Artículo 34
Comisión Mixta de Expertos

1. Institúyese una Comisión Mixta de Expertos, integrada por representantes de ambos Estados Contratantes, que tendrá las siguientes funciones:

a) Verificar la aplicación del Convenio, de los Acuerdos Administrativos para su aplicación y demás instrumentos adicionales;
b) Establecer los procedimientos administrativos y el uso de formularios más adecuados para lograr mayor eficacia, simplificación y rapidez en la aplicación de los mencionados instrumentos;
c) Asesorar a las Autoridades Competentes, cuando éstas lo requieran o por propia iniciativa, sobre la aplicación de los mencionados instrumentos;
d) Proponer a las respectivas Autoridades Competentes de los Estados Contratantes eventuales modificaciones, mejoras y normas complementarias a los citados instrumentos;
e) Desempeñar cualquier otra función, atinente a la interpretación y a la aplicación de los referidos instrumentos, que de común acuerdo resuelvan asignarle las Autoridades Competentes.

2. La Comisión Mixta de Expertos se reunirá periódicamente en la Argentina y en Portugal.

Artículo 35
Solución de controversias

1. Cualquier controversia sobre la interpretación o aplicación del presente Convenio será resuelta a través de negociaciones por vía diplomática.

2. Si las controversias no pudieran ser resueltas de conformidad con el inciso anterior en un plazo de seis meses, serán sometidas a una Comisión Arbitral, cuya composición y procedimientos se fijarán de común acuerdo entre los Estados Contratantes.

3. La decisión de la Comisión Arbitral tendrá carácter obligatorio y definitivo.

Artículo 36
Cómputo de períodos anteriores a la vigencia del Convenio

Los períodos de seguro cumplidos de acuerdo con la legislación de cada uno de los Estados Contratantes antes de la fecha de entrada en vigor del presente Convenio, serán tomados en cuenta para determinar el derecho a las prestaciones que se reconozcan en virtud del mismo.

SECCIÓN II
Disposiciones Finales

Artículo 37
Entrada en vigor

1. El presente Convenio entrará en vigor el primer día del segundo mes posterior a la fecha de la recepción de la última notificación, por escrito y por vía diplomática, donde los Estados Contratantes se comuniquen el cumplimiento de sus respectivos requisitos de Derecho interno.

2. En la fecha de su entrada en vigor, el presente Convenio reemplazará al Convenio de Seguridad Social suscripto entre la República Argentina y la República Portuguesa, en Lisboa, el 20 de mayo de 1966.

3. El presente Convenio no afectará los derechos adquiridos al amparo del Convenio suscrito por los Estados Contratantes el 20 de mayo de 1966. Los derechos en vías de adquisición al momento de la extinción del citado instrumento, serán resueltos de común acuerdo por los Estados Contratantes.

Artículo 38
Duración - Denuncia

1. El presente Convenio tendrá una duración indefinida.

2. Los Estados Contratantes podrán, en cualquier momento, denunciar el presente Convenio.

3. La denuncia deberá ser notificada, por escrito y por vía diplomática, produciendo efectos seis meses después de la recepción de la respectiva notificación.

4. En caso de denuncia del presente Convenio serán mantenidos los derechos adquiridos y en vías de adquisición de conformidad con sus disposiciones.

Artículo 39
Registro

El Estado Contratante en cuyo territorio fuera firmado el presente Convenio lo someterá para su registro al Secretariado de las Naciones Unidas, en los términos del artículo 102 de la Carta de las Naciones Unidas, debiendo, igualmente, notificar al otro Estado Contratante de la finalización de este procedimiento e indicarle el número de registro asignado.

Hecho en la ciudad de Santiago de Chile, a los 9 días de noviembre de 2007, en dos ejemplares originales, en idioma español y portugués, siendo ambos igualmente auténticos.

Por la República Argentina

Por la República Portuguesa

[TRANSLATION IN ENGLISH – TRADUCTION EN ANGLAIS]

SOCIAL SECURITY AGREEMENT BETWEEN THE ARGENTINE REPUBLIC AND THE PORTUGUESE REPUBLIC

The Argentine Republic and the Portuguese Republic, hereinafter referred to as "Contracting States",

Inspired by the goal of strengthening the close historical ties and friendship between the two peoples,

Desirous of improving the relationship between the two States in the field of social security and aligning them with current legal developments,

Having resolved to conclude an agreement to replace the Social Security Agreement signed at Lisbon on 20 May 1966,

Have agreed as follows:

TITLE I. GENERAL PROVISIONS

Article 1. Definitions

1. For the purpose of this Agreement, the following terms shall have the following meanings:
   (a) "Argentina" means the Argentine Republic and "Portugal" means the Portuguese Republic;
   (b) "Territory" means:
      (i) With regard to Argentina, the territory as defined by Argentine laws;
      (ii) With regard to Portugal, the territory on the European continent and the Archipelago of the Azores and Madeira;
   (c) "Laws" means the laws relating to the schemes or systems specified in article 2 of this Agreement;
   (d) "Competent authority" means:
      (i) With regard to Argentina, the Ministry of Labour, Employment and Social Security and the Ministry of Health within their respective purviews;
      (ii) With regard to Portugal, the ministry or ministries or any other equally high-ranking authority with jurisdiction over matters relating to the laws referred to in article 2 of this Agreement;
   (e) "Competent institution" means, in both Contracting States, the institution or body, as appropriate, responsible for implementing the laws referred to in article 2 of this Agreement;
   (f) "Liaison body" means the body responsible for coordination and for the transmission of information between the institutions of the Contracting States involved in implementing the Agreement, and also for advising those concerned of the rights and obligations arising therefrom;

(g) "Worker" means any person who, as a result of working or having worked as an employed person or as a self-employed person, is, or has been, subject to the laws listed in article 2 of this Agreement;

(h) "Family member", "beneficiary" or "right-owner" means any person defined as such by the applicable laws;

(i) "Insurance period" means any period recognized as such completed under the laws of each Contracting State, as well as any period considered by such laws as equivalent to an insurance period;

(j) "Benefits" means all benefits, including any complement, supplement or increases, provided for by the legislation mentioned in article 2 of this Agreement;

(k) "Maternity benefits" means the benefits provided in the case of maternity. With regard to Argentina, maternity benefits are those covered by the laws on family allowances and with regard to Portugal, they are the benefits under the laws related to maternity insurance;

(l) "Dependency" means the inability of persons to independently carry out the tasks essential to meet the basic needs of everyday life, requiring the assistance of another person or other persons.

2. The other terms or expressions used in this Agreement shall have the meaning assigned to them in the applicable laws.

Article 2. Material scope

1. This Agreement shall apply:

(a) With regard to Argentina:

(i) To the laws on contributory social security benefits for the schemes relating to old-age, invalidity and survivors' benefits, based on the pay-as-you-go or individual capitalization scheme, administered by national, provincial, municipal, or professional bodies or the administrators of retirement and pension funds (AFJP);

(ii) To the medical care benefit scheme (social work);

(iii) To the occupational risks scheme;

(iv) To the family allowance scheme;

(b) With regard to Portugal:

(i) To the laws governing social security schemes applicable to employed and self-employed workers in general, including voluntary membership schemes under the social security scheme covering sickness, maternity, occupational diseases and risks, invalidity, old age and death;

(ii) To the laws on the family protection subsystem as regards benefits that depend on the completion of contributory periods for claims arising from family responsibilities, disability and dependency;

(iii) To the special schemes applicable to certain categories of workers with respect to the contingencies mentioned in subparagraphs (i) and (ii);

(iv) To the National Health Service scheme.

2. This Agreement shall also apply to future laws that complement or amend the laws referred to in the preceding paragraph.

3. This Agreement shall apply to laws establishing new special or differentiated social security schemes when the competent authorities so agree.

4. This Agreement shall apply to any laws that, in one of the Contracting States, extend existing regulations to specific groups of persons, provided that the competent authority of the other State does not object thereto within six months of notification of the publication or promulgation, as appropriate, of the above-mentioned provisions.

Article 3. Personal scope

This Agreement shall apply to workers who are or have been subject to the laws of both Contracting States referred to in article 2, regardless of their nationality, as well as to their family members and right-owners.

Article 4. Principle of equal treatment

The persons referred to in article 3 residing or located in the territory of one of the Contracting States shall have the same rights and obligations as nationals of that State, without prejudice to the provisions of this Agreement.

Article 5. Maintenance of acquired rights and payment of benefits abroad

1. Workers who are covered by this Agreement and who are entitled in the other Contracting State to the benefits provided under the laws referred to in article 2 shall retain that entitlement when they relocate to the territory of their own State.

2. Unless otherwise provided in this Agreement, the benefits granted by one Contracting State under the laws referred to in article 2 shall not be subject to reduction, change, suspension, suppression or withholding solely because the beneficiary is or resides in the territory of the other State.

3. Benefits granted under this Agreement to beneficiaries living in the territory of a third State shall be paid on the same terms and for the same periods of time as those provided for nationals residing in that third State.

Article 6. Aggregation of insurance periods

If the laws of one of the Contracting States make the acquisition, maintenance or recovery of the right to the benefits provided under the laws referred to in article 2 of this Agreement conditional upon the completion of insurance periods, the competent institution of that State shall take account, to the extent necessary, of insurance periods completed under the laws of the other Contracting State, insofar as they do not overlap.

Article 7. Reduction, suspension or elimination of benefits

Clauses concerning the reduction, suspension or elimination of benefits provided for in the laws of one of the Contracting States shall be enforceable against the interested party where a benefit overlaps with other social security benefits or other professional incomes, including those resulting from the exercise of a professional activity, even with regard to benefits acquired under the laws of the other Contracting State or income earned in the territory of that other State.

TITLE II. PROVISIONS ON THE APPLICABLE LAWS

Article 8. General rule

The persons to whom this Agreement applies shall be subject only to the laws of the Contracting State in whose territory they are employed, even if they reside permanently in the other State or if the employer has its head office or domicile in that other State, without prejudice to the provisions of article 9.

Article 9. Special rules

The following special rules shall apply with regard to the provisions of article 8:

(a) Workers regularly employed by a company that has its head office in the territory of one of the two Contracting States performing professional, research, scientific, technical or managerial work and who are seconded to serve in the territory of the other State for a limited period shall continue to be subject to the laws of the first Contracting Party for a maximum period of twelve months, This period may be extended, on an exceptional basis, with the prior and express consent of the competent authority of the Sending State.

Workers performing activities other than those referred to in the preceding paragraph require the prior and express consent from the competent authority of the Receiving State to benefit from the provisions of this paragraph;

(b) The provisions of the preceding subparagraph shall also be applicable to workers who are normally self-employed in the territory of one Contracting State and who move to the territory of the other State to exercise the same activity there for a limited period;

(c) Aircrew employed by air transport companies who work in the territory of both Contracting States shall be subject to the laws of the State in which the company has its head office;

(d) The crew of a vessel registered in one Contracting State shall be subject to the laws of that State. However, where the vessel flies the flag of a third State, those workers shall be subject to the laws of the Contracting State in whose territory the head office or domicile of the shipowner is located;

(e) Workers employed in loading, unloading, ship repairs and surveillance in a port shall be subject to the laws of the Contracting Party in whose territory the port is located;

(f) Members of diplomatic missions and consular offices, as well as members of their families, shall be subject to the provisions of the Vienna Convention on Diplomatic Relations of 18 April 1961 and the Vienna Convention on Consular Relations of 24 April 1963, without prejudice to the provisions of subparagraphs (g) and (h);

(g) Administrative, technical and service personnel of diplomatic missions and consular offices who are civil servants of the Accrediting State shall remain subject to the laws of that State;

(h) Staff recruited locally by diplomatic missions and consular offices of each Contracting State and the personal staff of members of such diplomatic missions and consular offices shall have the right to choose to be governed by the laws of the Accrediting State or those of the Host State, provided that they are nationals of the Accrediting State.

The choice must be made within six months following the date of entry into force of this Agreement or, as the case may be, within six months after the person in questions starts working in the territory of the Contracting Party where the activities are conducted;

(i) Persons sent by one of the Contracting States to the territory of the other State on a formal cooperation mission shall be subject to the laws of the Sending State, unless the relevant cooperation agreement provides otherwise;

(j) Civil servants and workers in public enterprises, independent government agencies or miscellaneous public agencies of one of the Contracting States who, in the exercise of their functions, are posted to the territory of the other Contracting State, in addition to their family members, shall be subject to the laws of the Contracting State for which they work.

Article 10. Exceptions

The Competent Authorities of both Contracting States or the agencies designated by them may, by mutual accord, in the interest of specific persons or categories of persons, establish exceptions to the provisions of articles 8 and 9, at their request or at the request of their respective employers.

TITLE III. PROVISIONS RELATING TO INVALIDITY, OLD-AGE AND SURVIVORS' BENEFITS

SECTION 1. GENERAL PROVISIONS

Article 11. Determination of entitlement and payment of benefits

1. Except as provided in article 17 of this Agreement, any worker who has been successively or alternatively subject to the laws of one or the other Contracting Party shall be entitled to the benefits provided in this Chapter under the following terms:

   (a) The competent institution of each Contracting State shall first determine the entitlement to benefits and then calculate the amount thereof, taking into account only the insurance periods completed in the territory of that State;

   (b) If the worker does not acquire entitlement independently, the competent institution of each Contracting State shall determine entitlement by aggregating the insurance periods completed under the laws of the other Contracting State in accordance with the provisions of article 6 of this Agreement. Where entitlement to benefits is acquired after such aggregation, the amount to be paid shall be calculated by applying the following rules:

   (i) The amount of the benefit to which the person concerned would have been entitled shall be determined as though all aggregated insurance periods had been completed under the laws of that Contracting Party (theoretical pension or benefit);

(ii) The amount of the benefit shall be established by applying to the theoretical benefit or pension computed according to that Contracting Party's own laws, the same ratio that exists between the insurance periods completed in the Contracting Party to which the institution that computes the benefit belongs and the total insurance periods completed in both Parties (pro rata pension or benefit);

(iii) If the laws of either Contracting State set out a maximum duration of insurance periods for entitlement to full benefits, the competent institution of that State shall take into account, for the purposes of aggregation, only the periods of contribution in the other State required for entitlement to that benefit.

2. Once entitlement has been determined, and in accordance with the preceding paragraphs, the competent institution of each Contracting State shall award and pay benefits independently of any decision taken by the competent institution of the other State.

3. Where the worker or his or her successors are not entitled to benefits after the application of the provisions in the preceding paragraphs, insurance periods arising from work performed in other States that have international instruments relating to the coordination of social security with one of the Contracting States may also be aggregated.

Article 12. Periods of insurance of less than one year

1. Notwithstanding the provisions of article 11.1 (b), of this Agreement, where the total duration of the insurance periods completed under the laws of a Contracting Party is less than one year and entitlement to benefits is not acquired under the laws of that State, the institution of that State shall not be bound to recognize any claim to benefits for the period concerned.

2. The periods referred to in the preceding paragraph shall be taken into account, where necessary, by the institution of the other Contracting State in determining entitlement to and the amount of a benefit in accordance with its own laws, but shall not apply the provisions of article 11.1 (b) (ii) of this Agreement.

Article 13. Specific conditions for the recognition of entitlement

1. If the laws of a Contracting State makes the granting of the benefits set out in this Chapter subject to the condition that the worker must have been subject to its laws at the time that the incident giving rise to a benefit occurred, this condition shall be considered to have been fulfilled if, at that time, the worker was insured under the laws of the other Contracting State or if said worker received benefits of a similar or different nature from that State, provided that they arose as a result of said beneficiary's own coverage.

2. The same principle shall apply to the recognition of entitlement for survivors' pensions, such that, if necessary, the insurance enrolment of a beneficiary or the employment status of the contributor in the other Contracting State may be taken into account.

3. If the laws of a Contracting State condition the recognition of entitlement to a benefit on the completion of contribution periods within a specific period immediately prior to the incident that gave rise to the claim, this condition shall be considered to have been fulfilled if the person

concerned completed those insurance periods in the other Contracting State during the period immediately prior to the recognition of entitlement to the benefit.

4. Where the claimant, taking into account the aggregation of those periods referred to in article 6 of this Agreement, does not simultaneously meet the conditions laid down in the laws of both Contracting States, entitlement to specific benefits shall be determined as and when said person meets such conditions, with respect to each State's laws.

Article 14. Calculation of contribution periods under special or differentiated schemes

1. Where the laws of one Contracting State make entitlement to or the granting of certain benefits conditional on the completion of insurance periods in an occupational activity subject to a special or differentiated scheme or in a specified activity, the periods completed under the laws of the other Contracting State shall only be taken into account, for the purpose of granting such benefits, if they were completed under a scheme of the same nature or in the same activity.

2. Where, taking into account periods thus completed, the person concerned does not meet the required conditions to be eligible for a benefit under a special or differentiated scheme, those periods shall be taken into account for the purpose of granting benefits under the general scheme or a special or differentiated scheme under which said person could become eligible for entitlement.

Article 15. Provisions relating to minimum benefits

1. The amount of benefits payable by the competent institutions of the Contracting States in accordance with the provisions of this title cannot be lower than the current minimum benefits in the Contracting State where a beneficiary maintains permanent residence.

2. The Administrative Agreements referred to in article 32 of this Agreement shall establish the measures for implementing the provisions set out in paragraph 1 of this article.

Article 16. Determination of disability

1. Each competent institution, in accordance with its laws, shall be responsible for evaluating and determining the degree of applicants' disability.

2. In evaluating or determining the state and degree of disability of the claimant, the competent institution of each Contracting State shall take into account medical records issued by the competent institution of the other State. However, the competent institution of each State may request the claimant to undergo further medical examinations.

3. The cost of medical examinations and expenses incurred to determine the ability to work, as well as other expenditures related to medical examinations, shall be borne by the competent institution that carried them out, except for additional studies requested by the competent institution of the other State, which shall be borne by that institution.

Section II. Provisions applicable to Argentina

Article 17. Individual capitalization scheme

1. Workers affiliated with Argentine retirement and pension fund management companies shall finance their benefits with the balance accumulated in their individual capitalization account as established by the applicable laws.

2. The benefits granted by the Argentine capitalization scheme shall be in addition to the benefits granted under the public or pay-as-you-go pension system once a worker fulfils the requirements established by the laws in force. Where necessary, the aggregation of periods as well as the provisions relating to the calculation of benefits set out in Section 1 of this Chapter shall be applied.

Title IV. Provisions relating to other benefits

Section I. Sickness benefits

Article 18. Entitlement to benefits

Persons who work in the territory of one of the Contracting States, as well as the members of their families, shall be entitled to sickness and maternity benefits under the same conditions as the nationals of that State.

Article 19. Persons who work outside the territory under whose laws they are governed

1. Persons who work in the territory of a Contracting State other than the State under whose laws they are governed and who satisfy the conditions required by the laws of that State to be entitled to health benefits shall be granted those benefits by the competent institution of their place of residence, in accordance with the laws applied by that institution.

2. The provisions of the preceding paragraph shall also apply to the members of families who reside in the territory of a Contracting State other than the one in which the person works, insofar as they are not themselves entitled to such benefits under the laws of their State of residence.

Article 20. Recipients of old-age, disability or survivor's benefits

1. Recipients of old age, disability or survivor's benefits payable under the laws of both Contracting States, as well as the members of their families, shall be entitled to receive health care benefits from and at the expense of the institution of the State where they reside, in accordance with the laws pertaining to said institution.

2. Claimants entitled to old-age, disability or survivor's benefits under the laws of only one of the Contracting States, as well as their family members, who reside in the territory of the other State, shall be entitled to receive health care benefits from the institution of the latter State in accordance with the laws applied by that other State. Benefits so granted shall be reimbursed by the institution of the State owing the old-age, disability and survivor's benefits to the institution that has granted them.

Article 21. Maternity benefits paid in cash under Portuguese law

The cash maternity benefits provided under Portuguese law shall be granted by the respective competent institution to any workers who, in the event of the aforementioned contingency, are subject to those laws, taking into account, if necessary, the aggregated insurance periods set out in article 6 of this Agreement.

SECTION II. FAMILY ALLOWANCES

Article 22. Entitlement to benefits

1. Workers to whom this Agreement applies who are covered by the laws of a Contracting State and who reside in the territory of the other State shall have the same rights to family allowances as workers who are nationals of that State.

2. The competent authorities of both Contracting States shall adopt, by mutual agreement and in accordance with their national law, measures necessary to enable the payment of family allowances in the territory of a Contracting State other than that in which the competent institution is located.

SECTION III. OCCUPATIONAL RISKS

Article 23. Entitlement to benefits

1. Entitlement to benefits arising from industrial accidents and occupational diseases shall be determined in accordance with the laws of the Contracting State applicable to the worker at the time the injury occurred or the illness was declared, unless the illness was contracted in the other State, in which case, the benefits shall be payable by that State, in accordance with the respective laws.

2. Where a worker is not entitled to occupational disease benefits under the laws of the Contracting State to which said worker was subject on the date the disease was declared, their entitlement will be evaluated by the other State, in accordance with the respective laws, provided that the worker in question had conducted an activity that could lead to the aforementioned disease in the territory of that State.

3. If the laws of a Contracting State make the granting of benefits for occupational diseases conditional upon the disease in question being first diagnosed in its territory, this condition shall be deemed to have been fulfilled if the disease was first diagnosed in the territory of the other State.

Article 24. Evaluation of the degree of disability

Where, for the purpose of evaluating the degree of disability in the event of an industrial accident or occupational disease, the laws of one of the Contracting States provide that previously recognized industrial accidents or occupational diseases should be taken into account, industrial accidents and occupational diseases previously diagnosed under the legislation of the other State shall also be taken into account as though they had been diagnosed under the laws of the first Contracting State.

TITLE V. MISCELLANEOUS AND FINAL PROVISIONS

SECTION I. MISCELLANEOUS PROVISIONS

Article 25. Transfer of individual capitalization account funds

Where pension systems based on individual capitalization exist that are compatible in both Contracting States, such States shall decide by mutual agreement on the terms for the international transfer of individual capitalization account balances, payments and the benefits to be granted in accordance with the applicable domestic regulations.

Article 26. Submission of claims, notices or appeals

Any claims, notices, appeals and other documents that must be submitted within a prescribed period to the appropriate authority or institution or body of a Contracting Party, pursuant to its laws, shall be considered to have been duly submitted if they were delivered to the corresponding authority or institution or body of the other Party within the same period.

Article 27. Administrative collaboration between institutions

The competent institutions of both Contracting Parties may at any time request medical records and examinations, verification of acts and documents which may result in the granting, modification, suspension, elimination or maintenance of entitlement to benefits they have granted. Any costs incurred as a result, except as provided for in article 16.3 of this Agreement, shall be reimbursed without delay by the competent institution requesting the examination or verification upon receipt of an itemized statement of those costs.

Article 28. Exemption from duties, fees and taxes for administrative certificates and documents

1. Exemption from registration or drafting fees, stamp duties and consular fees or other similar payments provided for in the laws of either Contracting State shall be extended to certificates and documents issued by the administration or competent institution of the other State for the purposes of the implementation of this Agreement.
2. All administrative certificates and documents issued under this Agreement shall be exempt from the official translation and legalization requirements of the diplomatic and consular authorities of each State.

Article 29. Terms of benefit payments and guarantee

1. The competent institutions of each of the Contracting States shall be exempt from payments made in the implementation of this Agreement, when the payments are made in their national currency.
2. Where provisions restricting the transfer of foreign currency have been promulgated in either Contracting State, both States shall immediately adopt measures necessary to ensure the effective exercise of the rights arising under this Agreement.

Article 30. Reciprocal communication

1. In the implementation of this Agreement, the authorities, competent institutions and liaison bodies of the two Contracting States shall communicate with each other and with the persons concerned or their representatives.

2. Information or any other data that the competent authorities consider to be of interest for the implementation of this Agreement may be exchanged through the liaison bodies using any electronic or any other agreed upon method that ensures discretion and confidentiality, in accordance with the laws of each Contracting State.

Article 31. Diplomatic and consular representation

The diplomatic and consular authorities of both Contracting States may, without special authorization, represent the citizens of their State before the competent social security authorities and institutions of the other State.

Article 32. Duties of the competent authorities

The competent authorities of both Contracting States shall be empowered to:

(a) Draw up the administrative agreements necessary for the implementation of this Agreement;

(b) Designate their liaison bodies as well as the duties incumbent upon those bodies;

(c) Communicate to each other the measures taken at the domestic level for the implementation of this Agreement;

(d) Notify each other of all of the legislative or regulatory provisions amending those listed in article 2 of this Agreement;

(e) Extend to each other their good offices and the broadest possible technical and administrative cooperation for the implementation of this Agreement.

Article 33. Information sharing between liaison bodies

The authorities and competent institutions of both Contracting States shall keep each other informed through their respective liaison bodies of all administrative measures adopted for the implementation of this Agreement.

Article 34. Joint commission of experts

1. A Joint Commission of Experts shall be established, comprising representatives of both Contracting States, and shall be responsible for:

(a) Verifying the implementation of the Agreement, the Administrative Agreements for its implementation and other additional instruments;

(b) Establishing the most appropriate administrative procedures and forms to ensure the most effective, simple and rapid implementation of the instruments in question;

(c) Advising the competent authorities, at their request or on its own initiative, on the implementation of the instruments in question;

(d) Proposing to the respective competent authorities of the Contracting States modifications, improvements and rules to complement the instruments in question;

(e) Performing any other duty relating to the interpretation and implementation of those instruments, which, by mutual agreement, the competent authorities agree to assign to it.

2. The Joint Commission of Experts shall meet regularly in Argentina and Portugal.

Article 35. Settlement of disputes

1. Any dispute resulting from the interpretation or application of this Agreement shall be settled by negotiation through the diplomatic channel.

2. If disputes cannot be resolved in accordance with the paragraph above within a period of six months, they shall be submitted to an arbitration commission, whose composition and procedures shall be established by mutual agreement between the Contracting States.

3. The decisions of the arbitration commission shall be binding and final.

Article 36. Calculation of periods prior to the entry into force of the Agreement

Insurance periods completed under the laws of each Contracting State prior to the date of entry into force of this Agreement shall be taken into account in determining entitlement to the benefits awarded thereunder.

SECTION II. FINAL PROVISIONS

Article 37. Entry into force

1. This Agreement shall enter into force on the first day of the second month following the date of receipt of the last notification, given in writing and through the diplomatic channel, in which the Contracting States inform each other of the completion of their respective domestic legal requirements.

2. On the date of its entry into force, this Agreement shall replace the Social security agreement between the Argentine Republic and Portugal, signed in Lisbon on 20 May 1966.

3. This Agreement shall not affect the rights acquired under the Agreement signed by the Contracting States on 20 May 1966. Situations concerning rights in the process of being acquired upon termination of the agreement shall be settled by mutual agreement between the Contracting States.

Article 38. Duration and termination

1. This Agreement is concluded for an indefinite duration.

2. The Contracting States may terminate this Agreement at any time.

3. Notice of termination shall be given in writing and through the diplomatic channel and the termination shall come into effect six months after receipt of the respective notifications.

4. In the event of the termination of this Agreement, rights acquired and in the process of being acquired shall be maintained in accordance with its provisions.

Article 39. Registration

The Contracting State in whose territory this Agreement is signed shall submit it for registration to the Secretariat of the United Nations in accordance with Article 102 of the Charter of the United Nations, and it shall also notify the other Contracting State of the completion of this procedure and inform it of the registration number assigned.

DONE at Santiago de Chile on 9 November 2007, in two originals, in the Spanish and Portuguese languages, both texts being equally authentic.

For the Argentine Republic:
[JORGE TAIANA]

For the Portuguese Republic:
[MANUEL LOBO ANTUNES]

[TRANSLATION IN FRENCH – TRADUCTION EN FRANÇAIS]

ACCORD RELATIF À LA SÉCURITÉ SOCIALE ENTRE LA RÉPUBLIQUE ARGENTINE ET LA RÉPUBLIQUE PORTUGAISE

La République argentine et la République portugaise, ci-après dénommées « États contractants »,

Désireuses de renforcer les liens historiques et d'amitié étroits qui unissent leurs deux peuples,

Animées du désir d'améliorer les rapports réciproques entre les deux États dans le domaine de la sécurité sociale et de les aligner sur les avancées juridiques actuelles dans ce domaine,

Ayant décidé de conclure un accord destiné à remplacer l'accord relatif à la sécurité sociale, signé à Lisbonne le 20 mai 1966,

Sont convenues de ce qui suit :

TITRE I. DISPOSITIONS GÉNÉRALES

Article premier. Définitions

1. Aux fins du présent Accord, les termes et expressions ci-après ont la signification suivante :
   a) Le terme « Argentine » désigne la République argentine et le terme « Portugal » désigne la République portugaise ;
   b) Le terme « territoire » désigne :
      i) S'agissant de l'Argentine, le territoire tel que défini par la législation argentine ;
      ii) S'agissant du Portugal, le territoire du continent européen et les archipels des Açores et de Madère ;
   c) Le terme « législation » désigne les lois relatives aux régimes ou systèmes spécifiés à l'article 2 du présent Accord ;
   d) L'expression « autorité compétente » désigne :
      i) En ce qui concerne l'Argentine, le Ministère du travail, de l'emploi et de la sécurité sociale et le Ministère de la santé dans leurs domaines de compétence respectifs ;
      ii) En ce qui concerne le Portugal, le ou les Ministres, ou toute autre autorité de rang équivalent, responsable des lois visées à l'article 2 du présent Accord ;
   e) L'expression « institution compétente » désigne, dans les deux États contractants, l'institution ou l'organe chargé, dans chaque cas, d'appliquer les lois visées à l'article 2 du présent Accord ;
   f) L'expression « organisme de liaison » désigne l'organisme responsable de la coordination et de la transmission des informations échangées entre les institutions des deux États contractants qui intervient dans l'application du présent Accord et qui est chargé de conseiller les personnes concernées sur les droits et les obligations qui en découlent ;

g) Le terme « travailleur » désigne toute personne qui, à la suite d'une activité exercée pour son propre compte ou pour celui d'une autre personne, est ou a été soumise aux lois énumérées à l'article 2 du présent Accord ;

h) Les termes et expressions « membre de la famille », « bénéficiaire » ou « ayant droit » désignent toute personne définie comme telle par les lois applicables ;

i) L'expression « période d'assurance » désigne toute période reconnue comme ayant été accomplie conformément à la législation de chaque État contractant, ainsi que toute période assimilée à une période d'assurance au titre de ladite législation ;

j) L'expression « prestations » désigne l'ensemble des prestations visées à l'article 2 du présent Accord, y compris tous les compléments, allocations supplémentaires ou majorations ;

k) L'expression « prestations de maternité » désigne les prestations prévues en cas de maternité. Dans le cas de l'Argentine, les prestations de maternité sont celles prévues par la législation régissant les allocations familiales et, dans le cas du Portugal, il s'agit des prestations prévues par la législation relative à la protection de la maternité ;

l) Le terme « dépendance » désigne l'incapacité des personnes à accomplir de manière autonome les tâches essentielles à la satisfaction des besoins fondamentaux de la vie quotidienne et, partant, la nécessité de recourir à l'aide d'une ou de plusieurs autres personnes.

2. Les autres termes et expressions utilisés dans le présent Accord ont la signification que leur attribue la législation applicable.

Article 2. Champ d'application

1. Le présent Accord s'applique :

a) En ce qui concerne l'Argentine :

i) À la législation relative aux prestations contributives du système de sécurité sociale qui porte sur les régimes couvrant les risques de vieillesse, d'invalidité et de décès, basés sur le système de répartition ou de capitalisation individuelle et administrés par des organismes nationaux, provinciaux, municipaux ou professionnels ou par les administrateurs de fonds de retraite et de pension (AFJP) ;

ii) Au régime de soins de santé et d'assistance (travail social) ;

iii) Au régime couvrant les risques professionnels ;

iv) Au régime d'allocations familiales ;

b) En ce qui concerne le Portugal :

i) À la législation relative aux régimes de sécurité sociale applicables aux travailleurs salariés et indépendants en général, y compris les régimes d'affiliation volontaire au système de sécurité sociale couvrant la maladie, la maternité, les maladies professionnelles et les accidents du travail, l'invalidité, la vieillesse et le décès ;

ii) À la législation relative au sous-système de protection de la famille, en ce qui concerne les prestations qui dépendent de l'existence de périodes de cotisation pour couvrir les aléas découlant des responsabilités familiales, de l'invalidité et de la dépendance ;

iii) Aux régimes spéciaux applicables à certaines catégories de travailleurs en ce qui concerne les aléas mentionnés aux alinéas i) et ii) ;

iv) Au système national de santé.

2. Le présent Accord s'applique également aux lois qui, à l'avenir, compléteront ou modifieront la législation visée au paragraphe précédent.

3. Le présent Accord s'applique aux lois établissant un nouveau régime spécial ou différencié de sécurité sociale lorsque les autorités compétentes y consentent.

4. Le présent Accord s'applique aux lois qui, dans l'un des États contractants, étendent les réglementations existantes à des groupes particuliers de personnes, pour autant que l'autorité compétente de l'autre État ne s'y oppose pas dans un délai de six mois à compter de la notification de la publication ou de la promulgation, selon le cas, des dispositions susmentionnées.

Article 3. Personnes visées

Le présent Accord s'applique aux travailleurs qui sont soumis ou ont été soumis aux législations des deux États contractants visées à l'article 2, indépendamment de leur nationalité, ainsi qu'aux membres de leur famille et à leurs ayants droit.

Article 4. Principe de l'égalité de traitement

Les personnes visées à l'article 3, résidant ou se trouvant sur le territoire de l'un des États contractants, ont les mêmes droits et obligations que les ressortissants de cet État, sans préjudice des dispositions du présent Accord.

Article 5. Maintien des droits acquis et paiement des prestations à l'étranger

1. Les travailleurs qui sont couverts par le présent Accord et qui, dans l'autre État contractant, bénéficient des prestations prévues par les lois visées à l'article 2, conservent ce droit lorsqu'ils se réinstallent sur le territoire de leur propre État.

2. Sauf disposition contraire du présent Accord, les prestations accordées par l'un des États contractants au titre des lois visées à l'article 2 ne peuvent faire l'objet d'une réduction, d'une modification, d'une suspension, d'une suppression ou d'un retrait du seul fait que le bénéficiaire séjourne ou réside sur le territoire de l'autre État.

3. Les prestations accordées, au titre du présent Accord, aux bénéficiaires résidant sur le territoire d'un État tiers sont versées dans les mêmes conditions que celles auxquelles elles sont accordées aux ressortissants qui résident dans ledit État tiers et pour la même période.

Article 6. Totalisation des périodes d'assurance

Si la législation de l'un des États contractants subordonne l'acquisition, le maintien ou le recouvrement du droit aux prestations prévues par les lois visées à l'article 2 du présent Accord à l'accomplissement de périodes d'assurance, l'institution compétente de cet État tient compte, dans la mesure nécessaire, des périodes d'assurance accomplies en application de la législation de l'autre État contractant, à la condition qu'elles ne se chevauchent pas.

Article 7. Réduction, suspension ou suppression des prestations

Les clauses relatives à la réduction, à la suspension ou à la suppression des prestations prévues par la législation de l'un des États contractants, dans le cas où une prestation coïncide avec d'autres prestations de sécurité sociale ou d'autres revenus professionnels, y compris ceux résultant de l'exercice d'une activité professionnelle, sont applicables à l'intéressé, même si lesdites prestations sont dues au titre de la législation de l'autre État contractant ou si lesdits revenus ont été obtenus sur le territoire de cet autre État.

TITRE II. DISPOSITIONS RELATIVES À LA LÉGISLATION APPLICABLE

Article 8. Règle générale

Les personnes auxquelles s'applique le présent Accord ne sont soumises qu'à la législation de l'État contractant sur le territoire duquel elles sont employées, même si elles résident de façon permanente dans l'autre État ou si l'employeur a son siège principal ou son domicile dans cet autre État, sans préjudice des dispositions de l'article 9.

Article 9. Règles particulières

Les règles particulières suivantes s'appliquent en ce qui concerne les dispositions de l'article 8 :

a) Les travailleurs habituellement employés par une entreprise ayant son siège social sur le territoire de l'un des deux États contractants, qui exercent une activité professionnelle, de recherche, scientifique, technique ou de direction et qui sont détachés pour fournir des services sur le territoire de l'autre État pour une période limitée, restent soumis à leur législation d'origine pour une période maximale de 12 mois, qui peut être prolongée à titre exceptionnel, avec le consentement exprès préalable de l'autorité compétente de ce dernier État.

L'autorité compétente de l'État d'accueil donne son consentement exprès préalable pour que les travailleurs exerçant des activités autres que celles visées au paragraphe précédent soient couverts par les termes du présent alinéa ;

b) Les dispositions de l'alinéa précédent sont également applicables aux travailleurs qui exercent normalement une activité indépendante sur le territoire de l'un des États contractants et qui se rendent sur le territoire de l'autre État pour y exercer la même activité pendant une période limitée ;

c) Le personnel navigant des entreprises de transport aérien opérant sur le territoire des deux États contractants est soumis à la législation de l'État dans lequel l'entreprise a son siège principal ;

d) Les membres de l'équipage d'un navire battant pavillon de l'un des États contractants sont soumis à la législation de cet État. Toutefois, lorsque le navire bat le pavillon d'un État tiers, ces travailleurs sont soumis à la législation de l'État contractant sur le territoire duquel se trouve le siège ou le domicile de la compagnie maritime ;

e) Les travailleurs employés pour des travaux de chargement, de déchargement, de réparation de navires et pour des services de surveillance dans un port sont soumis à la législation de l'État contractant sur le territoire duquel se trouve le port ;

f) Les dispositions de la Convention de Vienne sur les relations diplomatiques du 18 avril 1961 et de la Convention de Vienne sur les relations consulaires du 24 avril 1963 s'appliquent aux membres du personnel des missions diplomatiques et des bureaux consulaires ainsi qu'aux membres de leur famille, sans préjudice des dispositions des alinéas g) et h) ;

g) Les membres du personnel administratif, technique et de service des missions diplomatiques et des bureaux consulaires, qui sont fonctionnaires de l'État accréditant, restent soumis aux lois de cet État ;

h) Le personnel des missions diplomatiques et des bureaux consulaires de chaque État contractant recruté sur place et le personnel au service privé des membres de ces missions diplomatiques et bureaux consulaires ont le droit de choisir d'être régis par les lois de l'État accréditant ou par celles de l'autre État contractant, à condition qu'ils soient ressortissants du premier État.

Ce choix doit être opéré dans un délai de six mois à partir de la date d'entrée en vigueur du présent Accord ou, selon le cas, dans les six mois suivant la date du début de leur emploi sur le territoire de l'État contractant où le travailleur exerce son activité ;

i) Les personnes détachées par l'un des États contractants sur le territoire de l'autre État dans le cadre d'une mission de coopération officielle sont soumises aux lois de l'État d'envoi, sauf si les accords de coopération pertinents en disposent autrement ;

j) Les fonctionnaires et les travailleurs des entreprises publiques, des organismes quasi indépendants ou des organismes publics divers de l'un des États contractants qui, dans l'exercice de leurs fonctions, sont détachés sur le territoire de l'autre État contractant sont, ainsi que les membres de leur famille, soumis aux lois de l'État contractant pour lequel ils travaillent.

Article 10. Exceptions

Les autorités compétentes des deux États contractants ou les organismes désignés par elles peuvent, d'un commun accord, dans l'intérêt de certaines personnes ou catégories de personnes, établir des exceptions aux dispositions des articles 8 et 9, à leur demande ou à la demande de leurs employeurs respectifs.

TITRE III. DISPOSITIONS RELATIVES AUX PRESTATIONS D'INVALIDITÉ, DE VIEILLESSE ET DE SURVIE

CHAPITRE PREMIER. DISPOSITIONS COMMUNES

Article 11. Détermination des droits à prestations et versement des prestations

1. Sous réserve des dispositions de l'article 17 du présent Accord, tout travailleur qui a été successivement ou alternativement soumis à la législation de l'un ou l'autre État contractant a droit aux prestations prévues au présent chapitre, aux conditions suivantes :

a) L'institution compétente de chaque État contractant détermine d'abord le droit aux prestations et en calcule ensuite le montant, en tenant compte uniquement des périodes d'assurance accomplies sur le territoire de cet État ;

b) Si le travailleur n'acquiert pas le droit de façon autonome, l'institution compétente de chaque État contractant détermine le droit par totalisation des périodes d'assurance accomplies au titre de la législation de l'autre État contractant, conformément aux dispositions de l'article 6 du présent Accord. Lorsque le droit à prestations est déterminé par totalisation, il convient d'appliquer les règles suivantes pour fixer le montant à payer :

   i) Le montant de la prestation à laquelle la personne concernée aurait eu droit est déterminé comme si toutes les périodes d'assurance totalisées avaient été effectuées dans le cadre de la législation de l'État dont il dépend (pension théorique) ;

   ii) Le montant de la prestation est établi en appliquant à la créance ou à la pension théorique, calculée selon la législation de l'État dont dépend l'intéressé, la même proportion que celle qui existe entre les périodes d'assurance accomplies dans l'État contractant à laquelle appartient l'institution qui calcule la prestation et la totalité des périodes d'assurance accomplies dans les deux États (pension au prorata) ;

   iii) Si la législation de l'un des États contractants exige que les périodes d'assurance ne dépassent pas une durée maximale donnée pour que soit reconnue une prestation complète, l'institution compétente de cet État ne tient compte, aux fins de la totalisation, que des périodes de cotisation de l'autre État nécessaires pour avoir droit à cette prestation.

2. Le droit a été déterminé, et conformément aux paragraphes qui précèdent, l'institution compétente de chaque État contractant accorde et verse les prestations indépendamment de toute décision prise par l'institution compétente de l'autre État.

3. Dans le cas où le travailleur ou ses ayants droit n'ont pas droit aux prestations conformément aux dispositions des paragraphes précédents, le travail effectué dans d'autres États ayant signé des instruments internationaux de coordination de sécurité sociale avec l'un des États contractants peut également être agrégé.

Article 12. Périodes d'assurance inférieures à un an

1. Nonobstant les dispositions de l'alinéa b) du paragraphe 1 de l'article 11 du présent Accord, lorsque la durée totale des périodes d'assurance accomplies au titre de la législation d'un État contractant est inférieure à un an et que le droit aux prestations n'est pas ouvert par la législation de cet État, l'institution de cet État n'est tenue de reconnaître aucune prestation pour la période considérée.

2. Les périodes visées au paragraphe précédent sont prises en compte, si nécessaire, par l'institution de l'autre État contractant afin de déterminer le droit et le montant de la prestation selon sa propre législation, mais elle n'applique pas les dispositions du sous-alinéa ii) de l'alinéa b) du paragraphe 1 de l'article 11 du présent Accord.

Article 13. Conditions spécifiques à la reconnaissance du droit aux prestations

1. Si la législation d'un État contractant subordonne l'octroi des prestations prévues au présent chapitre à la condition que le travailleur ait été soumis à sa législation au moment où s'est produit l'événement ouvrant droit à la prestation, cette condition est considérée comme remplie si, à ce moment-là, le travailleur était assuré conformément à la législation de l'autre État contractant ou, à défaut, s'il a bénéficié de la part de cet État de prestations de même nature ou de nature différente, pour autant qu'elles résultent de la couverture du bénéficiaire.

2. Le même principe s'applique à la reconnaissance des pensions de survivants, de sorte que, si nécessaire, le statut d'inscription d'un bénéficiaire ou la situation professionnelle du cotisant dans l'autre État contractant peuvent être pris en compte.

3. Si la législation d'un État contractant exige, pour que le droit à une prestation soit reconnu, qu'aient été accomplies des périodes de cotisation à un moment donné précédant immédiatement l'événement ouvrant droit à la prestation, cette condition est réputée remplie si lesdites périodes ont été accomplies pendant la période précédant immédiatement la reconnaissance de la prestation dans l'autre État contractant.

4. Si l'intéressé, compte tenu de la totalisation des périodes visées à l'article 6 du présent Accord, n'a pu satisfaire simultanément aux conditions prévues par les législations des deux États contractants, le droit à ces prestations est déterminé, en application de la législation de chaque État, au fur et à mesure que l'intéressé remplit ces conditions.

Article 14. Calcul des périodes de cotisation dans le cadre des régimes spéciaux ou différenciés

1. Si la législation de l'un des États contractants subordonne le droit ou l'octroi de certaines prestations à l'accomplissement de périodes d'assurance dans une activité professionnelle soumise à un régime spécial ou différencié ou, dans une activité déterminée, les périodes effectuées dans le cadre de la législation de l'autre État contractant ne sont prises en considération, pour l'octroi de ces prestations, que si elles ont été accomplies dans le cadre d'un régime de même nature ou dans la même activité.

2. Si, compte tenu des périodes ainsi accomplies, l'intéressé ne remplit pas les conditions requises pour bénéficier des prestations au titre d'un régime spécial ou différencié, ces périodes sont prises en compte, aux fins de l'octroi des prestations du régime général ou d'un autre régime spécial ou différencié au titre duquel l'intéressé pourrait ouvrir un droit.

Article 15. Dispositions relatives au montant minimal des prestations

1. Le montant des prestations dues par les institutions compétentes des États contractants, conformément aux dispositions du présent titre, ne peut être inférieur au montant minimal en vigueur dans l'État contractant où les bénéficiaires ont leur résidence permanente.

2. Les dispositions du paragraphe précédent sont appliquées selon les accords administratifs visés à l'article 32 du présent Accord.

Article 16. Détermination de l'invalidité

1. Chaque institution compétente, conformément à sa législation, est chargée de qualifier et de déterminer le degré d'invalidité des demandeurs.

2. Pour qualifier ou déterminer l'état et le degré d'invalidité des personnes concernées, l'institution compétente de chaque État contractant tient compte des dossiers médicaux délivrés par l'institution compétente de l'autre État. Toutefois, l'institution compétente de chaque État peut demander que les personnes concernées se soumettent à des examens médicaux complémentaires.

3. Le coût des examens médicaux et les frais engagés pour déterminer la capacité de travail, ainsi que les autres dépenses liées aux examens médicaux, sont à la charge de l'institution compétente qui les effectue, sauf en ce qui concerne les études complémentaires qui peuvent être demandées par l'institution compétente de l'autre État et qui sont à la charge de cette institution.

CHAPITRE 2. DISPOSITIONS APPLICABLES À L'ARGENTINE

Article 17. Régime de capitalisation individuelle

1. Les travailleurs affiliés aux administrateurs argentins des fonds de retraite et de pension d'Argentine financent leurs prestations avec le solde accumulé sur leur compte de capitalisation individuelle, tel qu'établi par la législation applicable.

2. Les prestations accordées par le régime argentin de capitalisation s'ajoutent aux prestations accordées par le système public de protection sociale ou de sécurité sociale, lorsque le travailleur remplit les conditions établies par la législation en vigueur. Si nécessaire, la totalisation des périodes, ainsi que les dispositions relatives au calcul des prestations énoncées au paragraphe 1 du présent chapitre, sont appliquées.

TITRE IV. DISPOSITIONS RELATIVES AUX AUTRES PRESTATIONS

CHAPITRE PREMIER. INDEMNITÉS DE MALADIE

Article 18. Droit à prestations

Les travailleurs qui exercent leur activité professionnelle sur le territoire de l'un des États contractants, ainsi que les membres de leur famille, ont droit aux prestations en cas de maladie et de maternité, dans les mêmes conditions que les ressortissants de cet État.

Article 19. Résidents qui travaillent en dehors du territoire de la législation à laquelle ils sont soumis

1. Les travailleurs qui exercent leur activité professionnelle sur le territoire d'un État contractant autre que celui de la législation à laquelle ils sont soumis et qui remplissent les conditions requises par la législation de cet État pour avoir droit aux prestations de santé se voient accorder ces prestations par l'institution compétente de leur lieu de résidence, selon la législation applicable pour cette institution.

2. Les dispositions du paragraphe précédent s'appliquent également aux membres de la famille qui résident sur le territoire d'un État contractant autre que celui où le travailleur exerce son

activité, dans la mesure où ils n'ont pas eux-mêmes droit à ces prestations au titre de la législation de leur État de résidence.

Article 20. Bénéficiaires des prestations de vieillesse, d'invalidité et de survie

1. Les bénéficiaires des prestations de vieillesse, d'invalidité ou de survivants dues en application des législations des deux États contractants, ainsi que les membres de leur famille, ont le droit de bénéficier des prestations de santé de l'institution de l'État où ils résident, à la charge de cette institution.

2. Les bénéficiaires des prestations de vieillesse, d'invalidité ou de survivants dues au titre de la législation d'un seul des États contractants, ainsi que les membres de leur famille, qui résident sur le territoire de l'autre État, ont le droit de bénéficier des prestations de santé octroyées par l'institution de ce dernier État conformément à la législation appliquée par elle. Les prestations accordées sont remboursées par l'institution de l'État débiteur des prestations de vieillesse, d'invalidité et de survivants à l'institution qui les a octroyées.

Article 21. Allocations de maternité accordées au titre de la législation portugaise

Les allocations de maternité prévues par la législation portugaise sont accordées par l'institution compétente à tous les travailleurs qui, dans l'éventualité de l'événement susmentionné, sont soumis à cette législation, en tenant compte, si nécessaire, du total des périodes d'assurance cumulées visées à l'article 6 du présent Accord.

CHAPITRE 2. ALLOCATIONS FAMILIALES

Article 22. Droit à prestations

1. Les travailleurs auxquels s'applique le présent Accord, qui sont couverts par la législation d'un État contractant et qui résident sur le territoire de l'autre État, bénéficient des mêmes droits aux allocations familiales que les travailleurs ressortissants de cet État.

2. Les autorités compétentes des deux États contractants adoptent, d'un commun accord et conformément à leur législation nationale, les mesures nécessaires pour permettre le paiement des allocations familiales sur le territoire d'un État contractant autre que celui où se trouve l'institution compétente.

CHAPITRE 3. RISQUES PROFESSIONNELS

Article 23. Droit à prestations

1. Le droit aux prestations d'accident du travail et de maladie professionnelle est déterminé conformément à la législation de l'État contractant à laquelle est soumis le travailleur au moment où l'accident est survenu ou la maladie a été déclarée, sauf si la maladie a été contractée dans l'autre État, auquel cas les prestations sont dues par cet État, conformément aux législations respectives des deux États.

2. Si les travailleurs n'ont pas droit aux prestations de maladie professionnelle au titre de la législation de l'État contractant auquel ils sont soumis à la date de déclaration de la maladie, leurs

droits sont évalués par l'autre État, conformément aux législations respectives des deux États, à condition que les travailleurs en question aient exercé une activité susceptible de causer la maladie susmentionnée sur le territoire de cet État.

3. Si la législation d'un État contractant subordonne l'octroi de prestations de maladie professionnelle à la condition que la maladie considérée ait été diagnostiquée pour la première fois sur son territoire, cette condition est réputée remplie si ladite maladie a été diagnostiquée pour la première fois sur le territoire de l'autre État contractant.

Article 24. Évaluation du degré d'invalidité

Si, pour déterminer le degré d'invalidité à la suite d'un accident du travail ou d'une maladie professionnelle, la législation de l'un des États contractants dispose que les accidents du travail ou les maladies professionnelles survenus antérieurement sont pris en considération, le sont également les accidents du travail et les maladies professionnelles survenus antérieurement sous la législation de l'autre État, comme s'ils étaient survenus sous la législation du premier État.

TITRE V. DISPOSITIONS DIVERSES ET FINALES

CHAPITRE PREMIER. DISPOSITIONS DIVERSES

Article 25. Transfert des fonds des comptes de capitalisation individuelle

S'il existe des systèmes de retraite par capitalisation individuelle qui sont compatibles dans les deux États contractants, ces États décident d'un commun accord des modalités de transfert international des soldes des comptes de capitalisation individuelle, des paiements et des prestations à accorder conformément aux règles internes applicables.

Article 26. Présentation des demandes, avis et recours

Les demandes, avis, recours et autres documents qui, conformément à la législation d'un État contractant, doivent être soumis à l'autorité, à l'institution ou à l'organisme compétents de cet État dans un délai déterminé, sont considérés comme ayant été dûment soumis s'ils sont remis à l'autorité, à l'institution ou à l'organisme compétents de l'autre État dans le même délai.

Article 27. Collaboration administrative entre institutions

Les institutions compétentes des deux États contractants peuvent à tout moment se demander des dossiers et des examens médicaux, la vérification des actes et des documents pouvant conduire à l'octroi, à la modification, à la suspension, à la suppression ou au maintien du droit aux prestations qu'elles accordent. Les frais qui en découlent, sous réserve des dispositions du paragraphe 3 de l'article 16 du présent Accord, sont remboursés sans délai par l'institution compétente qui a demandé l'examen ou la vérification, dès réception d'un relevé détaillé de ces frais.

Article 28. Exonération des droits, frais et taxes découlant de l'établissement des certificats et documents administratifs

1. Le bénéfice des exonérations de frais d'enregistrement ou de rédaction, de droits de timbre et de taxes consulaires ou d'autres paiements similaires, prévues par la législation de l'un des États contractants, est étendu aux certificats et aux documents délivrés par l'administration ou l'institution compétente de l'autre État aux fins de l'application du présent Accord.

2. Tous les certificats et documents administratifs délivrés en application du présent Accord sont exemptés des formalités de traduction et de légalisation officielles des autorités diplomatiques et consulaires de chaque État.

Article 29. Conditions et garantie de versement des prestations

1. Les institutions compétentes de chacun des États contractants sont exemptées des paiements réalisés en application du présent Accord, lorsque ces paiements sont effectués dans leur monnaie nationale.

2. Si des dispositions limitant le transfert de devises sont promulguées dans l'un ou l'autre des États contractants, les deux États adoptent immédiatement les mesures nécessaires pour garantir l'exercice effectif des droits découlant du présent Accord.

Article 30. Communication réciproque

1. Aux fins de l'application du présent Accord, les autorités, les institutions compétentes et les organismes de liaison des deux États contractants communiquent entre eux et avec les personnes concernées ou leurs représentants.

2. Les informations ou toutes autres données que les autorités compétentes considèrent comme présentant un intérêt pour la mise en œuvre du présent Accord peuvent être échangées par l'intermédiaire des organismes de liaison, par tout moyen électronique ou autre convenu qui garantit la discrétion et la confidentialité, conformément à la législation de chaque État contractant.

Article 31. Représentation diplomatique et consulaire

Les autorités diplomatiques et consulaires des deux États contractants peuvent, sans instructions particulières, représenter les citoyens de leur État auprès des autorités et institutions de sécurité sociale compétentes de l'autre État.

Article 32. Responsabilités des autorités compétentes

Les autorités compétentes des États contractants sont habilitées à :

a) Établir les accords administratifs nécessaires à la mise en œuvre du présent Accord ;

b) Désigner leurs organismes de liaison et définir leurs fonctions ;

c) Se communiquer mutuellement les mesures prises au niveau national aux fins de l'application du présent Accord ;

d) Se notifier mutuellement l'ensemble des dispositions législatives ou réglementaires modifiant celles énumérées à l'article 2 du présent Accord ;

e) S'offrir mutuellement leurs bons offices et se prêter le concours le plus large possible en matière de coopération technique et administrative aux fins de la mise en œuvre du présent Accord.

Article 33. Échange d'informations entre les organismes de liaison

Les autorités et institutions compétentes des deux États contractants se tiennent mutuellement informées, par l'intermédiaire de leurs organismes de liaison respectifs, de toutes les mesures administratives adoptées aux fins de l'application du présent Accord.

Article 34. Commission mixte d'experts

1. Il est constitué une Commission mixte d'experts, composée de représentants des deux États contractants, chargée de :

a) Vérifier la mise en œuvre de l'Accord, des accords administratifs d'application et des autres instruments complémentaires ;
b) Établir les procédures et les formulaires administratifs les plus appropriés pour assurer la mise en œuvre la plus efficace, simple et rapide des instruments en question ;
c) Conseiller les autorités compétentes, à leur demande ou de sa propre initiative, sur la mise en œuvre des instruments en question ;
d) Proposer aux autorités compétentes respectives des États contractants d'éventuelles modifications, des améliorations et des règles destinées à compléter les instruments en question ;
e) Accomplir toute autre tâche relative à l'interprétation et à la mise en œuvre de ces instruments que les autorités compétentes conviennent de lui confier d'un commun accord.

2. La Commission mixte d'experts se réunit régulièrement en Argentine et au Portugal.

Article 35. Règlement des différends

1. Tout différend découlant de l'interprétation ou de l'application du présent Accord est réglé par négociations, par la voie diplomatique.

2. Si les différends ne peuvent être réglés conformément au paragraphe ci-dessus dans un délai de six mois, ils sont soumis à une commission d'arbitrage dont la composition et les procédures sont établies d'un commun accord entre les États contractants.

3. Les décisions de la commission d'arbitrage sont contraignantes et définitives.

Article 36. Calcul des périodes antérieures à l'entrée en vigueur de l'Accord

Toute période d'assurance accomplie sous la législation d'un État contractant avant la date d'entrée en vigueur du présent Accord est prise en considération pour déterminer le droit aux prestations accordées au titre de l'Accord.

CHAPITRE 2. DISPOSITIONS FINALES

Article 37. Entrée en vigueur

1. Le présent Accord entre en vigueur le premier jour du deuxième mois suivant la date de réception de la dernière des notifications, faites par écrit et par la voie diplomatique, par lesquelles les États contractants s'informent mutuellement de l'accomplissement de leurs formalités juridiques internes respectives.

2. À la date de son entrée en vigueur, le présent Accord remplace l'Accord relatif à la sécurité sociale signé entre la République argentine et la République portugaise à Lisbonne, le 20 mai 1966.

3. Le présent Accord ne modifie en rien les droits acquis en vertu de l'Accord signé par les États contractants le 20 mai 1966. Les droits en voie d'acquisition au moment de l'extinction du présent Accord sont réglés d'un commun accord entre les États contractants.

Article 38. Durée et dénonciation

1. Le présent Accord est conclu pour une durée indéterminée.

2. Les États contractants peuvent dénoncer le présent Accord à tout moment.

3. La dénonciation est notifiée par écrit par la voie diplomatique et prend effet six mois après la réception de ladite notification.

4. En cas de dénonciation du présent Accord, les droits acquis et en cours d'acquisition sont maintenus conformément à ses dispositions.

Article 39. Enregistrement

L'État contractant sur le territoire duquel le présent Accord est signé le soumet pour enregistrement au Secrétariat de l'Organisation des Nations Unies, conformément à l'Article 102 de la Charte des Nations Unies, et il notifie également à l'autre État contractant l'accomplissement de cette procédure et l'informe du numéro d'enregistrement attribué.

FAIT à Santiago du Chili, le 9 novembre 2007, en double exemplaire en langues espagnole et portugaise, les deux textes faisant également foi.

Pour la République argentine :
[JORGE TAIANA]

Pour la République portugaise :
[MANUEL LOBO ANTUNES]

No. 54207

Argentina and Japan

Exchange of notes constituting an agreement between the Government of the Argentine Republic and the Government of Japan on specific programs for technical cooperation (with annexes). Buenos Aires, 30 July 2014 and 5 September 2014

Entry into force: *8 September 2014, in accordance with the provisions of the said notes*

Authentic text: *Spanish*

Registration with the Secretariat of the United Nations: *Argentina, 11 January 2017*

Not published in print, in accordance with article 12(2) of the General Assembly regulations to give effect to Article 102 of the Charter of the United Nations, as amended, and the publication practice of the Secretariat.

Argentine et Japon

Échange de notes constituant un accord entre le Gouvernement de la République argentine et le Gouvernement du Japon relatif aux programmes spécifiques de coopération technique (avec annexes). Buenos Aires, 30 juillet 2014 et 5 septembre 2014

Entrée en vigueur : *8 septembre 2014, conformément aux dispositions desdites notes*

Texte authentique : *espagnol*

Enregistrement au Secrétariat de l'Organisation des Nations Unies : *Argentine, 11 janvier 2017*

Non disponible en version imprimée, conformément au paragraphe 2 de l'article 12 du règlement de l'Assemblée générale destiné à mettre en application l'Article 102 de la Charte des Nations Unies, tel qu'amendé, et à la pratique du Secrétariat en matière de publication.

No. 54208

Argentina and Luxembourg

Convention on social security between the Argentine Republic and the Grand Duchy of Luxembourg. Alcalá de Henares, 13 May 2010

Entry into force: *1 December 2014, in accordance with article 34*

Authentic texts: *French and Spanish*

Registration with the Secretariat of the United Nations: *Argentina, 11 January 2017*

Argentine et Luxembourg

Convention de sécurité sociale entre la République argentine et le Grand-Duché de Luxembourg. Alcalá de Henares, 13 mai 2010

Entrée en vigueur : *1er décembre 2014, conformément à l'article 34*

Textes authentiques : *français et espagnol*

Enregistrement au Secrétariat de l'Organisation des Nations Unies : *Argentine, 11 janvier 2017*

[TEXT IN FRENCH – TEXTE EN FRANÇAIS]

CONVENTION DE SECURITE SOCIALE ENTRE LA REPUBLIQUE ARGENTINE ET LE GRAND-DUCHE DE LUXEMBOURG

La République Argentine et Le Grand-Duché de Luxembourg, ci-après dénommés «les Parties contractantes»,

animés du désir de régler les rapports réciproques entre les deux Etats dans le domaine de la sécurité sociale,

ont décidé de conclure une convention de sécurité sociale et sont convenus des dispositions suivantes:

TITRE I

DISPOSITIONS GENERALES

Article 1er
Définitions

1. Pour l'application de la présente convention les termes ci-après ont la signification suivante:

a) «législation»: l'ensemble des dispositions législatives et réglementaires afférentes aux branches de la sécurité sociale mentionnées à l'article 2 de la présente convention;

b) «autorité compétente»:

en ce qui concerne la République Argentine, le ministère du Travail, de l'Emploi et de la Sécurité Sociale, ou celui qui aura la compétence à l'avenir;

en ce qui concerne le Grand-Duché de Luxembourg, le ministre ayant dans ses attributions la sécurité sociale;

c) «organisme de liaison»: l'organisme désigné par l'autorité compétente de chaque Partie contractante afin d'assurer les fonctions de coordination, d'information et d'assistance, pour l'application de la présente convention, auprès des institutions des deux Parties contractantes et des personnes susceptibles de relever de l'article 3 de la présente convention;

d) «institution compétente»: l'institution ou l'organisme chargé d'appliquer les législations visées au paragraphe 1 de l'article 2 de la présente convention;

e) «prestation»: toute pension ou toute autre prestation en espèces, y compris toute allocation supplémentaire et majoration de revalorisation selon la législation appliquée par chacune des Parties contractantes;

f) «période d'assurance»: les périodes de cotisation ou périodes d'emploi ou d'activité professionnelle telles qu'elles sont définies ou admises comme périodes d'assurance par la législation sous laquelle elles ont été accomplies ou considérées comme accomplies, ainsi que toutes les périodes reconnues par cette législation comme équivalentes à des périodes d'assurance;

g) le terme «résidence»: le lieu où une personne réside habituellement.

2. Les autres termes utilisés dans la présente convention ont la signification qui leur est attribuée en vertu de la législation applicable.

Article 2
Champ d'application matériel

1. La présente convention s'applique:

A. pour la République Argentine aux législations concernant:

a) les prestations contributives de sécurité sociale, en ce qui concerne les prestations qui découlent des risques de vieillesse, d'invalidité et de survie, gérées par les organismes nationaux, provinciaux des fonctionnaires publics ou professionnels et municipaux;
b) le régime d'allocations familiales, en ce qui concerne l'assurance maternité, de même que les allocations familiales pour les retraités et pensionnés;
c) en ce qui concerne le Titre II seulement, aux législations relatives:
i. à la sécurité sociale des travailleurs salariés,
ii. à la sécurité sociale des travailleurs indépendants.

B. pour le Grand-Duché de Luxembourg aux législations concernant:

a) l'assurance pension en cas de vieillesse, d'invalidité et de survie;
b) les prestations familiales;
c) l'article 2 du Code de la sécurité sociale pour l'application de l'article 7;
d) l'article 25 du Code de la sécurité sociale pour l'application de l'article 20
e) et par rapport au Titre II seulement, l'assurance maladie-maternité, l'assurance accidents du travail et maladies professionnelles et les prestations de chômage.

2. La présente convention s'applique également à toutes les lois ou à tous les règlements qui modifient ou complètent les législations énumérées au paragraphe 1 du présent article.

3. La présente convention s'applique à toute loi ou à tout règlement qui étend les législations visées au paragraphe 1 du présent article à de nouvelles catégories de bénéficiaires, si dans un délai de six mois à partir de la publication officielle desdits actes, la Partie contractante qui a modifié sa législation ne fait savoir à l'autre Partie contractante que la convention ne leur est pas applicable.

4. La présente convention ne s'applique aux actes législatifs couvrant une branche nouvelle de la sécurité sociale que si un accord intervient à cet effet entre les autorités compétentes des Parties contractantes.

5. La présente convention ne s'applique ni aux prestations de l'assistance sociale, ni aux prestations en faveur des victimes de guerre.

Article 3
Champ d'application personnel

Les dispositions de la présente convention sont applicables aux personnes qui sont ou ont été soumises à la législation de l'une des Parties contractantes, aux membres de leur famille et à leurs survivants.

Article 4
Egalité de traitement

Les personnes visées à l'article 3 sont soumises aux obligations et sont admises au bénéfice de la législation de chacune des Parties contractantes dans les mêmes conditions que les ressortissants de cette Partie.

Article 5
Exportation des prestations

Les pensions de vieillesse, d'invalidité ou de survie acquises au titre de la législation d'une Partie contractante ne peuvent subir aucune réduction ou modification, ni suspension ou suppression du fait que le bénéficiaire réside ou séjourne sur le territoire de l'autre Partie contractante.

Article 6
Clauses de réduction ou de suspension

1. Les dispositions de la présente convention ne peuvent conférer, ni maintenir le droit de bénéficier, en vertu des législations des deux Parties contractantes de plusieurs prestations de même nature ou de plusieurs prestations se rapportant à une même période d'assurance. Toutefois, cette disposition ne s'applique pas aux prestations d'invalidité, de vieillesse et de survie qui sont liquidées conformément aux dispositions du chapitre premier du Titre III.

2. Les clauses de réduction, de suspension ou de suppression des prestations prévues par la législation d'une Partie contractante, en cas de cumul d'une prestation avec d'autres prestations de sécurité sociale ou avec d'autres revenus ou du fait de l'exercice d'une activité professionnelle, sont opposables au bénéficiaire, même s'il s'agit de prestations acquises sous la législation de l'autre Partie contractante ou s'il s'agit de revenus obtenus ou d'une activité professionnelle exercée sur le territoire de l'autre Partie contractante.

Article 7
Admission à l'assurance volontaire continuée

1. Si la législation d'une Partie contractante subordonne l'admission à l'assurance volontaire continuée à la résidence sur le territoire de cette Partie, les personnes qui résident sur le territoire de l'autre Partie contractante sont admises à l'assurance volontaire continuée à condition qu'elles aient été soumises, à un moment quelconque de leur carrière passée, à la législation de la première Partie contractante en qualité de travailleur.

2. Si la législation d'une Partie contractante subordonne l'admission à l'assurance volontaire continuée à l'accomplissement de périodes d'assurance, les périodes d'assurance accomplies sous la législation de l'autre Partie contractante sont prises en compte, dans la mesure nécessaire, comme s'il s'agissait de périodes d'assurance accomplies sous la législation de la première Partie contractante.

TITRE II

DISPOSITIONS DETERMINANT LA LEGISLATION APPLICABLE

Article 8
Règle générale

La législation applicable est déterminée conformément aux dispositions suivantes:

a) les travailleurs salariés occupés sur le territoire d'une Partie contractante sont soumis à la législation de cette Partie, même s'ils résident sur le territoire de l'autre Partie contractante ou si l'employeur qui les occupe a son siège sur le territoire de l'autre Partie contractante;

b) les travailleurs non salariés qui exercent leur activité professionnelle sur le territoire d'une Partie contractante sont soumis à la législation de cette Partie, même s'ils résident sur le territoire de l'autre Partie contractante;

c) les gens de mer qui exercent leur activité professionnelle à bord d'un navire battant pavillon d'une Partie contractante sont soumis à la législation de la Partie contractante sur le territoire de laquelle ils résident;

d) les fonctionnaires et le personnel assimilé sont soumis à la législation de la Partie contractante dont relève l'administration qui les occupe.

Article 9
Règles particulières

Le principe posé aux lettres a) et b) de l'article 8 comporte les exceptions suivantes:

a) les travailleurs salariés qui exercent une activité sur le territoire d'une Partie contractante et qui sont détachés par l'employeur, dont ils relèvent normalement, sur le territoire de l'autre Partie contractante afin d'y effectuer un travail pour le compte de leur employeur, demeurent soumis à la législation de la première Partie, à condition que la durée prévisible de ce travail n'excède pas douze mois et que cette personne ne soit pas envoyée en remplacement d'un autre travailleur parvenu au terme de la période de son détachement;

b) les personnes qui exercent normalement une activité non salariée sur le territoire d'une Partie contractante et qui effectuent un travail sur le territoire de l'autre Partie contractante, demeurent soumises à la législation de la première Partie contractante, à condition que la durée prévisible de ce travail n'excède pas douze mois;

c) si la durée visée aux points a) et b) se prolonge au-delà de douze mois, la législation de la première Partie continue d'être applicable pour une nouvelle période de douze mois au plus, à condition que l'autorité compétente de la deuxième Partie ou l'organisme désigné par cette autorité ait donné son accord avant la fin de la première période de douze mois;

d) les travailleurs salariés au service d'une entreprise de transports aériens ayant son siège sur le territoire de l'une des Parties contractantes, et occupés en qualité de personnel navigant, sont soumis à la législation de la Partie sur le territoire de laquelle l'entreprise a son siège.

Toutefois, dans le cas où l'entreprise possède sur le territoire de l'autre Partie une succursale ou une représentation permanente, les travailleurs occupés par celle-ci sont soumis à la législation de la Partie sur le territoire de laquelle la succursale ou la représentation permanente se trouve;

e) les ressortissants d'une Partie contractante envoyés par le Gouvernement de cette Partie contractante sur le territoire de l'autre Partie contractante en qualité de personnel diplomatique ou de fonctionnaire consulaire sont soumis à la législation de la première Partie contractante en application des dispositions de la Convention de Vienne sur les relations diplomatiques du 18 avril 1961 et celles de la Convention de Vienne sur les relations consulaires du 24 avril 1963;

f) les dispositions de la lettre a) de l'article 8 sont applicables aux membres du personnel administratif, technique et de service des missions diplomatiques ou des postes consulaires et aux domestiques privés au service d'agents de ces missions ou postes. Toutefois, ces travailleurs peuvent opter pour l'application de la législation du pays d'envoi lorsqu'ils en sont ressortissants. Cette option doit être exercée dans un délai de six mois qui commence à courir à partir de l'entrée en vigueur de la présente convention ou, selon le cas, dans les six mois suivant la date de commencement du travail sur le territoire de la Partie contractante où le travailleur exerce son activité.

Article 10
Dérogations

A la demande du travailleur ou de l'employeur, les autorités compétentes des Parties contractantes ou les organismes désignés par celles-ci, peuvent d'un commun accord, établir d'autres exceptions ou modifier celles prévues au présent chapitre pour certains travailleurs ou groupes de travailleurs.

TITRE III

DISPOSITIONS RELATIVES AUX PRESTATIONS

Chapitre premier

PENSIONS DE VIEILLESSE, D'INVALIDITE ET DE SURVIE

Section 1 – Dispositions communes

Article 11
Totalisation des périodes d'assurance

Si la législation d'une Partie contractante subordonne l'acquisition, le maintien ou le recouvrement du droit aux prestations à l'accomplissement de périodes d'assurance, l'institution compétente tient compte, en tant que de besoin, des périodes d'assurance accomplies sous la législation de l'autre Partie contractante, pour autant que ces périodes ne se superposent pas.

Article 12
Totalisation de périodes d'assurance accomplies dans un Etat tiers

Si une personne n'a pas droit à une prestation sur la base des périodes d'assurance accomplies sous les législations des deux Parties contractantes, totalisées comme prévu à l'article 11, le droit à ladite prestation est déterminé en totalisant ces périodes avec les périodes accomplies sous la législation d'un Etat tiers avec lequel les deux Parties contractantes sont liées par un accord bi- ou multilatéral de sécurité sociale qui prévoit des règles sur la totalisation de périodes d'assurance.

Article 13
Calcul des pensions

1. Si une personne peut prétendre à une pension en vertu de la législation de l'une des Parties contractantes sans qu'il soit nécessaire de faire application des articles 11 et 12, l'institution calcule, selon les dispositions de la législation qu'elle applique, la pension correspondant à la durée totale des périodes d'assurance à prendre en compte en vertu de cette législation.

Cette institution procède aussi au calcul de la pension qui serait due en application des dispositions du paragraphe 2 du présent article.

Elle verse à l'intéressé le montant le plus élevé de prestation, calculé conformément à l'une ou l'autre de ces deux méthodes.

2. Si une personne peut prétendre à une pension, dont le droit n'est ouvert que compte tenu de la totalisation des périodes prévue aux articles 11 et 12, les règles suivantes sont applicables:

a) l'institution calcule le montant théorique de la pension à laquelle le requérant pourrait prétendre si toutes les périodes d'assurance accomplies en vertu des législations des deux Parties avaient été accomplies exclusivement sous sa propre législation;

b) pour la détermination du montant théorique visé à l'alinéa a) qui précède, les bases de calcul ne sont établies que compte tenu des périodes d'assurance accomplies sous la législation que l'institution compétente applique;

c) sur la base de ce montant théorique l'institution fixe ensuite le montant effectif de la pension au prorata de la durée des périodes d'assurance accomplies sous la législation qu'elle applique par rapport à la durée totale des périodes d'assurance accomplies sous les législations des deux Parties contractantes. Cette durée totale est plafonnée à la durée maximale éventuellement requise par la législation qu'elle applique pour le bénéfice d'une prestation complète.

3. Si une personne ne peut prétendre à une pension que compte tenu des dispositions de l'article 12, les périodes d'assurance accomplies sous la législation d'un Etat tiers sont prises en considération pour l'application du paragraphe qui précède.

Article 14
Période d'assurance inférieure à une année

Si l'ensemble des périodes d'assurance accomplies sous la législation de l'une des Parties contractantes n'atteignent pas un an, aucune prestation n'est accordée en vertu de ladite législation, à moins qu'elles n'ouvrent droit à elles seules à une prestation au titre de cette législation. Toutefois, ces périodes sont prises en compte par l'autre Partie contractante pour l'application de l'article 11, ainsi que pour l'application des dispositions du paragraphe 2, excepté le point c), de l'article 13.

Article 15
Effets de la présentation d'une demande de prestation

Dès lors que le droit aux prestations est ouvert au regard des législations des deux Parties et qu'une demande de pension est introduite, il est procédé à la liquidation de celle-ci au regard de ces deux législations, à moins que l'intéressé ne demande expressément de surseoir à la liquidation de la prestation au regard de l'une ou l'autre des législations en cause.

Article 16
Détermination de l'invalidité

Pour la détermination de la réduction de la capacité de travail aux fins d'octroi des pensions d'invalidité, l'institution compétente de chacune des Parties contractantes effectue son évaluation conformément à la législation qu'elle applique.

Section 2 – Dispositions particulières relatives aux prestations luxembourgeoises

Article 17
Période d'assurance suivant la naissance d'un enfant

Si la condition de durée d'assurance préalable à laquelle est subordonnée la mise en compte de la période d'assurance suivant la naissance d'un enfant (années bébés) n'est pas remplie au titre de la seule législation luxembourgeoise, il est tenu compte des périodes d'assurance accomplies par l'intéressé en vertu de la législation argentine. L'application de la disposition qui précède est subordonnée à la condition que l'intéressé ait accomplie en dernier lieu des périodes d'assurance au titre de la législation luxembourgeoise.

Article 18
Prolongation de la période de référence

Les faits et circonstances, qui en vertu de la législation luxembourgeoise prolongent la période de référence au cours de laquelle le stage requis pour l'ouverture du droit aux pensions d'invalidité ou de survie doit avoir été accomplie, produisent le même effet lorsqu'ils surviennent en Argentine.

Section 3 – Dispositions particulières relatives aux prestations argentines

Article 19
Conditions d'appréciation du droit à prestations

1. Si la législation argentine subordonne l'octroi des prestations à la condition que le travailleur soit soumis à cette législation au moment de la réalisation du risque à l'origine de la prestation, cette condition est réputée remplie si, lors de la réalisation de ce risque, le travailleur cotise ou se trouve assuré au Grand-Duché de Luxembourg ou perçoit une pension luxembourgeoise de la même nature.

2. Si pour la reconnaissance du droit à la prestation, la législation argentine exige que des périodes d'assurance aient été accomplies dans un temps déterminé, immédiatement avant l'événement à l'origine de la prestation, cette condition est réputée remplie si l'intéressé justifie de ces périodes d'assurance au regard de la législation luxembourgeoise dans la période immédiatement antérieure à l'événement considéré.

3. Si la législation argentine subordonne l'octroi de certaines prestations à la condition que les périodes d'assurance aient été accomplies dans une profession ou une activité déterminée ou un régime spécial ou différentiel, pour avoir droit à ces prestations, seules sont totalisées les périodes d'assurance accomplies au Grand-Duché de Luxembourg dans la même profession, la même activité ou le régime de nature correspondante.

Chapitre deux

PRESTATIONS FAMILIALES

Article 20
Totalisation des périodes d'assurance ou de résidence

1. Si la législation d'une Partie contractante subordonne l'acquisition, le maintien ou le recouvrement du droit aux prestations à l'accomplissement de périodes d'assurance ou de résidence, l'institution compétente tient compte, en tant que de besoin, des périodes d'assurance ou de résidence accomplies sous la législation de l'autre Partie contractante, pour autant que ces périodes ne se superposent pas.

2. Pour l'application du paragraphe 1 du présent article, l'indemnité pécuniaire de maternité prévue à l'article 25 du Code de la sécurité sociale luxembourgeois est assimilée à une prestation familiale au sens du présent chapitre.

Article 21
Droit aux prestations

Les prestations familiales prévues par la législation d'une Partie contractante sont octroyées par l'institution du lieu de résidence de l'enfant, conformément aux dispositions de la législation que cette institution applique et sont à sa charge.

TITRE IV

DISPOSITIONS DIVERSES

Article 22
Mesures d'application de la convention

1. Les autorités compétentes se communiquent toutes informations concernant les mesures prises pour l'application de la présente convention et toutes celles concernant les modifications de leur législation susceptibles d'affecter son application.

2. Les autorités compétentes fixent les modalités d'application de la présente convention dans un arrangement administratif.

3. Les autorités compétentes désignent des organismes de liaison en vue de faciliter l'application de la présente convention.

Article 23
Entraide administrative

1. Pour l'application de la présente convention les autorités et les institutions compétentes se prêtent leurs bons offices comme s'il s'agissait de l'application de leur propre législation. L'entraide administrative de ces autorités et institutions compétentes est gratuite.

2. Pour l'application de la présente convention les autorités et les institutions compétentes des Parties contractantes sont habilitées à correspondre directement entre elles, de même qu'avec toute personne intéressée, quelle que soit sa résidence.

3. Les examens médicaux des personnes qui ont leur résidence sur le territoire de l'autre Partie contractante, sont pratiqués par l'institution du lieu de résidence à la demande et à la charge de l'institution compétente. Les frais des examens médicaux ne sont pas remboursés si les examens sont effectués dans l'intérêt des institutions des deux Parties contractantes.

4. Les modalités du contrôle médical des bénéficiaires de la présente convention sont fixées dans l'arrangement administratif prévu au paragraphe 2 de l'article 22.

Article 24
Régime des langues

1. Les communications adressées, pour l'application de la présente convention, aux autorités ou institutions compétentes des Parties contractantes, sont rédigées en français ou en espagnol.

2. Une demande ou un document ne peut pas être rejeté parce qu'il est rédigé dans la langue officielle de l'autre Partie contractante.

Article 25
Exemption de taxes et de l'obligation de légalisation

1. Le bénéfice des exemptions ou réductions de taxes, de timbres, de droits de greffe ou d'enregistrement, prévues par la législation de l'une des Parties contractantes pour les pièces ou documents à produire en application de la législation de cette Partie est étendu aux pièces et documents analogues à produire en application de la législation de l'autre Partie ou de la présente convention.

2. Tous actes, documents et pièces quelconques à produire pour l'exécution de la présente convention sont dispensés du visa de légalisation des autorités diplomatiques ou consulaires.

Article 26
Délais

Les demandes, déclarations ou recours qui auraient dû être présentés, aux fins de l'application de la législation de l'une des Parties contractantes, dans un délai déterminé auprès d'une autorité, institution ou juridiction compétente de cette Partie, sont recevables s'ils sont présentés dans le même délai auprès d'une autorité, institution ou juridiction compétente correspondante de l'autre Partie. Dans ce cas, l'autorité, l'institution ou la juridiction compétente ainsi saisie transmet sans retard ces demandes, déclarations ou recours à l'autorité, l'institution ou la juridiction compétente de la première Partie, soit directement, soit par l'intermédiaire des autorités compétentes des deux Parties. La date à laquelle ces demandes, déclarations ou recours ont été introduits auprès d'une instance de l'autre Partie contractante, est considérée comme la date d'introduction auprès de l'instance compétente pour en connaître.

Article 27
Paiement des prestations

1. Les institutions d'une Partie contractante qui en vertu de la présente convention sont débitrices de prestations en espèces au regard des bénéficiaires se trouvant sur le territoire de l'autre Partie contractante s'en libèrent valablement dans la monnaie de la première Partie contractante.

2. Sur demande du bénéficiaire, l'institution compétente pour le service des prestations en espèces s'assure que ces prestations sont déposées sur un compte en banque ouvert par le bénéficiaire sur le territoire de la Partie contractante où cette institution a son siége.

Article 28
Règlement de différends

Tout différend venant à s'élever entre les institutions des Parties contractantes concernant l'interprétation ou l'application de la présente convention fera l'objet de négociations directes entre les autorités compétentes.

TITRE V

DISPOSITIONS TRANSITOIRES ET FINALES

Article 29
Eventualités antérieures à l'entrée en vigueur de la convention

1. La présente convention s'applique également aux éventualités qui se sont réalisées antérieurement à son entrée en vigueur.

2. Toute période d'assurance accomplie sous la législation d'une Partie contractante avant la date d'entrée en vigueur de la présente convention est prise en considération pour la détermination du droit aux prestations s'ouvrant conformément aux dispositions de la présente convention.

3. La présente convention n'ouvre aucun droit au paiement de prestations pour une période antérieure à la date de son entrée en vigueur.

Article 30
Révision des prestations

1. Toute prestation qui n'a pas été liquidée ou qui a été suspendue à cause de la nationalité de l'intéressé ou en raison de sa résidence sur le territoire de la Partie contractante autre que celle où se trouve l'institution débitrice ou pour tout autre obstacle qui a été levé par la présente convention, sera, à la demande de l'intéressé, liquidée ou rétablie à partir de l'entrée en vigueur de la présente convention, sauf si les droits antérieurement liquidés ont donné lieu à un règlement en capital, ou si un remboursement de cotisations a fait perdre tout droit aux prestations.

2. Les droits des intéressés ayant obtenu, antérieurement à l'entrée en vigueur de la présente convention, la liquidation d'une pension, seront révisés à leur demande, compte tenu des dispositions de cette convention. Ces droits peuvent également être révisés d'office. En aucun cas, une telle révision ne peut avoir pour effet de réduire les droits antérieurs des intéressés.

Article 31
Délais de prescription

1. Si la demande visée à l'article 30 est présentée dans un délai de deux ans à partir de la date de l'entrée en vigueur de la présente convention, les droits ouverts conformément aux dispositions de cette convention sont acquis à partir de cette date sans que les dispositions prévues par les législations des Parties contractantes relatives à la déchéance ou à la prescription des droits soient opposables aux intéressés.

2. Si la demande visée à l'article 30 est présentée après l'expiration d'un délai de deux ans suivant l'entrée en vigueur de la présente convention, les droits qui ne sont pas frappés de déchéance ou qui ne sont pas prescrits, sont acquis à partir de la date de la demande, sous réserve des dispositions plus favorables de la législation d'une Partie contractante.

Article 32
Durée de la convention

La présente convention est conclue pour une durée indéterminée. Elle peut être dénoncée par chacune des Parties contractantes par voie diplomatique au plus tard six mois avant l'expiration de l'année civile en cours; dans ce cas elle cessera d'être en vigueur à la fin de cette année.

Article 33
Garantie des droits acquis ou en cours d'acquisition

1. En cas de dénonciation de la présente convention tout droit acquis en application de ses dispositions sera maintenu.

2. Les droits en cours d'acquisition relatifs aux périodes d'assurance accomplies antérieurement à la date à laquelle la dénonciation prend effet ne s'éteignent pas du fait de la dénonciation; leur maintien est déterminé d'un commun accord pour la période postérieure ou, à défaut d'un tel accord, par la législation qu'applique l'institution concernée.

Article 34
Entrée en vigueur

Les deux Parties contractantes se notifient l'accomplissement de leurs procédures constitutionnelles et légales respectives requises pour l'entrée en vigueur de la présente convention. La convention entre en vigueur le premier jour du troisième mois qui suit la date de la dernière notification.

EN FOI DE QUOI, les soussignés, dûment autorisés par leurs Gouvernements respectifs, ont signé la présente convention.

FAIT à Alcalá de Henares, le 13 mai 2010, en double exemplaire, en langues espagnole et française, les deux textes faisant également foi.

Pour le Gouvernement de la République Argentine	Pour le Gouvernement du Grand-Duché de Luxembourg
Walter Arrighi Secrétaire de Sécurité Sociale	Jean Welter Ambassadeur du Grand-Duché de Luxembourg auprès le Royaume d´Espagne

[TEXT IN SPANISH – TEXTE EN ESPAGNOL]

CONVENIO DE SEGURIDAD SOCIAL ENTRE LA REPÚBLICA ARGENTINA Y EL GRAN DUCADO DE LUXEMBURGO

La República Argentina y el Gran Ducado de Luxemburgo, en adelante denominados "las Partes contratantes",

Animados por el deseo de regular las relaciones recíprocas entre los dos Estados en el ámbito de la Seguridad Social;

Han decidido celebrar un Convenio de Seguridad Social y han acordado las siguientes disposiciones:

TÍTULO I

DISPOSICIONES GENERALES

Artículo 1
Definiciones

1. Para la aplicación del presente Convenio los términos a continuación tienen el siguiente significado:

a) "Legislación" designa al conjunto de disposiciones legislativas y reglamentarias que se refieren a las ramas de la seguridad social previstas en el artículo 2 del presente Convenio;

b) "Autoridad Competente" designa:

En lo que respecta a la República Argentina: el Ministerio de Trabajo, Empleo y Seguridad Social, o quien lo reemplace en sus competencias en el futuro;

En lo que respecta al Gran Ducado de Luxemburgo, el ministro que tenga competencias sobre seguridad social.

c) "Organismo de enlace" designa al organismo designado por la autoridad competente de cada Parte contratante con el fin de desempeñar las funciones de coordinación, información y asistencia, para la aplicación del presente Convenio, ante las instituciones de ambas Partes contratantes y de las personas comprendidas en el artículo 3 del presente Convenio;

d) "Institución Competente" designa a la institución o el organismo encargado de aplicar las legislaciones previstas en el inciso 1 del artículo 2 del presente Convenio;

e) "Prestación" designa toda pensión o prestación en dinero, incluyendo toda asignación suplementaria, mejora o actualización según la legislación aplicada por cada una de las Partes contratantes;

f) "Período de Seguro" designa a los períodos de cotización, de empleo o de actividad laboral, tal como son definidos o admitidos como períodos de seguro por la legislación respecto de la cual hubieran sido cumplidos o considerados como cumplidos, así como todos los períodos reconocidos por la legislación como equivalentes a período de seguro;

g) "Residencia" designa el lugar en el cual una persona reside habitualmente;

2. Los otros términos utilizados en el presente Convenio tienen el significado que les es atribuido por la legislación aplicable.

Artículo 2
Ámbito de aplicación material

1. El presente convenio se aplica:

A. En lo que respecta a la República Argentina a las legislaciones relativas a:

a) A las prestaciones contributivas de seguridad social, en lo que se refiere a las prestaciones derivadas de las contingencias de vejez, invalidez y sobre vivencia, administradas por organismos nacionales, provinciales de funcionarios públicos o profesionales y municipales;
b) El régimen de Asignaciones Familiares en lo concerniente a la Asignación por Maternidad como así también a las asignaciones familiares para los jubilados y pensionados;
c) y en lo que respecta al Titulo II solamente, a las legislaciones relativas:
i. A la seguridad social de los trabajadores asalariados,
ii. A la seguridad social de los trabajadores independientes.

B. En lo que respecta al Gran Ducado de Luxemburgo a las legislaciones relativas a:

a) El seguro de pensiones en caso de vejez, invalidez y sobrevivencia;
b) Las prestaciones familiares;
c) El artículo 2 del Código de la Seguridad Social para la aplicación del artículo 7 del presente Convenio;
d) El artículo 25 del Código de la Seguridad Social, para la aplicación del artículo 20 del presente Convenio

e) Y en relación al Título II solamente, el seguro de enfermedad-maternidad, el seguro de accidentes de trabajo y enfermedades profesionales y las prestaciones por desempleo.

2. Asimismo, el presente Convenio se aplicará a todos los actos legislativos o reglamentarios que modifiquen o complementen las legislaciones enumeradas en el inciso 1 del presente artículo.

3. El presente Convenio se aplicará a todos los actos legislativos o reglamentarios que extienda las legislaciones previstas en el inciso 1 del presente artículo a nuevas categorías de beneficiarios si dentro de un plazo de seis meses a partir de la publicación oficial de los mencionados actos, la Parte contratante que ha modificado su legislación no hace saber a la otra Parte contratante que el Convenio no les será aplicable.

4. El presente Convenio no es aplicable a los actos legislativos que establezcan una nueva rama de la seguridad social salvo que se celebre un acuerdo a tal efecto entre las Autoridades Competentes de las Partes contratantes.

5. El presente Convenio no es aplicable a las prestaciones de asistencia social, ni a las prestaciones a favor de las víctimas de guerra.

Artículo 3
Ámbito de aplicación personal

Las disposiciones del presente Convenio son aplicables a las personas que están o hayan estado sujetas a la legislación de alguna de las Parte contratantes, a los miembros de su familia y a sus derechohabientes.

Artículo 4
Igualdad de trato

Las personas referidas en el Artículo 3, tienen las obligaciones y le corresponden los derechos previstos en la legislación de cada Parte contratante, en las mismas condiciones que los nacionales de esa Parte.

Artículo 5
Exportación de las prestaciones

Las prestaciones de vejez, invalidez o sobrevivencia adquiridas en virtud de la legislación de una de las Partes contratantes no pueden sufrir ninguna reducción o modificación, ni suspensión o supresión por el hecho de que el beneficiario resida o se encuentre en el territorio de la otra Parte contratante.

Artículo 6
Cláusulas de reducción o de suspensión

1. Las disposiciones del presente Convenio no pueden otorgar, ni mantener el derecho, en virtud de la legislación de las dos Partes contratantes, a varias prestaciones de la misma naturaleza o a varias prestaciones que se refieran a un mismo período de seguro. Sin embargo, esta disposición no se aplica a las prestaciones de invalidez, de vejez y de sobrevivencia que son liquidadas conforme a las disposiciones del Capítulo 1 del Título III del presente Convenio.

2. Las cláusulas de reducción, suspensión o de supresión de prestaciones previstas por la legislación de una Parte contratante, en caso de acumulación de una prestación con otras prestaciones de seguridad social o con otros ingresos o por el hecho del ejercicio de una actividad laboral, son oponibles al beneficiario, incluso si se trata de prestaciones adquiridas bajo la legislación de la otra Parte o si se trata de ingresos obtenidos o de una actividad laboral ejercida en el territorio de la otra Parte contratante.

Artículo 7
Admisión para la continuación del seguro voluntario

1. Si la legislación de una Parte contratante subordina la admisión a la continuación del seguro voluntario a la residencia en el territorio de esta Parte, las personas que residen en el territorio de la otra Parte contratante son admitidos a continuar en el seguro voluntario a condición que éstas hayan estado sometidas, en cualquier momento de su carrera laboral pasada, a la legislación de la primer Parte contratante en calidad de trabajador.

2. Si la legislación de una Parte contratante subordina la admisión a la continuación del seguro voluntario al cumplimiento de períodos de seguro, los períodos de seguro cumplidos bajo la legislación de la otra Parte contratante son tomados en cuenta, en la medida necesaria, como si se tratara de períodos de seguro cumplidos bajo la legislación de la primera Parte contratante.

TÍTULO II

LEGISLACIÓN APLICABLE

Artículo 8
Regla general

La legislación aplicable se determina conforme a las siguientes disposiciones:

a) Los trabajadores asalariados ocupados en el territorio de una Parte contratante se encuentran sometidos a la legislación de esa Parte, incluso si residen en el territorio de la otra Parte contratante o si el empleador que los ocupa tiene su sede en el territorio de la otra Parte contratante;

b) Los trabajadores no asalariados que ejerzan su actividad laboral en el territorio de una Parte contratante se encuentran sometidos a la legislación de esa Parte, incluso si residen en el territorio de la otra Parte contratante;

c) Los trabajadores embarcados que ejerzan su actividad laboral a bordo de un navío con bandera de una Parte contratante se encuentran sometidos a la legislación de la Parte contratante del territorio en el cual residan;

d) Los funcionarios y las personas asimiladas se encuentran sometidos a la legislación de la Parte contratante de la cual dependa la administración que los ocupa.

Artículo 9
Reglas particulares

Los principios enunciados en el artículo 8, inciso a) y b) del presente Convenio contemplan las siguientes excepciones:

a) Los trabajadores asalariados que ejerzan una actividad en el territorio de una Parte contratante y que sean trasladados por el empleador del cual dependan habitualmente, al territorio de la otra Parte contratante para realizar allí un trabajo determinado por cuenta de su empleador, continuará sujeto a la legislación de la primera Parte, con la condición que la duración prevista de ese trabajo no exceda los doce meses y que esta persona no sea enviada para reemplazar a otra cuyo período de traslado hubiera llegado a su fin;

b) Las personas que ejerzan habitualmente una actividad no asalariada en el territorio de una de las Partes contratantes y que realicen un trabajo en el territorio de la otra Parte contratante, continuarán sometidas a la legislación de la primera Parte contratante, con la condición que la duración prevista de ese trabajo no exceda los doce meses;

c) Si la duración prevista en los incisos a) y b) se prolonga más allá de doce meses, la legislación de la primera Parte continuará siendo aplicable por un nuevo período de doce meses como máximo, con la condición que la autoridad competente de la segunda Parte o el organismo designado por esta autoridad haya prestado su conformidad antes de la finalización del primer período de doce meses;

d) Los trabajadores asalariados al servicio de una empresa de transporte aéreo que tenga su sede en el territorio de una de las Partes contratantes, y que se encuentren ocupados en calidad de personal embarcado, se encuentran sujetos a la legislación de la Parte en cuyo territorio se encuentra la sede.

Sin embargo, en el caso en que la empresa posea en el territorio de la otra Parte una sucursal o una representación permanente, los trabajadores ocupados por ésta se encontrarán sujetos a la legislación de la Parte en cuyo territorio se encuentre la sucursal o la representación permanente;

e) Los nacionales de una Parte contratante enviados por el Gobierno de esa Parte contratante al territorio de la otra Parte contratante en calidad de personal diplomático o de funcionario consular se encontrarán sometidos a la legislación de la primer Parte contratante según lo dispuesto en la Convención de Viena sobre Relaciones Diplomáticas, del 18 de abril de 1961, y la Convención de Viena sobre Relaciones Consulares, del 24 de abril de 1963;

f) Las disposiciones del inciso a) del artículo 8 son aplicables a los miembros del personal administrativo, técnico y de servicio de las misiones diplomáticas o de los puestos consulares y a los trabajadores al servicio privado de los agentes de esas misiones o puestos. Sin embargo, esos trabajadores pueden optar por la aplicación de la legislación del país que los envía siempre que sean nacionales de ese Estado. Esta opción deberá ejercerse dentro de un plazo de seis meses a partir de la entrada en vigencia del presente Convenio o, según el caso, dentro de los seis meses siguientes a la fecha de iniciación del trabajo en el territorio de la Parte contratante en la que el trabajador desarrolla su actividad.

Artículo 10
Excepciones

A pedido del trabajador o del empleador, las Autoridades Competentes de ambas Partes contratantes o los Organismos designados por ellas, podrán de común acuerdo establecer otras excepciones o modificar las previstas en el presente capítulo para algunos trabajadores o categorías de trabajadores.

TÍTULO III

DISPOSICIONES RELATIVAS A LAS PRESTACIONES

Capítulo Primero

PRESTACIONES DE VEJEZ, INVALIDEZ Y SOBREVIVENCIA

Sección 1 - Disposiciones comunes

Artículo 11
Totalización de los períodos de seguro

Si la legislación de una Parte contratante subordina la adquisición, el mantenimiento o el recupero de los derechos a las prestaciones al cumplimiento de períodos de seguro, la institución competente tendrá en cuenta, si esto fuera necesario, los períodos de seguro cumplidos según la legislación de la otra Parte contratante, siempre que estos períodos no se superpongan.

Artículo 12
Totalización de períodos de seguro cumplidos en un tercer Estado

Si una persona no tiene derecho a una prestación tomando como base los períodos de seguro cumplidos bajo la legislación de las dos Partes contratantes, totalizadas según lo previsto en el artículo 11 del presente Convenio, el derecho a la mencionada prestación se determinará totalizando esos períodos con los períodos cumplidos bajo la legislación de un tercer Estado con el cual las dos Partes contratantes tengan convenio bilateral o multilateral de seguridad social que contenga reglas de totalización de períodos de seguro.

Artículo 13
Cálculo de las prestaciones

1. Si una persona tiene derecho a una prestación en virtud de la legislación de una de las Partes contratantes sin que sea necesario recurrir a la aplicación de los artículos 11 y 12 del presente Convenio, la institución calcula, según las disposiciones de su legislación aplicable, la prestación que corresponda a la duración total de los períodos de seguro a tener en cuenta en virtud de esa legislación.

Esta institución procederá también al cálculo de la prestación que correspondería por la aplicación de las disposiciones del inciso 2 del presente artículo.

Se pagará al interesado el monto más elevado que corresponda a la prestación calculada conforme a uno u otro de estos métodos.

2. Cuando una persona obtenga el derecho a las prestaciones exclusivamente teniendo en cuenta la totalización de los períodos previstos en los artículos 11 y 12 del presente Convenio, aplicando las siguientes reglas:

a) La institución calcula el monto teórico de la prestación a la cual el solicitante podría acceder si todos los períodos de seguro cumplidos en virtud de la legislación de las dos Partes hubieran sido cumplidos exclusivamente al amparo de su propia legislación;
b) Para la determinación del monto teórico previsto en el inciso a) precedente, las bases de cálculo solo tendrá en cuenta los períodos de seguro cumplidos bajo la legislación de la institución competente que efectúa el cálculo;
c) Una vez calculado este monto teórico la institución competente establece a continuación el monto efectivo de la prestación a prorrata de la duración de los períodos de seguro cumplidos bajo la legislación que ella aplica en relación con la duración total de los períodos de seguro cumplidos bajo las legislaciones de las dos Partes contratantes. Esta duración total tendrá un límite máximo correspondiente a la duración máxima eventualmente requerida por la legislación que se aplique para obtener el beneficio de una prestación completa.

3. Si una persona no puede acceder a la prestación más que teniendo en cuenta las disposiciones del artículo 12 del presente Convenio, los períodos de seguro cumplidos bajo la legislación de un tercer Estado, serán tenidos en cuenta para la aplicación del párrafo precedente.

Artículo 14
Período de seguros inferior a un año

Si el conjunto de períodos de seguro cumplidos bajo la legislación de una de las Partes contratantes no alcanzan a completar un año, ninguna prestación será acordada en virtud de la mencionada legislación, a menos que ella de derecho por si misma a una prestación a titulo de esa legislación. Sin embargo, estos períodos son tomados en cuenta por la otra Parte contratante para la aplicación del artículo 11, así como para la aplicación de las disposiciones del inciso 2, excepto el inciso c), del artículo 13 del presente Convenio.

Artículo 15
Efectos de la presentación de una solicitud de prestación

En cuanto sea efectuada la solicitud de prestación y se reconozca el derecho a las prestaciones respecto de la legislación de ambas Partes, se procederá a su liquidación con relación a estas dos legislaciones, a menos que el interesado solicite expresamente aplazar la liquidación de la prestación con relación a una u otra de las legislaciones aplicables.

Artículo 16
Determinación de la invalidez

Para la determinación de la reducción del porcentaje de la capacidad laborativa a los fines del otorgamiento de las prestaciones por invalidez, la institución competente de cada una de las Partes contratantes efectuará su evaluación conforme a su legislación.

Sección 2 – Disposiciones particulares relativas a las prestaciones luxemburguesas

Artículo 17
Período de seguro siguiente al nacimiento de un niño

Si la condición de duración del seguro previo a la cual se encuentra sujeta la calificación del período de seguro siguiente al nacimiento de un niño (años de bebe) no se cumplen exclusivamente según la legislación luxemburguesa, se tendrán en cuenta los períodos de seguro cumplidos por el interesado en virtud de la legislación argentina. La aplicación de la disposición precedente estará subordinada a la condición que el interesado haya cumplido en último lugar períodos de seguro según la legislación luxemburguesa.

Artículo 18
Prolongación del período de referencia

Los hechos y circunstancias, que en virtud de la legislación luxemburguesa prolonguen el período de referencia en el curso del cual el período requerido para la obtención del derecho a las prestaciones de invalidez o de sobrevivencia debe haber sido cumplido, producirán los mismos efectos cuando estos hubieran ocurrido en la República Argentina.

Sección 3 – Disposiciones particulares relativas a las prestaciones argentinas

Artículo 19
Condiciones de apreciación del derecho a las prestaciones

1. Si la legislación argentina subordina el otorgamiento de las prestaciones a la condición de que el trabajador se encuentre sujeto a dicha legislación al momento de producirse la contingencia, esta condición se considerará cumplida si en dicho momento el trabajador cotiza o se encuentra asegurado en el Gran Ducado de Luxemburgo, o recibe una prestación de éste último de la misma naturaleza.

2. Si para el reconocimiento del derecho a la prestación, la legislación argentina exige que se hayan cumplido períodos de seguro en un tiempo determinado inmediatamente anterior al hecho que da origen a la prestación, esta condición se considerará cumplida si el interesado acredita dichos períodos en virtud de la legislación del Gran Ducado de Luxemburgo en el período inmediatamente anterior al hecho considerado.

3. Si la legislación argentina subordina el otorgamiento de ciertas prestaciones a la condición que los períodos de seguro se hayan cumplido en una profesión o una actividad determinada, o en un régimen especial o diferencial, para tener derecho a estas prestaciones, solo se sumarán los períodos de seguro cumplidos en el Gran Ducado de Luxemburgo en una profesión, actividad o régimen de la misma naturaleza.

Capítulo Dos
PRESTACIONES FAMILIARES

Artículo 20
Totalización de los períodos de seguro o de residencia

1. Si la legislación de una Parte contratante subordina la adquisición, el mantenimiento o el recupero del derecho a las prestaciones al cumplimiento de períodos de seguro o de residencia, la institución competente tendrá en cuenta, si fuera necesario, los períodos de seguro o de residencia cumplidos bajo la legislación de la otra Parte contratante, siempre que estos no se superpongan.

2. Para la aplicación del inciso 1 del presente artículo, la indemnización monetaria por maternidad prevista en el artículo 25 del Código de la Seguridad Social luxemburguesa se asimila a una prestación familiar en el sentido del presente capítulo.

Artículo 21
Derecho a las prestaciones

Las prestaciones familiares previstas por la legislación de una de las Partes contratantes son otorgadas por la Institución del lugar de residencia del niño, según las disposiciones de la legislación que esta institución aplica y a su exclusivo cargo.

TÍTULO IV

DISPOSICIONES DIVERSAS

Artículo 22
Medidas de aplicación del Convenio

1. Las autoridades competentes se comunicarán entre ellas cualquier información relativa a las medidas tomadas para la aplicación del presente Convenio y todas aquellas relativas a las modificaciones de su legislación susceptible de afectar la aplicación del presente Convenio.

2. Las autoridades competentes establecerán las modalidades de aplicación del presente Convenio en un Acuerdo Administrativo.

3. Las autoridades competentes designarán los organismos de enlace para facilitar la aplicación del presente Convenio.

Artículo 23
Ayuda administrativa

1. Para la aplicación del presente Convenio las autoridades y las instituciones competentes prestarán sus buenos oficios como si se tratara de la aplicación de su propia legislación. La ayuda administrativa por parte de las autoridades e instituciones competentes se hará a título gratuito.

2. Para la aplicación del presente Convenio las autoridades e instituciones competentes de las Partes contratantes podrán comunicarse directamente entre si, así como con toda persona interesada, cualquiera sea su residencia.

3. Los exámenes médicos de las personas que tengan su lugar de residencia en el territorio de la otra Parte contratante, serán practicados por la institución del lugar de residencia al momento de efectuar la solicitud y a cargo de la institución competente. Los costos de los exámenes médicos no son reembolsables si se efectúan en interés de las instituciones de las dos Partes contratantes.

4. Las modalidades de controles médicos de los beneficiarios del presente Convenio serán establecidas en el acuerdo administrativo previsto en el inciso 2 del artículo 22 del presente Convenio.

Artículo 24
Idiomas

1. Las comunicaciones derivadas de la aplicación del presente Convenio, dirigidas a las autoridades o instituciones competentes de las Partes contratantes, serán redactadas en francés o español.

2. Una solicitud o un documento no podrá ser rechazado porque se encuentre redactado en la lengua oficial de la otra Parte contratante.

Artículo 25
Exención de tasas y de la obligación de legalización

1. El beneficio de las exenciones o reducciones de tasas, timbres o derechos de escrituras o de registro, previstos por la legislación de una de las Partes contratantes para los comprobantes o documentos que se expidan por aplicación de la legislación de esta Parte se hará extensivo a los comprobantes o documentos análogos que se expidan por aplicación de la legislación de la otra Parte o del presente Convenio.

2. Cualquier acto, documento o comprobante que se expida por aplicación del presente Convenio será exonerado de las obligaciones de legalización requeridas por las autoridades diplomáticas o consulares.

Artículo 26
Plazos

Las solicitudes, declaraciones o recursos que deberian haber sido presentados, a los fines de la aplicación de la legislación de una de las Partes contratantes, dentro de un plazo determinado ante una autoridad, una institución o una jurisdicción competente de esta Parte, serán reconocidos si fueran presentados dentro del mismo plazo ante una autoridad, una institución o una jurisdicción competente correspondiente de la otra Parte. En este caso, la autoridad, institución o jurisdicción competente de esta Parte, transmitirá sin demora estas demandas, declaraciones o recursos a la autoridad, institución, o jurisdicción competente de la primera Parte, sea directamente, o por intermedio de las autoridades competentes de las Partes. La fecha en la cual esas solicitudes, declaraciones o recursos hayan sido introducidos ante una instancia de la otra Parte contratante, será considerada como la fecha de introducción ante la instancia competente para conocer.

Artículo 27
Pago de las prestaciones

1. Las instituciones de una Parte contratante que en virtud del presente Convenio sean deudoras de prestaciones en dinero a los beneficiarios que se encuentren en el territorio de la otra Parte contratante se liberarán de ellos válidamente si el pago de estas prestaciones se realiza en la moneda de la primera Parte contratante.

2. Ante la solicitud de un beneficiario, la institución competente que deba pagar prestaciones en dinero se asegurará que estas prestaciones sean depositadas en una cuenta bancaria abierta por el beneficiario en el territorio de la Parte contratante donde esta institución tenga su sede.

Artículo 28
Resolución de controversias

Toda controversia que surga entre las instituciones de las Partes contratantes en relación con la interpretación o la aplicación del presente Convenio será objeto de negociaciones directas entre las autoridades competentes.

TÍTULO V

DISPOSICIONES TRANSITORIAS Y FINALES

Artículo 29
Eventos anteriores a la entrada en vigor del Convenio

1. El presente Convenio se aplica igualmente a los eventos ocurridos con anterioridad a su entrada en vigor.

2. Todo período de seguro cumplido bajo la legislación de una Parte contratante antes de la fecha de entrada en vigor del presente Convenio será tomado en consideración para la determinación del derecho a las prestaciones según las disposiciones del presente Convenio.

3. El presente Convenio no otorga ningún derecho a pago de prestaciones por períodos anteriores a la fecha de su entrada en vigor.

Artículo 30
Revisión de prestaciones

1. Toda prestación que no hubiese sido otorgada, o que haya sido suspendida a causa de la nacionalidad del interesado o en razón de su residencia en el territorio de la Parte contratante distinta de donde se encuentre la institución deudora o por cualquier otro obstáculo que haya sido resuelto por el presente Convenio, será, previa solicitud del interesado, liquidado o restablecido a partir de la entrada en vigor del presente Convenio, salvo que los derechos anteriormente liquidados hayan dado lugar a una suma única, o si un reembolso de cotizaciones hubiese hecho perder todo derecho a estas prestaciones.

2. Los derechos de los interesados que hayan obtenido, anteriormente a la entrada en vigor del presente Convenio, la liquidación de una prestación, serán revisados previa demanda del interesado, teniendo en cuenta las disposiciones de este Convenio. Esos derechos podrán igualmente ser revisados de oficio. En ningún caso, tal revisión podrá reducir los derechos anteriores de los interesados.

Artículo 31
Plazo de prescripción

1. Si la solicitud prevista en el artículo 30 del presente Convenio es presentada dentro de un plazo de dos años a partir de la fecha de entrada en vigor del presente Convenio, los derechos derivados de las disposiciones de este Convenio son adquiridos a partir de esta fecha sin que las disposiciones previstas por las legislaciones de las Partes contratantes relativas a la caducidad o prescripción de los derechos sean oponibles a los interesados.

2. Si la solicitud prevista en el artículo 30 del presente Convenio es presentada luego de la expiración del plazo de dos años siguientes a la entrada en vigor del presente Convenio, los derechos que no sean alcanzados por la caducidad, o que no hubieran prescripto, serán adquiridos a partir de la fecha de la solicitud, sin perjuicio de las disposiciones mas favorables de la legislación de una Parte contratante.

Artículo 32
Duración

El presente convenio es celebrado por un plazo indeterminado. Este puede ser denunciado por cada una de las Partes contratantes por vía diplomática a más tardar seis meses antes de la finalización del año calendario en curso; en ese caso el Convenio cesará su vigencia al finalizar ese año.

Artículo 33
Garantía de derechos adquiridos o en curso de adquisición

1. En caso de denuncia del presente Convenio todo derecho adquirido en aplicación de sus disposiciones será mantenido.

2. Los derechos en curso de adquisición relativos a los períodos de seguros cumplidos anteriormente a la fecha en la cual la denuncia resulta efectiva, no se extinguen por el hecho de la denuncia; su mantenimiento será determinado de común acuerdo por los períodos posteriores o, en ausencia de acuerdo, por la legislación que aplica la institución competente.

Artículo 34
Entrada en vigor

Las dos Partes contratantes se notificarán el cumplimiento de sus procedimientos constitucionales y legales respectivos requeridos para la entrada en vigor del presente Convenio. El Convenio entra en vigor el primer día del tercer mes siguiente a la fecha de la última notificación.

EN FE DE LO CUAL, los abajo firmantes, debidamente autorizados por sus Gobiernos respectivos, suscriben el presente Convenio.

HECHO en Alcalá de Henares, el 13 de mayo de 2010, en dos ejemplares originales en los idiomas español y francés, los dos textos siendo igualmente auténticos.

Por el Gobierno de la República Argentina	Por el Gobierno del Gran Ducado de Luxemburgo
Walter Arrighi Secretario de Seguridad Social	Jean Welter Embajador del Gran Ducado de Luxemburgo ante el Reino de España

[TRANSLATION IN ENGLISH – TRADUCTION EN ANGLAIS]

AGREEMENT ON SOCIAL SECURITY BETWEEN THE ARGENTINE REPUBLIC AND THE GRAND DUCHY OF LUXEMBOURG

The Argentine Republic and the Grand Duchy of Luxembourg, hereinafter referred to as "the Contracting Parties",

Desiring to regulate relations between the two States in the field of social security,

Have decided to conclude an agreement on social security and have agreed as follows:

TITLE I. GENERAL PROVISIONS

Article 1. Definitions

1. For the application of this Agreement:

(a) "Laws" means all legislative and regulatory provisions relating to the social security branches referred to in article 2 of this Agreement;

(b) "Competent authority" means:

In relation to the Argentine Republic, the Ministry of Labour, Employment and Social Security or the ministry that will hold such responsibility in the future;

In relation to the Grand Duchy of Luxembourg, the Minister responsible for social security;

(c) "Liaison agency" means the agency designated by the competent authority of each Contracting Party to be responsible for coordination and the provision of information and assistance, for the application of this Agreement, to the institutions of the two Contracting Parties and the persons covered by article 3 of this Agreement;

(d) "Competent institution" means the institution or body responsible for implementing the laws referred to in article 2.1 of this Agreement;

(e) "Benefit" means any pension or other benefit in cash, including any supplements or increases awarded after a re-evaluation in accordance with the laws of each Contracting Party;

(f) "Periods of coverage" means periods of contributions or periods of employment or occupational activity which are defined or recognized as periods of coverage by the laws under which they were completed or deemed to have been completed, as well as all periods recognized by those laws as equivalent to periods of coverage;

(g) "Residence" means the place where a person habitually resides.

2. The other terms used in this Agreement have the meanings given to them under the applicable laws.

Article 2. Material scope

1. This Agreement shall apply:
   A. For the Argentine Republic, to the laws concerning:
      (a) Contributory social security benefits concerning old-age, disability and survivors' benefits administered by municipal, provincial and national bodies of public officials or professionals;
      (b) The family allowances scheme (maternity insurance and family allowances for retirees and pensioners);
      (c) With respect to Title II only, the relevant laws regarding:
         (i) Social security for employed persons;
         (ii) Social security for self-employed persons;
   B. For the Grand Duchy of Luxembourg, to the laws concerning:
      (a) Old-age, disability and survivors' pension insurance;
      (b) Family benefits;
      (c) Article 2 of the Social Security Code for the application of article 7;
      (d) Article 25 of the Social Security Code for the application of article 20;
      (e) With respect to Title II only, sickness and maternity insurance, industrial accident and occupational disease insurance and unemployment benefits.

2. This Agreement shall also apply to any laws or regulations amending or supplementing the laws set out in paragraph 1 of this article.

3. This Agreement shall apply to any law or regulation extending the laws referred to in paragraph 1 of this article to new categories of beneficiaries if, within six months of the official publication of such laws and regulations, the Contracting Party that has amended its laws does not inform the other Contracting Party that the Agreement does not apply to said new categories.

4. This Agreement shall not apply to legislative instruments covering a new branch of social security, unless an agreement to that effect is reached between the competent authorities of the Contracting Parties.

5. This Agreement shall not apply to social assistance benefits or benefits for victims of war.

Article 3. Personal scope

This provisions of this Agreement shall apply to persons who are or have been subject to the laws of one of the Contracting Parties, and to their family members and survivors.

Article 4. Equal treatment

The persons referred to in article 3 shall be subject to the obligations and entitled to the benefits of the laws of each of the Contracting Parties under the same conditions as nationals of that Party.

Article 5. Export of benefits

Old-age, disability or survivors' pensions payable under the laws of one Contracting Party may not be reduced, modified, suspended or terminated on the grounds that the beneficiary is residing or staying in the territory of the other Contracting Party.

Article 6. Reduction or suspension clauses

1. The provisions of this Agreement shall not confer or preserve the right to receive, under the laws of the two Contracting Parties, two or more benefits of the same kind or two or more benefits relating to the same period of coverage. However, this provision shall not apply to disability, old-age and survivors' benefits that are awarded in accordance with the provisions of Chapter I of Title III.

2. If a benefit overlaps with other social security benefits or with other income or with the pursuit of an occupation, the reduction, suspension or termination of benefits clauses contained in the laws of one Contracting Party shall be invoked against the beneficiary, even for benefits payable under the laws of the other Contracting Party or of income obtained or the pursuit of an occupation in the territory of the other Contracting Party.

Article 7. Eligibility for voluntary continued insurance

1. If the laws of one Contracting Party make eligibility for voluntary continued insurance conditional on residence in the territory of that Party, persons residing in the territory of the other Contracting Party shall be eligible for voluntary continued insurance provided that they have been subject, at some point in their careers, to the laws of the first Contracting Party as workers.

2. If the laws of one Contracting Party make eligibility for voluntary continued insurance conditional on the completion of periods of coverage, periods of coverage completed under the laws of the other Contracting Party shall be taken into account, to the extent necessary, as though they were periods of coverage completed under the laws of the first Contracting Party.

TITLE II. PROVISIONS DETERMINING THE APPLICABLE LAWS

Article 8. General rule

The applicable laws shall be determined in accordance with the following provisions:

(a) Persons who are employed in the territory of one Contracting Party shall be subject to the laws of that Party, even if they reside in the territory of the other Contracting Party or if their employer has its registered office in the territory of the other Contracting Party;

(b) Self-employed persons working in the territory of one Contracting Party shall be subject to the laws of that Party, even if they reside in the territory of the other Contracting Party;

(c) Seafarers working on board a vessel flying the flag of one Contracting Party shall be subject to the laws of the Contracting Party in whose territory they reside;

(d) Civil servants and similar personnel shall be subject to the laws of the Contracting Party whose administration employs them.

Article 9. Special rules

The principle established in article 8 (a) and (b), shall be subject to the following exceptions:

(a) Persons who are employed in the territory of one Contracting Party and who are seconded by their normal employer to the territory of the other Contracting Party in order to perform work there on behalf of that employer shall continue to be subject to the laws of the first Party, provided that the expected duration of the work does not exceed 12 months, and that the person has not been sent to replace another employee who has completed the period of his or her posting;

(b) Persons who are normally self-employed in the territory of one Contracting Party and who perform work in the territory of the other Contracting Party shall continue to be subject to the laws of the first Contracting Party, provided that the expected duration of the work does not exceed 12 months;

(c) If the period referred to in points (a) and (b) exceeds 12 months, the laws of the first Party shall continue to be applicable for a further period not exceeding 12 months, provided that the competent authority of the second Party or the agency designated by that authority has agreed thereto before the end of the first 12-month period;

(d) Salaried workers employed by an air transport enterprise with its registered office in the territory of one of the Contracting Parties and who are members of a flight crew shall be subject to the laws of the Party in whose territory the enterprise has its registered office.

However, if the enterprise has a branch or permanent office in the territory of the other Contracting Party, the workers employed by such branch or office shall be subject to the laws of the Party in whose territory said branch or office is located;

(e) Nationals of one Contracting Party who are posted by the Government of that Contracting Party to the territory of the other Contracting Party as diplomatic personnel or consular officers shall be subject to the laws of the first Contracting Party in accordance with the Vienna Convention on Diplomatic Relations of 18 April 1961 and the Vienna Convention on Consular Relations of 24 April 1963;

(f) The provisions of article 8 (a), shall apply to members of the administrative, technical and service personnel of diplomatic missions or consular posts and to persons employed in the private service of officials of such missions or posts. However, such employees may opt for the application of the laws of the Sending Country if they are nationals of that country. This option shall be exercised within six months from the date of entry into force of this Agreement or, as the case may be, within six months from the date of entry on duty of the employee in the territory of the Contracting Party where she said employee works.

Article 10. Exceptions

At the request of the worker or the employer, the competent authorities of the Contracting Parties or the bodies designated by them may, by mutual agreement, establish other exceptions or amend those provided for in this part for certain workers or groups of workers.

TITLE III. PROVISIONS CONCERNING BENEFITS

CHAPTER I. OLD-AGE, DISABILITY AND SURVIVORS' BENEFITS

SECTION 1. SHARED PROVISIONS

Article 11. Aggregation of periods of coverage

Where the laws of one Contracting Party make the acquisition, retention or recovery of entitlement to benefits conditional on the completion of periods of coverage, the competent institution shall take into account, where necessary, periods of coverage completed under the laws of the other Contracting Party, provided that such periods do not overlap.

Article 12. Aggregation of periods of coverage completed in a third State

Where a person is not entitled to a benefit based on periods of coverage completed under the laws of the two Contracting Parties aggregated as provided for in article 11, entitlement to such benefit shall be determined by aggregating those periods with periods completed under the laws of a third State with which the two Contracting Parties are bound by a bilateral or multilateral social security agreement that sets out rules on the aggregation of insurance periods.

Article 13. Calculation of pensions

1. Where a person may claim a pension under the laws of one of the Contracting Parties without the need to apply articles 11 and 12, the institution shall calculate, in accordance with the laws it applies, the pension corresponding to the total duration of periods of coverage to be taken into account under those laws.

That institution shall also calculate the pension that would be payable if the provisions of paragraph 2 of this article were applied.

It shall pay the person concerned the highest amount of benefits calculated in accordance with either of these two methods.

2. Where a person may claim a pension, entitlement to which is acquired only by aggregating those periods provided for in articles 11 and 12, the following rules shall apply:

(a) The institution shall calculate the theoretical amount of the pension which the applicant could claim if all of the periods of coverage completed under the laws of both Parties had been completed exclusively under its own laws;

(b) To determine the theoretical amount referred to in subparagraph (a) above, the basis for calculation shall be established taking into account only the periods of coverage completed under the laws applied by the competent institution;

(c) On the basis of this theoretical amount, the institution shall then establish the actual amount of the pension, prorated according to the ratio of the duration of the periods of coverage completed under the laws it applies to the total duration of the periods of coverage completed under the laws of the two Contracting Parties. That total duration shall not exceed the maximum duration that may be required by the laws it applies for the receipt of a full benefit.

3. Where a person could claim entitlement to a pension only by applying the provisions of article 12, periods of coverage completed under the laws of a third State shall be taken into account in applying the preceding paragraph.

Article 14. Periods of coverage of less than one year

If the periods of coverage completed under the laws of one of the Contracting Parties amount to less than one year, no benefit shall be granted under those laws, unless those periods alone establish an entitlement to a benefit under those laws. However, those periods shall be taken into account by the other Contracting Party for the application of article 11, as well as for the application of the provisions of article 13. 2, with the exception of subparagraph (c).

Article 15. Effects of submitting a claim for benefits

Once entitlement to a benefit has been acquired under the laws of the two Parties and a pension claim has been submitted, the claim shall be settled under those two sets of laws, unless the person concerned expressly requests that the settlement of the benefit be suspended under either of the laws in question.

Article 16. Determination of disability

In determining a reduction in the ability to work with a view to granting disability pensions, the competent institution of each Contracting Party shall carry out its evaluation in accordance with the laws it applies.

SECTION 2. SPECIAL PROVISIONS RELATING TO LUXEMBOURG BENEFITS

Article 17. Period of coverage following the birth of a child

Where, solely under the laws of Luxembourg, a person does not meet the requirement regarding the duration of prior coverage on which acceptance of the period of coverage following the birth of a child (baby years) is conditional, periods of coverage completed by the person concerned under the laws of Argentina shall be taken into account. The application of this provision shall be conditional on the person concerned having last completed periods of coverage under the laws of Luxembourg.

Article 18. Extension of the reference period

The facts and circumstances which, under the laws of Luxembourg, extend the reference period during which the qualifying period for disability or survivors' pensions must have been completed, shall produce the same effect when they occur in Argentina.

SECTION 3. SPECIAL PROVISIONS RELATING TO ARGENTINE BENEFITS

Article 19. Conditions for assessing entitlement to benefits

1. If the laws of Argentina make the granting of benefits conditional on the worker being subject to those laws at the time the incident giving rise to the benefit occurred, that condition shall be deemed to have been fulfilled if, when the incident occurred, the worker was making contributions or was insured in the Grand Duchy of Luxembourg, or was receiving a similar benefit from Luxembourg.

2. If, in order for entitlement to a benefit to be recognized, the laws of Argentina require periods of coverage to have been completed within a specified period of time immediately preceding the event giving rise to the benefit, that condition shall be deemed to have been fulfilled if said person can be proven to have completed those periods of coverage under the laws of Luxembourg in the period immediately preceding the event in question.

3. If the laws of Argentina make the granting of certain benefits conditional on the completion of periods of coverage in a specific profession or occupation or under a special or differential scheme, only periods of coverage completed in the Grand Duchy of Luxembourg in the same profession or occupation or under the same scheme shall be aggregated in establishing entitlement to such benefits.

CHAPTER II. FAMILY BENEFITS

Article 20. Aggregation of periods of coverage or residence

1. If the laws of one Contracting Party make the acquisition, retention or recovery of entitlement to benefits conditional on the completion of periods of coverage or residence, the competent institution shall take into account, where necessary, periods of coverage or residence completed under the laws of the other Contracting Party, provided that such periods do not overlap.

2. For the application of paragraph 1 of this article, the cash maternity allowance set out in article 25 of the Luxembourg Social Security Code shall be treated as equivalent to a family benefit within the meaning of this chapter.

Article 21. Entitlement to benefits

The family benefits provided for in the laws of one Contracting Party shall be granted by the institution of the child's place of residence, in accordance with the laws applied by that institution and at its expense.

TITLE IV. MISCELLANEOUS PROVISIONS

Article 22. Measures for the implementation of the Agreement

1. The competent authorities shall communicate to each other all information about the measures taken for the implementation of this Agreement or about changes in their laws that may affect its implementation.

2. The competent authorities shall establish the terms and conditions for the implementation of this Agreement in an administrative arrangement.

3. The competent authorities shall designate liaison agencies to support the implementation of this Agreement.

Article 23. Mutual administrative assistance

1. For the implementation of this Agreement, the competent authorities and institutions shall assist each other as they would for the purposes of applying their laws. The administrative assistance provided by those authorities and institutions to one another shall be free of charge.

2. For the implementation of this Agreement, the competent authorities and institutions of the Contracting Parties may communicate directly with each other, as well as with any person concerned, regardless of the place of residence of such person.

3. Medical examinations of persons who reside in the territory of the other Contracting Party shall be carried out by the institution of the place of residence at the request of the competent institution, which shall bear the costs thereof. The cost of medical examinations shall not be reimbursed if the examinations are conducted in the interest of the institutions of the two Contracting Parties.

4. The terms and conditions for medical examinations in respect of beneficiaries of this Agreement shall be established in the administrative arrangement provided for in article 22.2.

Article 24. Languages

1. For the application of this Agreement, communications addressed to the competent authorities or institutions of the Contracting Parties shall be written in French or Spanish.

2. No claim or document may be rejected on the grounds that it is written in the official language of the other Contracting Party.

Article 25. Exemption from taxes and requirements for authentication

1. Any exemption from or reduction in taxes, stamp duties, court fees or registration fees provided for in the laws of one of the Contracting Parties in respect of papers or documents to be presented pursuant to the laws of that Party shall be extended to similar papers and documents to be presented pursuant to the laws of the other Party or this Agreement.

2. All instruments, documents and papers to be presented in the application of this Agreement shall be exempt from requirements for authentication by diplomatic or consular authorities.

Article 26. Prescribed periods

Claim, notices or appeals which, pursuant to the laws of one of the Contracting Parties, are to be submitted within a specified period to a competent authority, institution or court of that Party shall be deemed to have been submitted if they are submitted within the same period to a competent authority, institution or court of the other Party. In such case, the competent authority, institution or court to which the claim, notice or appeal has been submitted shall transmit it without delay to the competent authority, institution or court of the first Party, either directly or through the competent authorities of the two Parties. The date on which such claims, notices or appeals are submitted to an entity of the other Contracting Party shall be deemed to be the date of submission to the entity authorized to accept such claims, notices or appeals.

Article 27. Payment of benefits

1. The institutions of one Contracting Party which, under this Agreement, are to pay benefits in cash to beneficiaries located in the territory of the other Contracting Party shall do so in the currency of the first Contracting Party.

2. At the request of the beneficiary, the competent institution for the payment of benefits in cash shall ensure that such benefits are deposited into a bank account opened by the beneficiary in the territory of the Contracting Party where that institution has its main office.

Article 28. Settlement of disputes

Any dispute that may arise between the institutions of the Contracting Parties concerning the interpretation or implementation of this Agreement shall be settled through direct negotiations between the competent authorities.

TITLE V. TRANSITIONAL AND FINAL PROVISIONS

Article 29. Events prior to the entry into force of the Agreement

1. This Agreement shall also apply to events that occurred prior to its entry into force.

2. Any period of coverage completed under the laws of one Contracting Party prior to the date of the entry into force of this Agreement shall be taken into account in determining a benefit entitlement arising from the provisions of this Agreement.

3. This Agreement shall not establish entitlement to the payment of benefits for a period prior to the date of its entry into force.

Article 30. Review of benefits

1. Any benefit that has not been paid or that has been suspended by reason of the nationality of the person concerned or because the person resides in the territory of the Contracting Party other than the one where the institution paying the benefit is located, or on account of any other obstacle that has been removed by this Agreement, shall be paid or reinstated at the request of the person concerned as from the entry into force of this Agreement, except where the claims had already been settled through a lump sum payment or where a reimbursement of contributions has resulted in the loss of any entitlement to benefits.

2. The entitlements of persons who, prior to the entry into force of this Agreement, obtained the payment of a pension shall be reviewed at the request of those persons, in accordance with the provisions of this Agreement. Those entitlements may also be reviewed without such request. In no case shall such a review have the effect of reducing the previous entitlements of such persons.

Article 31. Time limits

1. If a claim referred to in article 30 is submitted within two years from the date of the entry into force of this Agreement, entitlements arising from the provisions of this Agreement shall be payable from that date, and the laws of the Contracting Parties concerning the forfeiture or prescription of entitlements shall not be applicable to the persons concerned.

2. If a claim referred to in article 30 is submitted more than two years following the entry into force of this Agreement, entitlements that are not subject to forfeiture or prescription shall be payable from the date of the request, unless the laws of one Contracting Party provide for more favourable treatment.

Article 32. Duration of the Agreement

This Agreement is concluded for an unspecified duration. Either Contracting Party may terminate it through the diplomatic channel no later than six months before the end of a given calendar year; in such case, it will cease to be in force at the end of that year.

Article 33. Protection of entitlements that have been acquired or are in the process of being acquired

1. In the event of termination of this Agreement, any entitlement acquired pursuant to its provisions shall be retained.

2. Entitlements that are in the process of being acquired relating to periods of coverage completed before the date on which the termination takes effect shall not be extinguished on account of the termination; their retention during the subsequent period shall be determined by mutual agreement or, in the absence of such agreement, by the laws applied by the institution concerned.

Article 34. Entry into force

The two Contracting Parties shall notify each other of the completion of their respective constitutional and legal procedures required for the entry into force of this Agreement. The Agreement shall enter into force on the first day of the third month following the date of receipt of the last notification.

IN WITNESS WHEREOF, the undersigned, being duly authorized by their respective Governments, have signed this Agreement.

DONE at Alcalá de Henares on 13 May 2010, in duplicate, in the Spanish and French languages, both texts being equally authentic.

For the Government of the Argentine Republic:

WALTER ARRIGHI
Secretary of Social Security

For the Government of the Grand Duchy of Luxembourg:

JEAN WELTER
Ambassador of the Grand Duchy of Luxembourg to the Kingdom of Spain

No. 54209

Latvia
and
Russian Federation

Agreement between the Government of the Republic of Latvia and the Government of the Russian Federation on cooperation in the search and rescue of civil aircraft. Moscow, 21 November 2013

Entry into force: *31 January 2014 by notification, in accordance with article 13*

Authentic texts: *Latvian and Russian*

Registration with the Secretariat of the United Nations: *Latvia, 1 January 2017*

Lettonie
et
Fédération de Russie

Accord entre le Gouvernement de la République de Lettonie et le Gouvernement de la Fédération de Russie relatif à la coopération en matière de recherche et de sauvetage d'aéronefs civils. Moscou, 21 novembre 2013

Entrée en vigueur : *31 janvier 2014 par notification, conformément à l'article 13*

Textes authentiques : *letton et russe*

Enregistrement au Secrétariat de l'Organisation des Nations Unies : *Lettonie, 1er janvier 2017*

[TEXT IN LATVIAN – TEXTE EN LETTON]

Latvijas Republikas valdības
un
Krievijas Federācijas valdības
līgums
par sadarbību civilās aviācijas gaisa kuģu meklēšanas un glābšanas jomā

Latvijas Republikas valdība un Krievijas Federācijas valdība, turpmāk dēvētas par Pusēm,

ņemot vērā, ka Latvijas Republika un Krievijas Federācija ir Konvencijas par starptautisko civilo aviāciju, kas atklāta parakstīšanai Čikāgā 1944.gada 7.decembrī, turpmāk dēvētas par Konvenciju, dalībvalstis,

ņemot vērā Starptautiskās civilās aviācijas organizācijas (ICAO) standartus un ieteikto praksi, kas attiecas uz valstu, kurām ir kopēja robeža, meklēšanas un glābšanas dienestu sadarbību,

apzinoties vitāli svarīgo nozīmi, kāda var būt palīdzībai, kas ātri tiek sniegta nelaimē cietušiem cilvēkiem,

ir vienojušās par sekojošo:

1. pants

Šā Līguma nolūkiem tiek izmantoti termini un jēdzieni, kas iekļauti Konvencijas 12.pielikuma 1.nodaļā.

2. pants

1. Meklēšanas un glābšanas pasākumu organizēšanu un veikšanu saskaņā ar šo Līgumu nodrošina Puses. Minēto pasākumu organizēšana un veikšana notiek pamatojoties uz Konvencijas 12.pielikumu un Starptautiskās jūras organizācijas un Starptautiskās civilās aviācijas organizācijas izstrādāto Starptautiskās aviācijas un jūras meklēšanas un glābšanas rokasgrāmatu.

2. Šis Līgums neregulē jūras meklēšanas un glābšanas pasākumu organizēšanas un veikšanas jautājumus.

3. pants

1. Puses uzskata robežu starp kaimiņvalstu teritorijām kā robežu starp to meklēšanas un glābšanas rajoniem. Meklēšanas un glābšanas rajonu norobežošana neattiecas uz jebkādu abu Pušu valstu robežas delimitāciju un nenodara tām kaitējumu.

2. Katra Puse nodrošina, ka tās meklēšanas un glābšanas rajonā atrodas aviācijas meklēšanas un glābšanas dienesti (turpmāk - meklēšanas un glābšanas dienesti). Šie dienesti nodrošina dežūru visu diennakti.

3. Kompetentās institūcijas, kuras ir atbildīgas par šā Līguma īstenošanu, ir:

Latvijas Republikas Pusei - Latvijas Republikas Satiksmes ministrija vai jebkura persona vai institūcija, kas ir pilnvarota veikt funkcijas, kuras pašlaik veic šī ministrija;

Krievijas Federācijas Pusei – Krievijas Federācijas Transporta ministrija vai jebkura persona vai institūcija, kas ir pilnvarota veikt funkcijas, kuras pašlaik veic šī ministrija.

4. Puses pa diplomātiskiem kanāliem paziņo viena otrai par izmaiņām, kas attiecas uz kompetentajām institūcijām, kuras ir atbildīgas par šā Līguma izpildi.

4. pants

Meklēšanas un glābšanas pasākumi Latvijas Republikas un Krievijas Federācijas teritorijā tiek veikti saskaņā ar attiecīgās Puses valsts normatīvajiem aktiem.

5. pants

1. Ja vienas Puses valsts meklēšanas un glābšanas dienests saņem paziņojumu par aviācijas negadījumu vai incidentu otras Puses valsts meklēšanas un glābšanas rajonā, šis dienests par šo aviācijas negadījumu vai incidentu nekavējoties informē otras Puses valsts meklēšanas un glābšanas dienestu.

2. Ja vienas Puses valsts meklēšanas un glābšanas dienestam radusies nepieciešamība pēc otras Puses valsts meklēšanas un glābšanas dienesta palīdzības, minētā Puse var lūgt tādu palīdzību. Šajā gadījumā palīdzību lūgusī Puse veic visus pasākumus, lai nodrošinātu pēc iespējas ātrāku šīs otras Puses meklēšanas un glābšanas spēku un līdzekļu iekļūšanu tās valsts teritorijā. Turpmākos pasākumus sadarbojoties veic abu Pušu meklēšanas un glābšanas dienesti.

3. Palīdzība jebkurai personai, kura ir briesmās, tiek sniegta neatkarīgi no šīs personas valsts piederības vai statusa, vai arī no apstākļiem, kādos šā persona tika atrasta.

4. Katra Puse apņemas informēt otru Pusi par visiem nopietnajiem incidentiem, kas tās meklēšanas un glābšanas rajonā notikuši ar šīs otras Puses valstī reģistrētajiem civilajiem gaisa kuģiem, un par veiktajiem pasākumiem.

5. Katra Puse informē otras Puses valsts diplomātisko vai konsulāro pārstāvniecību par šīs otras Puses valsts izdzīvojušo pilsoņu un/vai pastāvīgo iedzīvotāju izglābšanu vai bojā gājušo pilsoņu un/vai pastāvīgo iedzīvotāju atrašanu. Informācija tiek nodota nekavējoties, norādot (ja iespējams) uzvārdu, vārdu, dzimšanas datumu, dzīvesvietas adresi, pases numuru, kā arī ziņas par izglābto personu veselības stāvokli un atrašanās vietu vai par bojā gājušo personu mirstīgo atlieku atrašanās vietu.

6. pants

1. Puses nostiprina sadarbību starp savu valstu meklēšanas un glābšanas dienestiem. Šāda sadarbība ietver kopējas meklēšanas un glābšanas apmācības, regulāras starpvalstu sakaru kanālu pārbaudes, abpusējas meklēšanas un glābšanas ekspertu vizītes, kā arī apmaiņu ar meklēšanas un glābšanas informāciju un pieredzi.

2. Pušu valstu kompetentās institūcijas izstrādā un noslēdz darba vienošanos par sadarbību šā Līguma īstenošanai.

3. Lai izskatītu un izlemtu jautājumus par praktisko sadarbību šā Līguma ietvaros, Pušu valstu kompetentās institūcijas, kad nepieciešams (bet ne retāk kā vienu reizi gadā), rīko tikšanās pēc kārtas Latvijas Republikā un Krievijas Federācijā.

7. pants

1. Lai savlaicīgi sniegtu palīdzību gaisa kuģiem, kuri ir briesmās vai kuri ir cietuši nelaimes gadījumā, darbojas starptautiskie nelaimes, steidzamības, brīdinājuma signāli un signāli, kurus lieto meklēšanas un glābšanas pasākumos.

2. Meklēšanas un glābšanas pasākumu veikšanai paredzētajos gaisa kuģos uzstādāmo tehnisko līdzekļu sarakstu nosaka saskaņā ar katras Puses valsts normatīvajiem aktiem.

8. pants

Katra Puse patstāvīgi sedz zaudējumus, kuri rodas šā Līguma ietvaros veicot meklēšanas un glābšanas pasākumus tās meklēšanas un glābšanas rajonā.

9. pants

Šis Līgums neskar katras Puses tiesības un pienākumus, kuri izriet no citiem starptautiskiem līgumiem, kuru dalībnieces ir Latvijas Republika un Krievijas Federācija.

10. pants

Jebkuru Pušu strīdu, kas radies sakarā ar šā Līguma interpretāciju vai piemērošanu, tiešu sarunu ceļā risina Pušu valstu kompetentās institūcijas. Ja kompetentās institūcijas nevienojas, strīdu risina diplomātiskā ceļā.

11. pants

Šajā Līgumā pēc abu Pušu savstarpējas vienošanās var izdarīt grozījumus, kurus noformē kā atsevišķus protokolus.

12. pants

Šis Līgums un jebkuri tā grozījumi tiek reģistrēti Starptautiskajā civilās aviācijas organizācijā.

13. pants

Šis Līgums ir noslēgts uz nenoteiktu laiku un stājas spēkā dienā, kad pa diplomātiskajiem kanāliem saņemts pēdējais rakstiskais paziņojums par to, ka Puses ir izpildījušas valsts iekšējās procedūras, kas nepieciešamas, lai Līgums stātos spēkā.

14. pants

1. Katra Puse jebkurā laikā var paziņot otrai Pusei par savu lēmumu pārtraukt šo Līgumu.

2. Šis Līgums tiek izbeigts divpadsmit mēnešus pēc datuma, kad otra Puse saņēmusi šādu paziņojumu, ja pirms šā termiņa beigām Puses nevienojas par ko citu.

Parakstīts Maskavā 2013.gada "21." novembrī divos eksemplāros, katrs latviešu un krievu valodā, turklāt abi teksti ir vienlīdz autentiski.

Latvijas Republikas valdības vārdā	Krievijas Federācijas valdības vārdā
Edgars Rinkēvičs	

[TEXT IN RUSSIAN – TEXTE EN RUSSE]

СОГЛАШЕНИЕ МЕЖДУ ПРАВИТЕЛЬСТВОМ ЛАТВИЙСКОЙ РЕСПУБЛИКИ И ПРАВИТЕЛЬСТВОМ РОССИЙСКОЙ ФЕДЕРАЦИИ О СОТРУДНИЧЕСТВЕ В ОБЛАСТИ АВИАЦИОННОГО ПОИСКА И СПАСАНИЯ ГРАЖДАНСКИХ ВОЗДУШНЫХ СУДОВ

Правительство Латвийской Республики и Правительство Российской Федерации, именуемые в дальнейшем Сторонами,

принимая во внимание, что Латвийская Республика и Российская Федерация являются участниками Конвенции о международной гражданской авиации, открытой для подписания в г. Чикаго 7 декабря 1944 г., именуемой в дальнейшем Конвенцией,

учитывая стандарты и рекомендуемую практику Международной организации гражданской авиации (ИКАО), касающиеся сотрудничества между поисково-спасательными службами сопредельных государств,

сознавая жизненно важное значение, которое может иметь быстрая помощь для терпящих бедствие людей,

согласились о нижеследующем:

Статья 1

В настоящем Соглашении применяются термины и определения, содержащиеся в главе 1 приложения 12 к Конвенции.

Статья 2

1. Организация и выполнение поисково-спасательных операций осуществляются Сторонами в соответствии с настоящим Соглашением. В качестве основы для организации и выполнения таких операций применяются приложение 12 к Конвенции и Руководство по международному авиационному и морскому поиску и спасанию Международной морской организации и Международной организации гражданской авиации.

2. Настоящее Соглашение не регулирует вопросы организации и выполнения морских поисково-спасательных операций.

Статья 3

1. Стороны рассматривают границу между сопредельными территориями их государств как границу между их районами поиска и спасания. Разграничение поисково-спасательных районов не имеет отношения к делимитации каких-либо пространств между государствами и не наносит им ущерба.

2. Каждая Сторона обеспечивает наличие в ее районе поиска и спасания авиационных поисково-спасательных служб (далее - поисково-спасательные службы). Такие службы обеспечивают круглосуточное дежурство.

3. Компетентными органами, ответственными за реализацию настоящего Соглашения, являются:

от Латвийской Стороны - Министерство сообщения Латвийской Республики или любое лицо либо организация, уполномоченные осуществлять функции, выполняемые в настоящее время этим Министерством;

от Российской Стороны - Министерство транспорта Российской Федерации или любое лицо либо организация, уполномоченные осуществлять функции, выполняемые в настоящее время этим Министерством.

4. Стороны сообщают друг другу по дипломатическим каналам об изменениях, касающихся компетентных органов, ответственных за реализацию настоящего Соглашения.

Статья 4

Меры по поиску и спасанию на территориях Латвийской Республики и Российской Федерации осуществляются в соответствии с законодательством и правилами государства соответствующей Стороны.

Статья 5

1. Если поисково-спасательная служба государства одной Стороны получает сообщение об авиационном происшествии или инциденте в районе поиска и спасания государства другой Стороны, эта служба незамедлительно информирует о таком происшествии или инциденте поисково-спасательную службу государства другой Стороны.

2. Если у поисково-спасательной службы государства одной Стороны возникла необходимость в помощи поисково-спасательной службы государства другой Стороны, она может запросить такую помощь. В этом случае Сторона, запросившая помощь, принимает все меры по скорейшему допуску на территорию своего государства поисково-спасательных сил и средств государства этой другой Стороны. Дальнейшие меры принимаются во взаимодействии поисково-спасательных служб государств обеих Сторон.

3. Помощь любому лицу, которое находится в опасности, оказывается независимо от гражданства или статуса такого лица либо обстоятельств, при которых такое лицо было обнаружено.

4. Каждая Сторона обязуется информировать другую Сторону обо всех происшедших в ее районе поиска и спасания серьезных инцидентах с участием гражданских воздушных судов, зарегистрированных в государстве последней Стороны, и о принятых мерах.

5. Каждая Сторона информирует дипломатическое или консульское представительство государства другой Стороны о спасении оставшихся в живых или нахождении погибших лиц – граждан и/или постоянных жителей государства этой другой Стороны. Информация передается незамедлительно с указанием (по возможности) фамилии, имени, даты рождения, домашнего адреса, номера паспорта, а также сведений о состоянии здоровья и местонахождении спасенных лиц или о местонахождении тел погибших.

Статья 6

1. Стороны укрепляют сотрудничество между поисково-спасательными службами своих государств. Такое сотрудничество включает в себя, в частности, совместные учения по поиску и спасанию, регулярные проверки межгосударственных каналов связи, взаимные визиты экспертов по поиску и спасанию, а также обмен поисково-спасательной информацией и опытом.

2. Компетентные органы государств Сторон разрабатывают и заключают рабочее соглашение о сотрудничестве при реализации настоящего Соглашения.

3. Для рассмотрения и решения вопросов практического сотрудничества в рамках настоящего Соглашения компетентные органы государств Сторон по мере необходимости (но не реже одного раза в год) проводят встречи поочередно в Латвийской Республике и Российской Федерации.

Статья 7

1. Для своевременного оказания помощи воздушным судам, терпящим или потерпевшим бедствие, действуют международные сигналы бедствия, срочности, предупреждения и сигналы, применяемые при поисково-спасательных операциях.

2. Перечень технических средств, подлежащих установке на воздушных судах, предназначенных для проведения поисково-спасательных операций, определяется правилами, принимаемыми государством каждой Стороны.

Статья 8

Каждая Сторона самостоятельно несет расходы, возникающие при осуществлении поисково-спасательных операций в рамках настоящего Соглашения в ее районе поиска и спасания.

Статья 9

Настоящее Соглашение не затрагивает прав и обязательств каждой из Сторон, вытекающих из других международных договоров, участниками которых являются Латвийская Республика и Российская Федерация.

Статья 10

Любой спор между Сторонами, возникающий в связи с толкованием или применением настоящего Соглашения, разрешается путем переговоров между компетентными органами государств Сторон. Если компетентные органы не придут к соглашению, спор разрешается по дипломатическим каналам.

Статья 11

В настоящее Соглашение по взаимному согласию Сторон могут вноситься изменения, которые оформляются отдельными протоколами.

Статья 12

Настоящее Соглашение и любые поправки к нему подлежат регистрации в Международной организации гражданской авиации.

Статья 13

Настоящее Соглашение заключается на неопределенный срок и вступает в силу с даты получения по дипломатическим каналам последнего письменного уведомления о выполнении Сторонами внутригосударственных процедур, необходимых для его вступления в силу.

Статья 14

1. Каждая Сторона может в любое время уведомить другую Сторону о своем намерении прекратить действие настоящего Соглашения.

2. Настоящее Соглашение прекращает своё действие через двенадцать месяцев с даты получения такого уведомления другой Стороной, если до истечения этого срока Стороны не договорятся об ином.

Совершено в г. Москва "21" ноября 2013 г. в двух экземплярах, каждый на латышском и русском языках, причем оба текста имеют одинаковую силу.

За Правительство Латвийской Республики	За Правительство Российской Федерации
Edgars Rinkēvičs	[signature]

[Translation in English – Traduction en anglais]

AGREEMENT BETWEEN THE GOVERNMENT OF THE REPUBLIC OF LATVIA AND THE GOVERNMENT OF THE RUSSIAN FEDERATION ON COOPERATION IN THE SEARCH AND RESCUE OF CIVIL AIRCRAFT

The Government of the Republic of Latvia and the Government of the Russian Federation, hereinafter referred to as the Parties,

Bearing in mind that the Republic of Latvia and the Russian Federation are parties to the Convention on International Civil Aviation, opened for signature in Chicago on 7 December 1944, hereinafter referred to as the Convention,

Taking into account the standards and the recommended practice of the International Civil Aviation Organization (ICAO) regarding cooperation between the search and rescue services of neighbouring States,

Recognizing the vital importance that rapid assistance may have for persons in distress,

Have agreed as follows:

Article 1

For the purposes of this Agreement the terms and definitions contained in Chapter 1 of Annex 12 to the Convention shall be applicable.

Article 2

1. The organization and execution of search and rescue operations shall be carried out by the Parties in accordance with this Agreement. As the basis for the organization and execution of such operations, Annex 12 to the Convention and the International Aeronautical and Maritime Search and Rescue Manual of the International Maritime Organization and the International Civil Aviation Organization shall be applicable.

2. This Agreement shall not regulate the organization and execution of maritime search and rescue operations.

Article 3

1. The Parties shall consider the boundary between the neighbouring territories of their States as the boundary between their search and rescue regions. The delimitation of the search and rescue regions shall not have any bearing on the delimitation of any spaces between the States and shall not prejudice them.

2. Each Party shall ensure the availability within its search and rescue region of aeronautical search and rescue services (hereinafter search and rescue services). Such services shall be provided around the clock.

3. The competent authorities responsible for the implementation of this Agreement are:

For the Republic of Latvia: the Ministry of Transport of the Republic of Latvia or any person or body authorized to perform the functions currently performed by that Ministry;

For the Russian Federation: the Ministry of Transport of the Russian Federation or any person or body authorized to perform the functions currently performed by that Ministry.

4. The Parties shall inform each other through the diplomatic channel about any changes concerning the competent authorities responsible for the implementation of this Agreement.

Article 4

Measures for search and rescue in the territories of the Republic of Latvia and the Russian Federation shall be carried out in accordance with the legislation and regulations of the State of the Party concerned.

Article 5

1. If the search and rescue service of one Party receives a message about an accident or incident in the search and rescue region of the other Party, that service shall immediately inform the search and rescue service of the other Party about that accident or incident.

2. If the search and rescue service of one Party finds that it needs the assistance of the search and rescue service of the other Party, it may request such assistance. In that case, the Party requesting assistance shall take all measures needed to allow the quick entry into its territory of the search and rescue teams and equipment of the other Party. Further measures shall be taken with the search and rescue services of the two Parties working cooperatively.

3. Assistance shall be provided to any person who is in danger, regardless of the nationality or status of that person or the circumstances in which said person was found.

4. Each Party undertakes to notify the other Party of any incidents that have occurred in its search and rescue region involving civil aircraft registered in the State of the latter Party, as well as any measures taken.

5. Each Party shall inform the diplomatic or consular mission of the other Party about the rescue of survivors or the recovery of the bodies of nationals and/or permanent residents of the State of the other Party. The information shall be transmitted immediately with an indication (to the extent possible) of the surname, first name, date of birth, home address and passport number, as well as information about the health and whereabouts of the rescued persons or the whereabouts of the bodies.

Article 6

1. The Parties shall strengthen cooperation between the search and rescue services of their countries. This cooperation shall include, inter alia, joint search and rescue drills, regular checks of intergovernmental communication channels and mutual visits by search and rescue experts, as well as the exchange of search and rescue information and experience.

2. The competent authorities of the Parties shall develop and conclude a working agreement on cooperation in the implementation of this Agreement.

3. With a view to considering and addressing practical aspects of the cooperation under this Agreement, the competent authorities of the Parties shall meet whenever necessary (no less than once a year), alternately in the Republic of Latvia and the Russian Federation.

Article 7

1. In order to ensure the timely provision of assistance to aircraft that are experiencing or have experienced distress, use shall be made of the international signals for distress, emergency and warnings used in search and rescue operations.

2. The list of technical equipment that is to be installed on the aircraft used to assist in the execution of search and rescue operations shall be defined by regulations to be adopted by the State of each Party.

Article 8

Each Party shall itself bear the costs arising from the execution of search and rescue operations in its search and rescue region under this Agreement.

Article 9

This Agreement shall not affect the rights and responsibilities of each of the Parties arising from other international agreements to which the Republic of Latvia and the Russian Federation are parties.

Article 10

Any dispute between the Parties arising in connection with the interpretation of this Agreement shall be resolved through negotiations between the competent authorities of the States of the Parties. If the competent authorities are unable to reach agreement, the dispute shall be resolved through the diplomatic channel.

Article 11

Amendments may be introduced into this Agreement by mutual consent of the Parties. Amendments shall take the form of separate protocols.

Article 12

This Agreement and any amendments to it shall be registered with the International Civil Aviation Organization.

Article 13

This Agreement shall be concluded for an indefinite period of time and shall enter into force on the date on which the last written notification of the completion of the internal governmental procedures required for its entry into force has been received through the diplomatic channel.

Article 14

1. Each Party may at any time inform the other Party of its intention to terminate this Agreement.

2. Termination of this Agreement shall take effect twelve months after the date of receipt of such notification by the other Party, unless the Parties come to some other agreement before the expiry of that period.

DONE at Moscow on 21 November 2013 in duplicate, each in the Latvian and Russian languages, both texts being equally authentic.

For the Government of the Republic of Latvia:
[EDGARS RINKĒVIČS]

For the Government of the Russian Federation:
[MAKSIM SOKOLOV]

[TRANSLATION IN FRENCH – TRADUCTION EN FRANÇAIS]

ACCORD ENTRE LE GOUVERNEMENT DE LA RÉPUBLIQUE DE LETTONIE ET LE GOUVERNEMENT DE LA FÉDÉRATION DE RUSSIE RELATIF À LA COOPÉRATION EN MATIÈRE DE RECHERCHE ET DE SAUVETAGE D'AÉRONEFS CIVILS

Le Gouvernement de la République de Lettonie et le Gouvernement de la Fédération de Russie, ci-après dénommées « Parties »,

Considérant que la République de Lettonie et la Fédération de Russie sont parties à la Convention relative à l'aviation civile internationale, signée à Chicago le 7 décembre 1944, ci-après dénommée « Convention »,

Ayant à l'esprit les normes et pratiques recommandées de l'Organisation de l'aviation civile internationale (OACI) concernant la coopération entre les organismes de recherche et de sauvetage d'États voisins,

Conscients que le fait de porter rapidement secours aux personnes en détresse peut sauver des vies,

Sont convenus de ce qui suit :

Article premier

Les termes et définitions figurant au chapitre premier de l'annexe 12 à la Convention s'appliquent au présent Accord.

Article 2

1. Les Parties organisent et mènent les opérations de recherche et de sauvetage conformément au présent Accord. L'organisation et la conduite de ces opérations se fondent sur l'annexe 12 à la Convention et sur le Manuel international de recherche et de sauvetage aéronautiques et maritimes, publié conjointement par l'Organisation maritime internationale (OMI) et l'OACI.

2. L'organisation et la conduite des opérations de recherche et de sauvetage maritimes n'entrent pas dans le champ d'application du présent Accord.

Article 3

1. La région de recherche et de sauvetage de chaque Partie est délimitée par la frontière qui sépare son territoire national du territoire national de l'autre Partie. La délimitation des régions de recherche et de sauvetage est sans lien avec la délimitation des frontières entre les États et ne lui porte pas préjudice.

2. Chaque Partie garantit la prestation de services aériens de recherche et de sauvetage (ci-après dénommés « services de recherche et de sauvetage ») dans sa région de recherche et de sauvetage. Ces services sont assurés 24 heures sur 24.

3. Les autorités compétentes chargées de la mise en œuvre du présent Accord sont les suivantes :

Pour la Partie lettone, le Ministère des communications de la République de Lettonie ou toute personne ou organisme habilité à remplir les fonctions actuellement exercées par ce Ministère ;

Pour la Partie russe, le Ministère des transports de la Fédération de Russie ou toute personne ou organisme habilité à remplir les fonctions actuellement exercées par ce Ministère.

4. Chaque Partie informe l'autre Partie, par voie diplomatique, de tout changement concernant les autorités compétentes chargées de la mise en œuvre du présent Accord.

Article 4

Les opérations de recherche et de sauvetage menées sur le territoire de la République de Lettonie et de la Fédération de Russie sont conformes aux lois et règlements de l'État de la Partie concernée.

Article 5

1. Si l'organisme de recherche et de sauvetage d'une Partie est avisé qu'un accident ou un incident aérien s'est produit dans la région de recherche et de sauvetage de l'autre Partie, il en informe aussitôt l'organisme de recherche et de sauvetage de l'autre Partie.

2. L'organisme de recherche et de sauvetage d'une Partie peut, en cas de besoin, demander l'aide de l'organisme de recherche et de sauvetage de l'autre Partie. La Partie qui sollicite cette aide prend toutes les mesures nécessaires pour assurer sans délai l'accès des forces et moyens de recherche et de sauvetage de l'autre Partie à son territoire. Les organismes de recherche et de sauvetage des deux Parties prennent ensuite ensemble les mesures qui s'imposent.

3. Les Parties portent assistance à toute personne en danger, quels que soient sa nationalité, son statut ou les circonstances dans lesquelles celle-ci a été trouvée.

4. Lorsqu'une Partie lance, sur son territoire, une opération de recherche et de sauvetage pour cause d'incident grave impliquant un aéronef civil immatriculé dans l'autre Partie, elle en informe la Partie concernée et lui fait part des mesures prises.

5. Lorsqu'une Partie procède au sauvetage ou localise les corps de ressortissants ou de résidents permanents de l'autre Partie, elle en informe la représentation consulaire ou diplomatique de celle-ci. L'information est transmise immédiatement, assortie, si possible, des noms, prénoms, date de naissance, adresse et numéro de passeport des personnes concernées, ainsi que des renseignements sur leur état de santé et le lieu où elles se trouvent, ou sur l'emplacement des corps.

Article 6

1. Les Parties renforcent la coopération entre leurs organismes de recherche et de sauvetage respectifs. Cette coopération consiste notamment en des exercices conjoints de recherche et de sauvetage, le contrôle régulier des liaisons de communication interétatiques, des visites réciproques d'experts des opérations de recherche et de sauvetage, et en l'échange d'informations et de données d'expérience en matière de recherche et de sauvetage.

2. Les autorités compétentes des Parties élaborent et concluent un accord de collaboration relatif à la mise en œuvre du présent Accord.

3. Selon que de besoin et au moins une fois par an, les autorités compétentes des Parties se réunissent alternativement en République de Lettonie et en Fédération de Russie pour examiner et régler les aspects pratiques de la coopération prévue par le présent Accord.

Article 7

1. Pour qu'une assistance soit fournie en temps voulu aux aéronefs en détresse ou accidentés, il est fait usage des signaux internationaux de détresse, d'urgence ou d'alerte et des signaux servant aux opérations de recherche et de sauvetage.

2. La liste des équipements techniques qui doivent être installés dans les aéronefs et sont destinés aux opérations de recherche et de sauvetage est déterminée par les règlements appliqués par chaque Partie.

Article 8

Chaque Partie règle seule les frais engagés au titre des opérations de recherche et de sauvetage menées sur son territoire dans le cadre du présent Accord.

Article 9

Le présent Accord ne porte pas atteinte aux droits et obligations des Parties découlant d'autres traités auxquels la République de Lettonie et la Fédération de Russie sont parties.

Article 10

Tout différend entre les Parties sur l'interprétation ou l'application du présent Accord est réglé par voie de négociations entre les autorités compétentes des Parties. Si les autorités compétentes ne parviennent pas à s'entendre, le différend est réglé par la voie diplomatique.

Article 11

Les Parties peuvent convenir d'apporter des modifications au présent Accord, lesquelles font l'objet de protocoles distincts.

Article 12

Le présent Accord et toutes modifications apportées à celui-ci sont enregistrés auprès de l'OACI.

Article 13

Le présent Accord est conclu pour une durée indéterminée et entre en vigueur à la date de réception, par la voie diplomatique, de la dernière notification écrite des Parties confirmant l'accomplissement des procédures internes nécessaires à son entrée en vigueur.

Article 14

1. Chaque Partie peut à tout moment informer l'autre Partie de son intention de dénoncer le présent Accord.

2. Le présent Accord cesse de produire ses effets 12 mois après la date de réception de la notification par l'autre Partie, à moins que les Parties n'en conviennent autrement avant l'expiration de ce délai.

FAIT à Moscou, le 21 novembre 2013, en deux exemplaires en langues lettone et russe, les deux textes faisant également foi.

Pour le Gouvernement de la République de Lettonie :
[EDGARS RINKĒVIČS]

Pour le Gouvernement de la Fédération de Russie :
[MAKSIM SOKOLOV]

No. 54210

Argentina
and
Honduras

Agreement on gainful employment of dependent family members of diplomatic, consular, administrative and technical personnel of diplomatic missions and consular offices between the Argentine Republic and the Republic of Honduras. Tegucigalpa, 17 June 2014

Entry into force: *17 June 2014 by signature, in accordance with article 10*

Authentic text: *Spanish*

Registration with the Secretariat of the United Nations: *Argentina, 11 January 2017*

Not published in print, in accordance with article 12(2) of the General Assembly regulations to give effect to Article 102 of the Charter of the United Nations, as amended, and the publication practice of the Secretariat.

Argentine
et
Honduras

Accord relatif aux activités rémunérées des personnes à charge du personnel diplomatique, consulaire, administratif et technique des missions diplomatiques et des bureaux consulaires entre la République argentine et la République du Honduras. Tegucigalpa, 17 juin 2014

Entrée en vigueur : *17 juin 2014 par signature, conformément à l'article 10*

Texte authentique : *espagnol*

Enregistrement au Secrétariat de l'Organisation des Nations Unies : *Argentine, 11 janvier 2017*

Non disponible en version imprimée, conformément au paragraphe 2 de l'article 12 du règlement de l'Assemblée générale destiné à mettre en application l'Article 102 de la Charte des Nations Unies, tel qu'amendé, et à la pratique du Secrétariat en matière de publication.

No. 54211

International Bank for Reconstruction and Development and Armenia

Loan Agreement (Local Economy and Infrastructure Development Project) between the Republic of Armenia and the International Bank for Reconstruction and Development (with schedules, appendix and International Bank for Reconstruction and Development General Conditions for Loans, dated 12 March 2012). Yerevan, 23 February 2016

Entry into force: *29 December 2016 by notification*

Authentic text: *English*

Registration with the Secretariat of the United Nations: *International Bank for Reconstruction and Development, 27 January 2017*

Not published in print, in accordance with article 12(2) of the General Assembly regulations to give effect to Article 102 of the Charter of the United Nations, as amended, and the publication practice of the Secretariat.

Banque internationale pour la reconstruction et le développement et Arménie

Accord de prêt (Projet relatif au développement de l'économie locale et des infrastructures) entre la République d'Arménie et la Banque internationale pour la reconstruction et le développement (avec annexes, appendice et Conditions générales applicables aux prêts de la Banque internationale pour la reconstruction et le développement, en date du 12 mars 2012). Erevan, 23 février 2016

Entrée en vigueur : *29 décembre 2016 par notification*

Texte authentique : *anglais*

Enregistrement au Secrétariat de l'Organisation des Nations Unies : *Banque internationale pour la reconstruction et le développement, 27 janvier 2017*

Non disponible en version imprimée, conformément au paragraphe 2 de l'article 12 du règlement de l'Assemblée générale destiné à mettre en application l'Article 102 de la Charte des Nations Unies, tel qu'amendé, et à la pratique du Secrétariat en matière de publication.

No. 54212

International Bank for Reconstruction and Development and Costa Rica

Loan Agreement (Strengthening Universal Health Insurance in Costa Rica Program) between the Republic of Costa Rica and the International Bank for Reconstruction and Development (with schedules, appendix and International Bank for Reconstruction and Development General Conditions for Loans, dated 12 March 2012). San José, 21 April 2016

Entry into force: *17 November 2016 by notification*

Authentic text: *English*

Registration with the Secretariat of the United Nations: *International Bank for Reconstruction and Development, 27 January 2017*

Not published in print, in accordance with article 12(2) of the General Assembly regulations to give effect to Article 102 of the Charter of the United Nations, as amended, and the publication practice of the Secretariat.

Banque internationale pour la reconstruction et le développement et Costa Rica

Accord de prêt (Programme concernant le renforcement de l'assurance maladie universelle au Costa Rica) entre la République du Costa Rica et la Banque internationale pour la reconstruction et le développement (avec annexes, appendice et Conditions générales applicables aux prêts de la Banque internationale pour la reconstruction et le développement, en date du 12 mars 2012). San José, 21 avril 2016

Entrée en vigueur : *17 novembre 2016 par notification*

Texte authentique : *anglais*

Enregistrement au Secrétariat de l'Organisation des Nations Unies : *Banque internationale pour la reconstruction et le développement, 27 janvier 2017*

Non disponible en version imprimée, conformément au paragraphe 2 de l'article 12 du règlement de l'Assemblée générale destiné à mettre en application l'Article 102 de la Charte des Nations Unies, tel qu'amendé, et à la pratique du Secrétariat en matière de publication.

No. 54213

International Bank for Reconstruction and Development and Morocco

Loan Agreement (Integrated Disaster Risk Management and Resilience Program) between the Kingdom of Morocco and the International Bank for Reconstruction and Development (with schedules, appendix and International Bank for Reconstruction and Development General Conditions for Loans, dated 12 March 2012). Rabat, 26 July 2016

Entry into force: *16 November 2016 by notification*

Authentic text: *English*

Registration with the Secretariat of the United Nations: *International Bank for Reconstruction and Development, 27 January 2017*

Not published in print, in accordance with article 12(2) of the General Assembly regulations to give effect to Article 102 of the Charter of the United Nations, as amended, and the publication practice of the Secretariat.

Banque internationale pour la reconstruction et le développement et Maroc

Accord de prêt (Programme de résilience et de gestion intégrée des risques liés aux catastrophes) entre le Royaume du Maroc et la Banque internationale pour la reconstruction et le développement (avec annexes, appendice et Conditions générales applicables aux prêts de la Banque internationale pour la reconstruction et le développement, en date du 12 mars 2012). Rabat, 26 juillet 2016

Entrée en vigueur : *16 novembre 2016 par notification*

Texte authentique : *anglais*

Enregistrement au Secrétariat de l'Organisation des Nations Unies : *Banque internationale pour la reconstruction et le développement, 27 janvier 2017*

Non disponible en version imprimée, conformément au paragraphe 2 de l'article 12 du règlement de l'Assemblée générale destiné à mettre en application l'Article 102 de la Charte des Nations Unies, tel qu'amendé, et à la pratique du Secrétariat en matière de publication.

No. 54214

Argentina
and
Turkey

Cooperation Program between the Government of the Argentine Republic and the Government of the Republic of Turkey in the fields of education, culture and arts for the years 2011-2014. Ankara, 20 January 2011

Entry into force: *29 April 2014 by notification, in accordance with article 21*

Authentic texts: *English, Spanish and Turkish*

Registration with the Secretariat of the United Nations: *Argentina, 11 January 2017*

Argentine
et
Turquie

Programme de coopération entre le Gouvernement de la République argentine et le Gouvernement de la République turque dans les domaines de l'éducation, de la culture et des arts pour les années 2011-2014. Ankara, 20 janvier 2011

Entrée en vigueur : *29 avril 2014 par notification, conformément à l'article 21*

Textes authentiques : *anglais, espagnol et turc*

Enregistrement au Secrétariat de l'Organisation des Nations Unies : *Argentine, 11 janvier 2017*

[TEXT IN ENGLISH – TEXTE EN ANGLAIS]

COOPERATION PROGRAM
BETWEEN
THE GOVERNMENT OF THE ARGENTINE REPUBLIC
AND
THE GOVERNMENT OF THE REPUBLIC OF TURKEY
IN THE FIELDS OF EDUCATION, CULTURE AND ARTS
FOR THE YEARS 2011-2014

The Government of the Republic of Turkey and the Government of the Argentine Republic, hereinafter referred to as "the Parties";

Encouraged by the wish to strengthen the friendly relations between the peoples of both countries through the development of relations in the fields of education, culture and arts; and

Relying on the provisions set forth in the "Cultural Agreement between the Republic of Turkey and the Argentine Republic", signed in the city of Ankara on August 19, 1965;

Have agreed on the following Program for the years 2011-2014:

I. EDUCATION

ARTICLE 1

1. The Parties shall foster the exchange of educational publications, reports, programs and teaching books for all levels within the scope of general, artistic, technical and vocational education.

2. The Parties shall also encourage the establishment of sister school relations at the level of primary and secondary education in order to develop friendly relations between teachers, students and their families.

ARTICLE 2

The Parties shall promote cooperation among experts, specialists and technicians from education area and vocational education and encourage the exchange of experiences.

ARTICLE 3

The Parties shall promote cooperation among universities in order to strengthen relations among them and shall encourage the exchange of instructors to carry out research, deliver lectures and exchange experiences.

ARTICLE 4

The Parties shall exchange relevant information and legal and prescriptive materials with the purpose of concluding an agreement which would facilitate the equivalence and the reciprocal recognition of diplomas, academic degrees, certificates and titles awarded by their respective educational institutions.

ARTICLE 5

Both Parties shall award two (2) postgraduate scholarships for academic year each for language, science and research, each to be granted within the limits of available resources.

ARTICLE 6

Apart from the scholarships, the Argentine Party shall annually assign the Turkish Party a certain number of places in national universities so that Turkish students eligible under Turkish law may attend those institutions. Such awarding shall be governed by the domestic Argentine rules in the matter.

ARTICLE 7

Apart from the scholarships, the Turkish Party shall admit Argentinean students to undergraduate and graduate programs in institutions of higher education in Turkey within the framework of the relevant Turkish higher education legislation concerning the admission of students of foreign descent.

II. CULTURE AND ARTS

ARTICLE 8

The Parties shall encourage the participation in national and international film and theatre festivals organized in the territory of the other Party.

ARTICLE 9

The Parties shall endeavor to organize film weeks in the territory of the other Party during the implementation of this Program.

ARTICLE 10

The Parties shall support the exchange of legal information on cinematography and specialized publications between their respective Cinema Agencies.

ARTICLE 11

The Parties shall foster the exchange of publications and documentary films related to archaeology, preservation of tangible or intangible heritage, museums as well as anthropological and social issues.

ARTICLE 12

The Parties shall cooperate, in collaboration with their customs authorities, in the prevention of illegal importation/exportation, and transfer and trade of works of art and cultural property.

ARTICLE 13

The Parties shall encourage the cooperation and exchange of information among their respective cultural centers, institutions responsible for theatre and official or private theatres.

ARTICLE 14

The Parties shall exchange information on theatre or music seminars and conferences and shall also exchange invitations to participate in international artistic or theatre competitions and meetings carried out in their countries.

ARTICLE 15

The Parties shall reciprocally promote the exchange of exhibitions of photography, plastic arts, and painting and provide facilities for their artists to establish direct contacts with their counterparts and their institutions.

ARTICLE 16

The Parties shall inform each other about the international conferences, panels and symposia concerning intellectual property rights and exchange information, publications and documentation related to their respective intellectual property rights legislations and the settlement of disputes emerging from the intellectual property rights issues.

ARTICLE 17

The Parties shall encourage their respective state archives administrations, namely the General Directorate of State Archives of the Prime Ministry of the Republic of Turkey and the National Archives of Argentina, to conclude a Protocol on Cooperation in accordance with their respective national legislation and international practice in the field of archives.

III. GENERAL PROVISIONS

ARTICLE 18

1. This Program shall be implemented in accordance with the domestic legislation and in consideration of the available resources of each Party.

2. The Parties shall agree, through diplomatic or other mutually agreed channels, on the financial and/or other conditions under which cooperation shall be carried out for the visits, exchanges and scholarships provided for in the Program, as well as for any other case of cooperation which they deem necessary.

ARTICLE 19

This Program does not exclude any other activities or projects of cooperation in the fields of education, culture and arts, science, mass media, youth and sports, which shall be concluded through the diplomatic channels as well.

ARTICLE 20

The Parties, if they deem necessary, may request and hold consultative sessions with regard to the regulations and implementation of the present Program.

ARTICLE 21

This Program shall enter into force on the date of the receipt of the last written notification by which the Parties notify each other, through diplomatic channels, of the completion of their internal legal procedures.

ARTICLE 22

This Program shall remain in force for a period of 3 years. Unless one of the Contracting Parties notifies the other Contracting Party in writing through diplomatic channels of its intention to terminate the Program 6 months prior to its date of expiration, this Program shall be extended automatically for successive periods of 1 year. The termination of this Program shall not affect the activities and projects already in progress or executed.

ARTICLE 23

This Program may be amended by mutual written consent of the Parties at any time. The amendments shall enter into force in accordance with the same legal procedure prescribed under Article 21 of this Program.

Done in the city of Ankara, on 20th January 2011, in duplicate in the Spanish, Turkish and English languages, all texts being equally authentic. In case of any divergence in interpretation, the English text shall prevail.

FOR THE GOVERNMENT OF
THE ARGENTINE REPUBLIC

Héctor Timerman
Minister of Foreign Affairs, International
Trade and Worship

FOR THE GOVERNMENT OF
THE REPUBLIC OF TURKEY

Selma Aliye Kavaf
Minister of State

[TEXT IN SPANISH – TEXTE EN ESPAGNOL]

PROGRAMA DE COOPERACIÓN
ENTRE
EL GOBIERNO DE LA REPÚBLICA ARGENTINA
Y
EL GOBIERNO DE LA REPÚBLICA DE TURQUÍA
EN EL ÁMBITO DE LA EDUCACIÓN, LA CULTURA Y LAS ARTES
PARA LOS AÑOS 2011 AL 2014

El Gobierno de la República Argentina y el Gobierno de la República de Turquía, en adelante denominados "las Partes";

Alentados por el deseo de fortalecer las relaciones amistosas entre los pueblos de ambos países a través del desarrollo de las relaciones en el ámbito de la educación, la cultura y las artes; y

Sobre la base de las disposiciones establecidas en el "Acuerdo Cultural entre la República de Turquía y la República Argentina", firmado en la ciudad de Ankara el 19 de agosto de 1965;

Han acordado el siguiente Programa para los años 2011 al 2014:

I. EDUCACIÓN

ARTÍCULO 1

1. Las Partes promoverán el intercambio de publicaciones educativas, informes, programas y libros de estudio pata todos los niveles dentro del ámbito de la educación general, artística, técnica y vocacional.

2. Las Partes también alentarán el establecimiento de relaciones de hermanamiento de escuelas a nivel de la educación primaria y secundaria con el objetivo de desarrollar relaciones amistosas entre los docentes, los estudiantes y sus familias.

ARTÍCULO 2

Las Partes promoverán la cooperación entre expertos, especialistas y técnicos del área de la educación y la educación vocacional y estimularán el intercambio de experiencias.

ARTÍCULO 3

Las Partes promoverán la cooperación entre universidades con el objetivo de fortalecer las relaciones entre ellas y estimularán el intercambio de profesores para la realización de investigaciones, conferencias y el intercambio de experiencias.

ARTÍCULO 4

Las Partes intercambiarán información pertinente y material legal y reglamentario con el propósito de celebrar un acuerdo que facilitaría la equivalencia y el reconocimiento recíproco de diplomas, grados, certificados y títulos académicos otorgados por sus respectivas instituciones educativas.

ARTÍCULO 5

Ambas Partes otorgarán dos (2) becas de postgrado por año académico, cada una de ellas en el campo de idioma, ciencia e investigación, que se entregarán según los límites impuestos por los recursos disponibles.

ARTÍCULO 6

Además de las becas, la Parte argentina asignará anualmente a la Parte turca un cierto número de plazas en universidades nacionales para que estudiantes turcos que sean elegibles de conformidad con la legislación turca puedan concurrir a esas instituciones. El otorgamiento se regirá por las normas internas argentinas en la materia.

ARTÍCULO 7

Además de las becas, la Parte turca admitirá estudiantes argentinos en programas de grado y postgrado en instituciones de educación superior en Turquía dentro del marco de la legislación sobre educación superior pertinente relacionada con la admisión de estudiantes de origen extranjero.

II. CULTURA Y ARTES

ARTÍCULO 8

Las Partes promoverán la participación en festivales de cine y teatro nacionales e internacionales organizados en el territorio de la otra Parte.

ARTÍCULO 9

Las Partes se dispondrán a organizar semanas de cine en el territorio de la otra Parte durante la implementación del presente Programa.

ARTÍCULO 10

Las Partes apoyarán el intercambio de información legal sobre cinematografía y de publicaciones especializadas entre sus respectivos entes de cine.

ARTÍCULO 11

Las Partes alentarán el intercambio de publicaciones y películas documentales relacionadas con la arqueología, la preservación del patrimonio tangible e intangible, los museos y los temas antropológicos y sociales.

ARTÍCULO 12

Las Partes cooperarán, en colaboración con sus autoridades aduaneras, en la prevención de actividades ilegales de importación y exportación y transferencia y comercio de obras de arte y bienes culturales.

ARTÍCULO 13

Las Partes estimularán la cooperación y el intercambio de información entre sus respectivos centros culturales, instituciones aplicadas al teatro y teatros públicos y privados.

ARTÍCULO 14

Las Partes intercambiarán información sobre seminarios y conferencias relacionados con el teatro y la música y también intercambiarán invitaciones para la participación en competencias y reuniones internacionales de arte o teatro que se realicen en sus países.

ARTÍCULO 15

Las Partes promoverán recíprocamente el intercambio de exposiciones de fotografía, artes plásticas y pintura y facilitarán a sus artistas la posibilidad de establecer contactos con sus pares e instituciones.

ARTÍCULO 16

Las Partes se informarán mutuamente sobre las conferencias, paneles y simposios internacionales de derechos de propiedad intelectual e intercambiarán información, publicaciones y documentación relacionadas con sus respectivas legislaciones sobre los derechos de propiedad intelectual y la resolución de controversias que puedan surgir de los temas vinculados con dichos derechos.

ARTÍCULO 17

Las Partes alentarán a sus respectivas administraciones de archivos públicos, a saber, la Dirección General de Archivos Públicos de la Oficina del Primer Ministro de la República de Turquía y el Archivo General de la Nación Argentina, a celebrar un Protocolo de Cooperación de conformidad con sus respectivas legislaciones nacionales y práctica internacional en materia de archivos.

III. DISPOSICIONES GENERALES

ARTÍCULO 18

1. El presente Programa se implementará de conformidad con la legislación interna y considerando los recursos disponibles de cada Parte.

2. Las Partes acordarán, a través de la vía diplomática u otra vía acordada mutuamente, las condiciones financieras y/o de otro tipo en las que se realizará la cooperación relacionada con las visitas, los intercambios y las becas que se establecen en el Programa así como con cualquier otro tipo de cooperación que consideren necesaria.

ARTÍCULO 19

El presente Programa no excluye ninguna otra actividad o proyecto de cooperación en el ámbito de la educación, la cultura y las artes, la ciencia, los medios de comunicación, la juventud y los deportes, los que también se celebrarán a través de la vía diplomática.

ARTÍCULO 20

Las Partes podrán, si lo consideran necesario, solicitar y realizar consultas relacionadas con las reglamentaciones y la implementación del presente Programa.

ARTÍCULO 21

El presente Programa entrará en vigor en la fecha de recepción de la última notificación escrita mediante la cual las Partes se comuniquen, a través de la vía diplomática, que han cumplido sus respectivos procedimientos legales internos correspondientes.

ARTÍCULO 22

El presente Programa permanecerá vigente por un período de 3 años. A menos que una de las Partes Contratantes notifique a la otra por escrito, a través de la vía diplomática, su intención de terminar el Programa 6 meses antes de la fecha de su expiración, el presente Programa se extenderá automáticamente por períodos sucesivos de un año. La terminación del presente Programa no afectará las actividades y los proyectos que se encuentren en desarrollo o ejecución.

ARTÍCULO 23

El presente Programa podrá modificarse mediante acuerdo escrito entre las Partes en cualquier momento. Las modificaciones entrarán en vigor de conformidad con el mismo procedimiento legal establecido en el Artículo 21 del presente Programa.

Hecho en la ciudad de Ankara, el 20 de enero de 2011, por duplicado en los idiomas español, turco e inglés, siendo todos los textos igualmente auténticos. En caso de divergencia en la interpretación, prevalecerá el texto en inglés.

POR EL GOBIERNO DE LA REPÚBLICA ARGENTINA

Héctor Timerman
Ministro de Relaciones Exteriores, Comercio Internacional y Culto

POR EL GOBIERNO DE LA REPÚBLICA DE TURQUÍA

Selma Aliye Kavaf
Ministro de Estado

[TEXT IN TURKISH – TEXTE EN TURC]

ARJANTİN CUMHURİYETİ HÜKÜMETİ
İLE
TÜRKİYE CUMHURİYETİ HÜKÜMETİ
ARASINDA
EĞİTİM, KÜLTÜR VE SANAT ALANLARINDA 2011-2014
YILLARINA AİT
İŞBİRLİĞİ PROGRAMI

Arjantin Cumhuriyeti Hükümeti ve Türkiye Cumhuriyeti Hükümeti, (bundan böyle "Taraflar" olarak anılacaklardır)

Her iki ülkenin halkları arasındaki dostane ilişkilerin, eğitim, kültür ve sanat alanındaki ilişkilerin gelişmesi yoluyla güçlendirmesi arzusundan hareketle ve,

19 Ağustos 1965 tarihinde Ankara'da imzalanan "Türkiye Cumhuriyeti ile Arjantin Cumhuriyeti arasında Kültür Anlaşması"nda belirtilen maddelere dayanarak,

2011-2014 yıllarına ait aşağıdaki Program üzerinde mutabık kalmışlardır:

I. EĞİTİM

MADDE 1

1. Taraflar, her seviyede genel, sanatsal, meslekî ve teknik eğitim kapsamı içerisindeki eğitsel yayınların, raporların, programların ve öğretim kitaplarının değişimini destekleyeceklerdir.

2. Taraflar, aynı zamanda, öğretmenler, öğrenciler ve aileleri arasında dostane ilişkileri geliştirmek amacıyla ilk ve orta öğretim seviyesinde kardeş okul ilişkilerinin tesis edilmesini teşvik edeceklerdir.

MADDE 2

Taraflar, eğitim ve meslekî eğitim alanında uzmanlar, bilirkişiler ve teknisyenler arasında işbirliğini teşvik edecek ve tecrübe paylaşımını özendireceklerdir.

MADDE 3

Taraflar üniversiteler arasındaki ilişkiyi güçlendirmek amacıyla aralarındaki işbirliğini destekleyecekler ve araştırma yapmak, ders vermek ve tecrübe paylaşımında bulunmak amacıyla öğretim üyelerinin değişimini teşvik edeceklerdir.

MADDE 4

Taraflar, eğitim kurumları tarafından tevcih edilen diplomaların, akademik derecelerin, sertifikaların ve unvanların denkliğini ve karşılıklı olarak tanınmasını kolaylaştıracak bir anlaşma imzalamak amacıyla bilgi ve mevzuatlarına ilişkin malzemelerin değişiminde bulunacaklardır.

MADDE 5

Her iki Taraf, mevcut imkânları çerçevesinde, her eğitim-öğretim yılı için dil bilimleri, fen bilimleri ve araştırma alanında iki (2) lisansüstü burs sağlayacaktır.

MADDE 6

Burslardan ayrı olarak, Arjantin tarafı, Türk mevzuatı çerçevesinde yüksek öğrenim görmeye yetkin Türk öğrenciler için ulusal üniversitelerinde her yıl belli sayıda kontenjan ayıracaktır. Bu kontenjan ayırımı, konuyla ilgili Arjantin yerel mevzuatı çerçevesinde yapılacaktır.

MADDE 7

Burslardan ayrı olarak, Türk Tarafı, Arjantinli öğrencileri, yabancı öğrencilerin kabulü ile ilgili Türk yükseköğretim mevzuatı çerçevesinde Türkiye'de bulunan yükseköğretim kurumlarındaki lisans ve yüksek lisans programlarına kabul edecektir.

II. KÜLTÜR VE SANAT

MADDE 8

Taraflar, diğer Tarafın topraklarında düzenlenecek ulusal ve uluslararası film ve tiyatro festivallerine katılımı teşvik edeceklerdir.

MADDE 9

Taraflar, işbu Programın uygulanması sırasında diğer Tarafın topraklarında film haftaları düzenlemek için çaba sarf edecektir.

MADDE 10

Taraflar, sinematografi alanında yasal mevzuata ilişkin olarak bilgi ve sinema ajansları arasında ihtisas yayınları değişimini özendireceklerdir.

MADDE 11

Taraflar, arkeoloji, somut ve soyut mirasın muhafaza edilmesi, müzeler ve antropolojik ve sosyal konular ile ilgili yayın ve belgesel filmlerin değişimini teşvik edeceklerdir.

MADDE 12

Taraflar, gümrük yetkilileri ile işbirliği halinde, sanat eserleri ve kültürel varlıkların yasadışı ithalatı/ihracatının, transferinin ve ticaretinin engellenmesi için işbirliği yapacaklardır.

MADDE 13

Taraflar, kültür merkezleri ve resmî veya özel tiyatrolardan sorumlu kurumları arasında işbirliğini ve bilgi paylaşımını özendireceklerdir.

MADDE 14

Taraflar, ülkelerinde düzenlenecek tiyatro veya müzik ile ilgili seminer ve konferanslar hakkında bilgi paylaşımında bulunacak, ayrıca, yekdiğerini ülkelerinde yapılan uluslararası sanat veya tiyatro yarışmalarına katılmak üzere davet edeceklerdir.

MADDE 15

Taraflar, fotoğraf, plastik sanatlar ve resim sergileri değişimini karşılıklı olarak teşvik edecekler ve sanatçıların meslektaşları ve kurumları ile doğrudan irtibat kurmaları için gerekli imkânları sağlayacaklardır.

MADDE 16

Taraflar, fikrî mülkiyet hakları ile ilgili uluslararası konferans, panel ve sempozyumlar hakkında yekdiğerine bilgilendirmede bulunacaklar ve fikrî mülkiyet haklarının korunması ile bu konuda oluşan ihtilafların halline dair ulusal mevzuatları ile ilgili bilgi, yayın ve belgelerin değişiminde bulunacaklardır.

MADDE 17

Taraflar, kendi devlet Arşiv idareleri olan Arjantin Millî Arşivi ile Türkiye Cumhuriyeti Başbakanlık Devlet Arşivleri Genel Müdürlüğü arasında kendi ulusal mevzuatları ve arşivler alanındaki uluslararası teamüllere uygun olarak bir İşbirliği Protokolü imzalanmasını teşvik edeceklerdir.

III. GENEL HÜKÜMLER

MADDE 18

1. İşbu Program, her iki Tarafın yerel mevzuatlarına uygun bir şekilde ve kullanılabilecek kaynaklar göz önünde bulundurularak uygulanacaktır.

2. Taraflar, işbu Program çerçevesinde düzenlenen ziyaretler, değişimler ve burslar için yapılacak işbirliğinin ve aynı zamanda gerekli gördükleri diğer işbirliği konularının malî ve/veya diğer şartlarını diplomatik yollardan veya karşılıklı olarak üzerinde mutabakat sağlanacak diğer yollardan kararlaştıracaklardır.

MADDE 19

İşbu Program, eğitim, kültür ve sanat, basın-yayın, gençlik ve spor alanlarında diplomatik yollardan kararlaştırılacak diğer işbirliği etkinliklerinin veya projelerinin gerçekleştirilmesine engel teşkil etmez.

MADDE 20

Taraflar, gerekli gördükleri takdirde, işbu Programın düzenlemeleri ve uygulanması ile ilgili olarak istişarî toplantılar düzenlenmesini talep edebilir ve düzenleyebilir.

MADDE 21

İşbu Program, Tarafların, anılan belgenin yürürlüğe girmesi için gerekli iç yasal usullerinin tamamlandığına ilişkin son yazılı bildirimin diplomatik yollardan alındığı tarihte yürürlüğe girecektir.

MADDE 22

İşbu Program, 3 yıl süre ile yürürlükte kalacaktır. Taraflardan biri Programı sona erdirme niyetini diğer tarafa diplomatik yollarla yazılı olarak 6 ay önceden bildirmediği takdirde, işbu Program, birer yıllık sürelerle kendiliğinden yenilenmiş sayılacaktır. İşbu Programın sona ermesi, başlatılmış veya devam eden faaliyetleri ve projeleri etkilemez.

MADDE 23

İşbu Program, Akit Tarafların karşılıklı yazılı rızalarıyla herhangi bir zamanda değiştirilebilir. Değişiklikler, işbu Programın 21. maddesinde belirtilen usule uygun şekilde yürürlüğe girecektir.

Ankara'da, 20 Ocak 2011 tarihinde, İspanyolca, Türkçe ve İngilizce dillerinde, her metin eşit derecede geçerli olacak şekilde ikişer nüsha olarak düzenlenmiştir. Yorumunda farklılık olması halinde İngilizce metin esas alınacaktır.

ARJANTİN CUMHURİYETİ
HÜKÜMETİ ADINA

HÉCTOR TIMERMAN
DIŞİŞLERİ, ULUSLARARASI
TİCARET VE İBADET BAKANI

TÜRKİYE CUMHURİYETİ
HÜKÜMETİ ADINA

SELMA ALİYE KAVAF
DEVLET BAKANI

[TRANSLATION IN FRENCH – TRADUCTION EN FRANÇAIS]

PROGRAMME DE COOPÉRATION ENTRE LE GOUVERNEMENT DE LA RÉPUBLIQUE ARGENTINE ET LE GOUVERNEMENT DE LA RÉPUBLIQUE TURQUE DANS LES DOMAINES DE L'ÉDUCATION, DE LA CULTURE ET DES ARTS POUR LES ANNÉES 2011-2014

Le Gouvernement de la République turque et le Gouvernement de la République argentine, ci-après dénommés « Parties »,

Motivés par leur volonté de renforcer les relations d'amitié entre les peuples des deux pays grâce au développement des relations dans les domaines de l'éducation, de la culture et des arts, et

S'appuyant sur les dispositions énoncées dans l'« Accord culturel entre la République turque et la République argentine », signé à Ankara le 19 août 1965,

Sont convenus du Programme suivant pour les années 2011-2014 :

I. ÉDUCATION

Article premier

1. Les Parties favorisent l'échange de publications, de rapports, de programmes et de manuels éducatifs pour tous les niveaux dans le cadre de l'enseignement général, artistique, technique et professionnel.

2. Les Parties encouragent également l'instauration de programmes de jumelage entre établissements d'enseignement primaire et secondaire afin de développer des relations amicales entre les enseignants, les élèves et leurs familles.

Article 2

Les Parties favorisent la coopération entre les experts, les spécialistes et les techniciens du domaine de l'éducation et de l'enseignement professionnel et encouragent l'échange d'expériences.

Article 3

Les Parties favorisent la coopération entre les universités afin de renforcer les relations entre elles et encouragent l'échange d'instructeurs en vue d'effectuer de la recherche, de donner des conférences et d'échanger leurs expériences.

Article 4

Les Parties se transmettent les informations et les documents juridiques et normatifs pertinents dans le but de conclure un accord qui faciliterait l'équivalence et la reconnaissance réciproque des diplômes, des grades universitaires, des certificats et des titres délivrés par leurs établissements d'enseignement respectifs.

Article 5

Les deux Parties accordent deux bourses d'études de troisième cycle correspondant chacune à une année universitaire dans les domaines des langues, des sciences et de la recherche, chacune étant octroyée dans la limite des ressources disponibles.

Article 6

Outre les bourses d'études, la Partie argentine accorde annuellement à la Partie turque un certain nombre de places dans les universités nationales afin que les étudiants turcs admissibles en vertu de la législation turque puissent fréquenter ces institutions. Cette attribution est régie par les règles nationales argentines en la matière.

Article 7

Outre les bourses d'études, la Partie turque accepte des étudiants argentins dans les programmes de premier et de deuxième cycle des établissements d'enseignement supérieur en Turquie dans le cadre de la législation turque sur l'enseignement supérieur concernant l'admission des étudiants d'origine étrangère.

II. CULTURE ET ARTS

Article 8

Les Parties encouragent la participation aux festivals nationaux et internationaux de cinéma et de théâtre organisés sur le territoire de l'autre Partie.

Article 9

Les Parties s'efforcent d'organiser des semaines du cinéma sur le territoire de l'autre Partie pendant la mise en œuvre du présent programme.

Article 10

Les Parties soutiennent l'échange d'informations juridiques sur la cinématographie et de publications spécialisées entre leurs agences cinématographiques respectives.

Article 11

Les Parties favorisent l'échange de publications et de films documentaires relatifs à l'archéologie, à la préservation du patrimoine matériel ou immatériel, aux musées ainsi qu'aux questions anthropologiques et sociales.

Article 12

Les Parties collaborent avec leurs autorités douanières en matière de prévention de l'importation/exportation, de transfert et de commerce illicites d'œuvres d'art et de biens culturels.

Article 13

Les Parties encouragent la coopération et l'échange d'informations entre leurs centres culturels respectifs, les institutions responsables du théâtre et les théâtres officiels ou privés.

Article 14

Les Parties échangent des informations sur les séminaires et les conférences sur le théâtre ou la musique et échangent également des invitations à participer à des concours et à des rencontres artistiques ou théâtrales internationales organisés dans leurs pays.

Article 15

Les Parties encouragent réciproquement l'échange d'expositions de photographie, d'arts plastiques et de peinture et offrent à leurs artistes la possibilité d'établir des contacts directs avec leurs homologues et leurs institutions.

Article 16

Les Parties se notifient mutuellement des conférences, conférences-débats et colloques internationaux concernant les droits de propriété intellectuelle et se communiquent des informations, des publications et de la documentation relatives à leurs législations respectives en matière de droits de propriété intellectuelle et au règlement des différends relatifs aux questions de droits de propriété intellectuelle.

Article 17

Les Parties encouragent leurs administrations d'archives d'État respectives, à savoir la Direction générale des archives d'État du Bureau du Premier ministre de la République turque et les Archives nationales de l'Argentine, à conclure un protocole de coopération conformément à leur législation nationale respective et à la pratique internationale dans le domaine des archives.

III. DISPOSITIONS GÉNÉRALES

Article 18

1. Le présent programme est mis en œuvre conformément à la législation nationale et en tenant compte des ressources disponibles de chaque Partie.

2. Les Parties conviennent, par la voie diplomatique ou par d'autres moyens arrêtés d'un commun accord, des conditions financières et/ou autres dans lesquelles s'effectue la coopération pour les visites, échanges et bourses prévus dans le présent Programme, ainsi que pour tout autre cas de coopération qu'elles jugent nécessaire.

Article 19

Ce Programme n'exclut pas d'autres activités ou projets de coopération dans les domaines de l'éducation, de la culture et des arts, des sciences, des médias, de la jeunesse et des sports, qui seront également conclus par la voie diplomatique.

Article 20

Les Parties peuvent, si elles le jugent nécessaire, demander et tenir des sessions consultatives concernant les règlements et la mise en œuvre du présent Programme.

Article 21

Le présent Programme entre en vigueur à la date de réception de la dernière des notifications écrites échangées par la voie diplomatique entre les Parties pour s'informer de l'accomplissement de leurs procédures juridiques internes.

Article 22

Le présent Programme demeure en vigueur pendant une période de trois ans. Il est tacitement reconduit pour des périodes successives d'un an à moins qu'une Partie n'envoie à l'autre, par la voie diplomatique, un préavis écrit de dénonciation au plus tard six mois avant la date d'expiration prévue. La dénonciation du présent Programme n'affecte pas les activités ni les projets en cours ou déjà réalisés.

Article 23

Le présent Programme peut être amendé à tout moment sur accord écrit des Parties. Tout amendement entre en vigueur conformément à la procédure juridique prévue à l'article 21 du présent Programme.

FAIT à Ankara, le 20 janvier 2011, en deux exemplaires, chacun en langues espagnole, turque et anglaise, chacun de ces textes faisant également foi. En cas de divergence d'interprétation, le texte anglais prévaut.

Pour le Gouvernement de la République argentine :

HÉCTOR TIMERMAN

Ministre des affaires étrangères, du commerce international et du culte

Pour le Gouvernement de la République turque :

SELMA ALIYE KAVAF

Ministre d'État

No. 54215

International Bank for Reconstruction and Development and Panama

Loan Agreement (Second Programmatic Shared Prosperity Development Policy Financing) between the Republic of Panama and the International Bank for Reconstruction and Development (with schedules, appendix and International Bank for Reconstruction and Development General Conditions for Loans, dated 12 March 2012). Panama City, 15 November 2016

Entry into force: *15 December 2016 by notification*

Authentic text: *English*

Registration with the Secretariat of the United Nations: *International Bank for Reconstruction and Development, 27 January 2017*

Not published in print, in accordance with article 12(2) of the General Assembly regulations to give effect to Article 102 of the Charter of the United Nations, as amended, and the publication practice of the Secretariat.

Banque internationale pour la reconstruction et le développement et Panama

Accord de prêt (Deuxième financement programmatique relatif à la politique de développement pour une prospérité partagée) entre la République du Panama et la Banque internationale pour la reconstruction et le développement (avec annexes, appendice et Conditions générales applicables aux prêts de la Banque internationale pour la reconstruction et le développement, en date du 12 mars 2012). Panama, 15 novembre 2016

Entrée en vigueur : *15 décembre 2016 par notification*

Texte authentique : *anglais*

Enregistrement au Secrétariat de l'Organisation des Nations Unies : *Banque internationale pour la reconstruction et le développement, 27 janvier 2017*

Non disponible en version imprimée, conformément au paragraphe 2 de l'article 12 du règlement de l'Assemblée générale destiné à mettre en application l'Article 102 de la Charte des Nations Unies, tel qu'amendé, et à la pratique du Secrétariat en matière de publication.

No. 54216

International Bank for Reconstruction and Development and Argentina

Guarantee Agreement (Flood Risk Management Support Project for the Autonomous City of Buenos Aires) between the Argentine Republic and the International Bank for Reconstruction and Development (with schedules, appendix and International Bank for Reconstruction and Development General Conditions for Loans, dated 12 March 2012). Buenos Aires, 10 November 2016

Entry into force: *7 December 2016 by notification*

Authentic text: *English*

Registration with the Secretariat of the United Nations: *International Bank for Reconstruction and Development, 27 January 2017*

Not published in print, in accordance with article 12(2) of the General Assembly regulations to give effect to Article 102 of the Charter of the United Nations, as amended, and the publication practice of the Secretariat.

Banque internationale pour la reconstruction et le développement et Argentine

Accord de garantie (Projet de soutien relatif à la gestion des risques d'inondation dans la ville autonome de Buenos Aires) entre la République argentine et la Banque internationale pour la reconstruction et le développement (avec annexes, appendice et Conditions générales applicables aux prêts de la Banque internationale pour la reconstruction et le développement, en date du 12 mars 2012). Buenos Aires, 10 novembre 2016

Entrée en vigueur : *7 décembre 2016 par notification*

Texte authentique : *anglais*

Enregistrement au Secrétariat de l'Organisation des Nations Unies : *Banque internationale pour la reconstruction et le développement, 27 janvier 2017*

Non disponible en version imprimée, conformément au paragraphe 2 de l'article 12 du règlement de l'Assemblée générale destiné à mettre en application l'Article 102 de la Charte des Nations Unies, tel qu'amendé, et à la pratique du Secrétariat en matière de publication.

No. 54217

International Bank for Reconstruction and Development and Colombia

Loan Agreement (First Programmatic Territorial Development - Development Policy Loan) between the Republic of Colombia and the International Bank for Reconstruction and Development (with schedules, appendix and International Bank for Reconstruction and Development General Conditions for Loans, dated 12 March 2012). Bogotá, 21 December 2016

Entry into force: *22 December 2016 by notification*

Authentic text: *English*

Registration with the Secretariat of the United Nations: *International Bank for Reconstruction and Development, 27 January 2017*

Not published in print, in accordance with article 12(2) of the General Assembly regulations to give effect to Article 102 of the Charter of the United Nations, as amended, and the publication practice of the Secretariat.

Banque internationale pour la reconstruction et le développement et Colombie

Accord de prêt (Premier prêt relatif à la politique de développement - Développement territorial programmatique) entre la République de Colombie et la Banque internationale pour la reconstruction et le développement (avec annexes, appendice et Conditions générales applicables aux prêts de la Banque internationale pour la reconstruction et le développement, en date du 12 mars 2012). Bogota, 21 décembre 2016

Entrée en vigueur : *22 décembre 2016 par notification*

Texte authentique : *anglais*

Enregistrement au Secrétariat de l'Organisation des Nations Unies : *Banque internationale pour la reconstruction et le développement, 27 janvier 2017*

Non disponible en version imprimée, conformément au paragraphe 2 de l'article 12 du règlement de l'Assemblée générale destiné à mettre en application l'Article 102 de la Charte des Nations Unies, tel qu'amendé, et à la pratique du Secrétariat en matière de publication.

No. 54218

Argentina
and
Ecuador

Air Services Agreement between the Government of the Argentine Republic and the Government of the Republic of Ecuador (with annex). Buenos Aires, 28 September 2006

Entry into force: *19 September 2013, in accordance with article 27*

Authentic text: *Spanish*

Registration with the Secretariat of the United Nations: *Argentina, 11 January 2017*

Argentine
et
Équateur

Accord relatif aux services aériens entre le Gouvernement de la République argentine et le Gouvernement de la République de l'Équateur (avec annexe). Buenos Aires, 28 septembre 2006

Entrée en vigueur : *19 septembre 2013, conformément à l'article 27*

Texte authentique : *espagnol*

Enregistrement au Secrétariat de l'Organisation des Nations Unies : *Argentine, 11 janvier 2017*

[TEXT IN SPANISH – TEXTE EN ESPAGNOL]

ACUERDO DE SERVICIOS AÉREOS
ENTRE
EL GOBIERNO DE LA REPÚBLICA ARGENTINA
Y
EL GOBIERNO DE LA REPÚBLICA DEL ECUADOR

Preámbulo

El Gobierno de la República Argentina y el Gobierno de la República del Ecuador, en adelante mencionados como las "Partes";

SIENDO PARTES en el Convenio sobre Aviación Civil Internacional, abierto para la firma en Chicago el 7 de diciembre de 1944;

DESEANDO contribuir al progreso de la aviación civil internacional,

DESEANDO celebrar un acuerdo con el fin de establecer y explotar servicios aéreos entre sus respectivos territorios;

DESEANDO asegurar el más alto grado de seguridad y protección de los servicios aéreos internacionales y reafirmando su grave preocupación por los actos o amenazas contra la seguridad de las aeronaves que ponen en peligro la seguridad de las personas y los bienes, perjudican la explotación de los servicios aéreos y debilitan la confianza del público en la seguridad de las operaciones de la aviación civil;

HAN ACORDADO lo siguiente:

Artículo 1
Definiciones

Para los fines del presente Acuerdo, a menos que se indique lo contrario, los términos tienen las significaciones siguientes:

a) "transporte aéreo" designa el transporte público por aeronave de pasajeros, equipaje, carga y correo, por separado o en combinación, a cambio de una remuneración o alquiler;

b) "autoridades aeronáuticas" designa, en el caso de la República Argentina, el Ministerio de Planificación Federal, Secretaría de Transporte - Subsecretaría de Transporte Aerocomercial; en el caso de la República del Ecuador, el Consejo Nacional de Aviación Civil y/o la Dirección General de Aviación Civil; o en ambos casos cualquier otra autoridad o persona facultada para desempeñar las funciones que ahora ejercen dichas autoridades;

c) "Acuerdo" designa el presente Acuerdo, su Anexo y las correspondientes enmiendas;

d) "capacidad" es la cantidad de servicios prestados en el marco del Acuerdo, medida generalmente por el número de vuelos (frecuencias) o asientos o toneladas de carga ofrecidas en un mercado (par de ciudades, o país a país) o en una ruta durante un período determinado, tal como diariamente, semanalmente, por temporada o anualmente;

e) "Convenio" designa el Convenio sobre Aviación Civil Internacional abierto para la firma en Chicago el 7 de diciembre de 1944, incluyendo los Anexos adoptados en virtud del Artículo 90 de dicho Convenio, y las enmiendas de los Anexos o del Convenio en virtud de los Artículos 90 y 94, en la medida en que los Anexos y las enmiendas hayan llegado a ser aplicables para ambas Partes;

f) "línea aérea designada" designa una línea aérea que ha sido designada y autorizada de conformidad con el Artículo 3 del presente Acuerdo;

g) "transporte aéreo interior" designa el transporte aéreo en que los pasajeros, el equipaje, la carga y el correo que se toman a bordo en el territorio de un Estado están destinados a otro punto situado en el territorio de ese mismo Estado;

h) "OACI" designa la Organización de Aviación Civil Internacional;

i) "transporte aéreo multimodal" designa el transporte público por aeronave, y por uno o más modos de transporte de superficie, de pasajeros, equipaje, carga y correo, por separado o en combinación, a cambio de una remuneración o alquiler;

j) "transporte aéreo internacional" designa el transporte aéreo en que los pasajeros, el equipaje, la carga y el correo que se toman a bordo en el territorio de un Estado están destinados a otro Estado;

k) "precio" o "tarifa" designa toda tarifa o pago por el transporte de pasajeros, equipaje o carga (excluyendo el correo) en el transporte aéreo (incluyendo cualquier otro modo de transporte en conexión con el mismo) cobrado por las lineas aéreas, incluyendo sus agentes, y las condiciones que rigen la disponibilidad de dicha tarifa o pago;

l) "territorio", con relación a un Estado, tiene la significación que ha recibido en el Artículo 2 del Convenio;

m) "derechos impuestos a los usuarios" designa los derechos impuestos a las líneas aéreas por las autoridades competentes, o autorizados por éstas, para la provisión de aeropuertos o instalaciones y servicios aeroportuarios, de navegación aérea o de seguridad de la aviación, incluyendo las instalaciones y los servicios conexos para sus aeronaves, tripulaciones, pasajeros y carga; y

n) "servicio aéreo", "servicio aéreo internacional", "línea aérea" y "escala para fines no comerciales" tienen la significación que han recibido en el Artículo 96 del Convenio.

Artículo 2
Otorgamiento de derechos

1. Cada Parte otorga a la otra Parte los derechos indicados en el presente Acuerdo para la explotación de servicios aéreos internacionales en las rutas especificadas en el Cuadro de rutas.

2. Con sujeción a las disposiciones del presente Acuerdo, las líneas aéreas designadas por cada una de las Partes gozarán de los siguientes derechos:

a) el derecho de efectuar vuelos a través del territorio de la otra Parte sin aterrizar;

b) el derecho de efectuar escalas en el territorio de la otra Parte para fines no comerciales;

c) el derecho de efectuar escalas en los puntos de las rutas especificadas en el Cuadro de rutas del presente Acuerdo para embarcar y desembarcar tráfico internacional de pasajeros, carga o correo, por separado o combinados.

3. Ningún elemento del párrafo 2 se considerará como que confiere a las líneas aéreas designadas de una Parte el privilegio de embarcar, en el territorio de la otra Parte, pasajeros, carga y correo a cambio de remuneración y con destino a otro punto del territorio de esa otra Parte.

Artículo 3
Designación y autorización

1. Cada Parte tendrá el derecho de designar por escrito a la otra Parte una o más líneas aéreas para explotar los servicios convenidos de conformidad con el presente Acuerdo y retirar o modificar dicha designación.

2. Al recibir dicha designación y la solicitud de la línea aérea designada, en la forma y el modo prescritos para la autorización de explotación, cada Parte otorgará la autorización de explotación apropiada con el mínimo de demoras de trámites, a condición de que:

a) sea propiedad mayoritaria de la Parte que designa la línea aérea, de sus nacionales o de ambos y esté bajo el control efectivo de los mismos, de acuerdo con la legislación de la Parte que designa a la línea aérea;

b) la línea aérea designada esté calificada para satisfacer las condiciones prescritas en virtud de las leyes y los reglamentos normalmente aplicados a la explotación de servicios de transporte aéreo internacional por la Parte que recibe la designación;

c) la línea aérea designada cumpla con las leyes y los reglamentos normalmente aplicados a la explotación de los servicios de transporte aéreo internacional de la Parte que recibe la designación.

Artículo 4
Negativa de otorgamiento, revocación y limitación de la autorización

1. Las autoridades aeronáuticas de cada Parte tendrán el derecho de negar las autorizaciones mencionadas en el Artículo anterior del presente Acuerdo con respecto a una línea aérea designada por la otra Parte y de revocar y suspender dichas autorizaciones, o de imponer condiciones a las mismas, de forma temporaria o permanente:

a) en caso de que consideren que la Parte que designa la línea aérea o sus nacionales, o ambos, no tienen la propiedad mayoritaria y el control efectivo, de acuerdo con la legislación de la Parte que designa la línea aérea;

b) en caso de que la Parte que designa la línea aérea no cumpla las disposiciones establecidas en el Artículo 8 y el Artículo 9; y

c) en caso de que dicha línea aérea designada no cumpla con las leyes y los reglamentos normalmente aplicados a la explotación de los servicios de transporte aéreo internacional por la Parte que recibe la designación.

Artículo 5
Aplicación de las leyes y reglamentos

1. Mientras entren, permanezcan o salgan del territorio de una Parte, las líneas aéreas de la otra Parte observarán sus leyes y reglamentos relativos a la explotación y navegación de aeronaves.

2. Mientras entren, permanezcan o salgan del territorio de una Parte los pasajeros, los miembros de tripulación o la carga de las líneas aéreas de la otra Parte observarán, o se observarán en nombre de éstos, las leyes y los reglamentos relativos a la admisión o salida de su territorio de pasajeros, miembros de tripulación o carga en aeronaves (incluyendo los reglamentos relativos a la entrada, despacho, seguridad de la aviación, inmigración, pasaportes, aduana y cuarentena o, en el caso del correo, los reglamentos postales).

3. En la aplicación de sus reglamentos de inmigración, aduana, cuarentena y reglamentos afines, ninguna Parte concederá preferencia a su propia línea aérea respecto a la línea aérea designada de la otra Parte que se utilice para un transporte aéreo internacional similar.

Artículo 6
Tránsito directo

Los pasajeros, el equipaje, la carga y el correo en tránsito directo no estarán sujetos más que a una inspección simplificada. El equipaje y la carga en tránsito directo estarán exentos de derechos de aduana y otros impuestos similares.

Artículo 7
Reconocimiento de certificados

1. Los certificados de aeronavegabilidad, los certificados de aptitud y las licencias expedidos o convalidados por una Parte y aún vigentes serán reconocidos como válidos por la otra Parte para explotar los servicios convenidos, a condición de que los requisitos de acuerdo con los cuales se hayan expedido o convalidado dichos certificados y licencias sean iguales o superiores a las normas mínimas que se establezcan en cumplimiento del Convenio.

2. En caso de que los privilegios o las condiciones de las licencias y los certificados mencionados en el párrafo 1 anterior, expedidos por las autoridades aeronáuticas de una Parte a una persona o a una línea aérea designada o respecto de una aeronave utilizada en la explotación de los servicios convenidos, permitan una diferencia de las normas mínimas establecidas en virtud del Convenio y que dicha diferencia haya sido notificada a la Organización de Aviación Civil Internacional, la otra Parte puede pedir que se celebren consultas entre las autoridades aeronáuticas con miras a aclarar la práctica de que se trata.

3. No obstante, cada Parte se reserva el derecho de no reconocer, por lo que respecta a los vuelos sobre su propio territorio o el aterrizaje en el mismo, los certificados de aptitud y las licencias otorgadas a sus nacionales por la otra Parte.

Artículo 8
Seguridad operacional

1. Cada Parte podrá solicitar en todo momento la realización de consultas sobre las normas de seguridad operacional aplicadas por la otra Parte en aspectos relacionados con las instalaciones y servicios aeronáuticos, tripulaciones de vuelo, aeronaves y operaciones de aeronaves. Dichas consultas se realizarán dentro de los treinta (30) días de presentada dicha solicitud.

2. Si después de realizadas tales consultas una Parte llega a la conclusión de que la otra no mantiene y administra de manera efectiva, en los aspectos mencionados en el párrafo 1, normas de seguridad operacional que satisfagan las normas en vigor de conformidad con el Convenio sobre Aviación Civil Internacional, se informará a la otra Parte de tales conclusiones y de las medidas que se consideren necesarias para cumplir las normas de la OACI. La otra Parte deberá tomar entonces las medidas correctivas del caso dentro de un plazo convenido.

3. De conformidad con el Artículo 16 del Convenio, queda convenido además que toda aeronave explotada por o en nombre de una línea aérea de una Parte que preste servicio hacia o desde el territorio de la otra Parte podrá, cuando se encuentre en el territorio de esta última, ser objeto de una inspección por los representantes autorizados de la otra Parte, a condición de que ello no cause demoras innecesarias a la operación de la aeronave.

4. Cuando sea indispensable adoptar medidas urgentes para garantizar la seguridad de las operaciones de una línea aérea, cada Parte se reserva el derecho de suspender o modificar inmediatamente la autorización de explotación de una o varias líneas aéreas de la otra Parte.

5. Toda medida tomada por una Parte de conformidad con el párrafo 4 anterior se suspenderá una vez que dejen de existir los motivos que dieron lugar a la adopción de tal medida.

6. Por lo que respecta al párrafo 2 anterior, si se determina que una Parte sigue sin cumplir las normas de la OACI una vez transcurrido el plazo convenido, este hecho debería notificarse al Secretario General de la OACI. También debería notificarse a este último la solución satisfactoria de dicha situación.

Artículo 9
Seguridad de la aviación

1. De conformidad con los derechos y obligaciones que les impone el derecho internacional, las Partes ratifican que su obligación mutua de proteger la seguridad de la aviación civil contra actos de interferencia ilícita constituye parte integrante del presente Acuerdo. Sin limitar la generalidad de sus derechos y obligaciones en virtud del derecho internacional, las Partes actuarán, en particular, de conformidad con las disposiciones del "Convenio sobre las infracciones y ciertos otros actos cometidos a bordo de las aeronaves", firmado en Tokyo el 14 de septiembre de 1963, el "Convenio para la represión del apoderamiento ilícito de aeronaves", firmado en La Haya el 16 de diciembre de 1970 y el "Convenio para la represión de actos ilícitos contra la seguridad de la aviación civil", firmado en Montreal el 23 de septiembre de 1971, su "Protocolo complementario para la represión de actos ilícitos de violencia en los aeropuertos que presten servicio a la aviación civil internacional", firmado en Montreal el 24 de febrero de 1988, así como con todo otro convenio o protocolo vigente entre las Partes, relativo a la seguridad de la aviación civil.

2. Las Partes se prestarán mutuamente toda la ayuda necesaria que soliciten para impedir actos de apoderamiento ilícito de aeronaves civiles y otros actos ilícitos contra la seguridad de dichas aeronaves, sus pasajeros y tripulaciones, aeropuertos e instalaciones y servicios de navegación aérea, y toda otra amenaza contra la seguridad de la aviación civil.

3. Las Partes actuarán, en sus relaciones mutuas, de conformidad con las disposiciones sobre seguridad de la aviación establecidas por la OACI y que se denominan Anexos al Convenio; exigirán que los explotadores de aeronaves de su matrícula, o los explotadores que tengan la oficina principal o la residencia permanente en su territorio, y los explotadores de aeropuertos situados en su territorio actúen de conformidad con dichas disposiciones sobre seguridad de la aviación. Cada Parte notificará a la otra Parte de toda diferencia entre sus reglamentos y métodos nacionales y las normas de seguridad de la aviación de los Anexos. Cualquiera de las Partes podrá solicitar en todo momento la realización inmediata de consultas con la otra Parte sobre dichas diferencias.

4. Cada Parte conviene en que puede exigirse a dichos explotadores de aeronaves que observen las disposiciones sobre seguridad de la aviación que se mencionan en el párrafo 3) anterior, exigidas por la otra Parte para la entrada, salida o permanencia en el territorio de esa otra Parte. Cada Parte se asegurará de que en su territorio se aplican efectivamente medidas adecuadas para proteger las aeronaves e inspeccionar a los pasajeros, las tripulaciones, los efectos personales, el equipaje, la carga y los suministros de las aeronaves antes y durante el embarque o la estiba. Cada Parte también considerará favorablemente toda solicitud de la otra Parte para que adopte medidas especiales de seguridad razonables con el fin de afrontar una amenaza determinada.

5. Cuando se produzca un incidente o una amenaza de incidente de apoderamiento ilícito de aeronaves civiles u otros actos ilícitos contra la seguridad de tales aeronaves, sus pasajeros y tripulaciones, aeropuertos o instalaciones y servicios de navegación aérea, las Partes se asistirán mutuamente facilitando las comunicaciones y otras medidas apropiadas destinadas a poner término, en forma rápida y segura, a dicho incidente o amenaza.

6. Cuando una Parte tenga motivos razonables para creer que la otra Parte se ha apartado de las disposiciones de este Artículo, la primera Parte podrá solicitar la realización de consultas. Dichas consultas comenzarán dentro de los quince (15) días de recibida dicha solicitud de cualquiera de las Partes. En caso de que no se llegue a un acuerdo satisfactorio dentro de los quince (15) días a partir del comienzo de las consultas esto constituirá motivo para negar, revocar o suspender las autorizaciones de la o las líneas aéreas designadas por la otra Parte, o imponer condiciones a las mismas. Cuando una emergencia lo justifique, o para impedir que continúe el incumplimiento de las disposiciones de este Artículo, la primera Parte podrá adoptar medidas provisionales en todo momento.

Artículo 10
Cargos al usuario

1. Las tasas y demás cargos que se impongan por el uso de cada aeropuerto, incluyendo sus instalaciones, facilidades técnicas y otros servicios, como también cualquier cargo para el uso de facilidades y servicios de navegación aérea y de comunicación, deberán imponerse conforme a los precios y tarifas establecidos por cada Parte.

2. Las líneas aéreas de una Parte no pagarán tasas y cargos al usuario más altos que los de la empresa o empresas de la otra Parte o cualquier otra línea aérea extranjera que opere servicios internacionales similares, por el uso de instalaciones y servicios de la otra Parte.

3. Cada Parte promoverá la celebración de consultas entre las autoridades competentes en su territorio y las líneas aéreas que utilicen los servicios y las facilidades provistas por dichas autoridades, donde sea posible mediante las organizaciones representantes de dichas líneas aéreas. Cualquier propuesta de modificación de los cargos al usuario será informada, a fin de permitir a dichos usuarios expresar su opinión antes de efectuarse las modificaciones.

Artículo 11
Derechos de aduana

1. Cada Parte, basándose en la reciprocidad, eximirá a una línea aérea designada de la otra Parte en el mayor grado posible en virtud de sus leyes nacionales de restricciones sobre importaciones, derechos de aduana, impuestos indirectos, derechos de inspección y otros derechos y gravámenes nacionales que no se basen en el costo de los servicios proporcionados a la llegada, respecto a aeronaves, combustible, aceites lubricantes, suministros técnicos no durables y repuestos, incluyendo motores, equipo ordinario de aeronave, provisiones de a bordo y otros productos tales como reservas de billetes y cartas de porte aéreo impresos, todo material impreso con el logotipo de la empresa y material publicitario corriente distribuido gratuitamente por dicha línea aérea designada destinados o utilizados únicamente con relación a la explotación o al servicio de aeronaves de la línea aérea designada de la otra Parte que explote los servicios convenidos.

2. Las exenciones concedidas en este Artículo se aplicarán a los productos mencionados en el párrafo 1:

a) que se introduzcan en el territorio de la Parte por o en nombre de la línea aérea designada de la otra Parte;

b) que se encuentren a bordo de la línea aérea designada de una Parte a su llegada al territorio de la otra Parte o al salir del mismo; o

c) que se lleven a bordo de la aeronave de la línea aérea designada de una Parte al territorio de la otra Parte y que estén destinados para ser usados en la explotación de los servicios convenidos;

d) que dichos productos se utilicen o consuman enteramente o no dentro del territorio de la Parte que otorga la exención, a condición de que su propiedad no se transfiera en el territorio de dicha Parte.

3. El equipo ordinario de a bordo, así como los materiales y suministros que normalmente se hallan a bordo de la aeronave de una línea aérea designada de cualquiera de las Partes, sólo pueden descargarse en el territorio de la otra Parte con la aprobación de las autoridades aduaneras de dicho territorio. En ese caso, pueden mantenerse bajo la vigilancia de dichas autoridades hasta que se reexporten o se tome otra disposición al respecto de conformidad con los reglamentos aduaneros.

Artículo 12
Capacidad

La o las aerolíneas designadas por las partes contratantes, tendrán las mismas oportunidades de operar los servicios acordados cubiertos por este acuerdo, de conformidad con las rutas, frecuencias, derechos, condiciones de operación, equipos, etc, que se determinen en el Anexo respectivo que pasa a formar parte integrante del presente Acuerdo.

Artículo 13
Fijación de precios (Tarifas)

1. Las tarifas que habrán de aplicar la o las líneas aéreas designadas de una Parte para los servicios comprendidos en el presente Acuerdo se establecerán a niveles razonables, teniendo debidamente en cuenta todos los factores pertinentes, inclusive los intereses de los usuarios, el costo de explotación, las características del servicio, un beneficio razonable, las tarifas de otras líneas aéreas y otras consideraciones comerciales propias del mercado.

2. Las Partes convienen en examinar con especial atención las tarifas que puedan objetarse por parecer irrazonablemente discriminatorias, excesivamente elevadas o restrictivas por abusar de una posición dominante, artificialmente bajas debido a subvenciones o a un apoyo directo o indirecto, o "predatorias".

3. Siempre que sea posible, las líneas aéreas designadas fijarán sus propias tarifas. Sin embargo, las líneas aéreas designadas de las Partes podrán acordar las tarifas si ambas Partes les permiten participar en las actividades del o de los mecanismos internacionales de coordinación de tarifas pertinentes. Todo acuerdo sobre tarifas resultante de dichas actividades estará sujeto a la aprobación de cada Parte y podrá ser objeto de desaprobación en cualquier momento, independientemente de que haya sido previamente aprobado o no.

4. Cada Parte podrá exigir la notificación o presentación de las tarifas propuestas por la o las líneas aéreas designadas de ambas Partes para el transporte hacia o desde su territorio. Para la notificación o presentación de tarifas no podrá exigirse una antelación de más de 30 días antes de la fecha propuesta para su entrada en vigor. En casos especiales, el plazo podrá reducirse.

5. Cada Parte tendrá el derecho de aprobar o desaprobar las tarifas de los servicios de ida o de ida y vuelta entre los territorios de ambas Partes que se inicien en su propio territorio. Ninguna de las Partes tomará medidas unilaterales para impedir que comiencen a aplicarse las tarifas propuestas o sigan aplicándose las tarifas vigentes para el transporte de ida o de ida y vuelta entre los territorios de ambas Partes que se inicien en el territorio de la otra Parte.

6. Cualquiera de las Partes podrá aprobar expresamente las tarifas acordes con las disposiciones del párrafo 5 anterior que le presenten la o las líneas aéreas interesadas. No obstante, si una Parte no ha notificado por escrito a la otra Parte y a la o las líneas aéreas interesadas la desaprobación de esas tarifas de la o las líneas aéreas de la otra Parte dentro de un plazo de 15 días a partir de la fecha en que se presentaron, las tarifas en cuestión se considerarán aprobadas. En caso de que el plazo para la presentación se reduzca de conformidad con lo dispuesto en el párrafo 4, las Partes podrán convenir en que el plazo dentro del cual debe indicarse la desaprobación se reduzca en consecuencia.

7. Cuando cualquiera de las Partes considere que una tarifa de transporte hacia su territorio está comprendida en las categorías descritas en el párrafo 2 anterior, notificará su disconformidad a la otra Parte dentro de los 30 días siguientes de la fecha de notificación o presentación de la tarifa en cuestión, y podrá recurrir a los procedimientos de consulta estipulados en el párrafo 8.

8. Cada Parte podrá solicitar que se celebren consultas sobre cualquier tarifa de una línea aérea de cualquiera de las Partes para los servicios previstos en el presente Acuerdo, incluido el caso en que la tarifa en cuestión haya sido objeto de una notificación de desaprobación.

Dichas consultas tendrán lugar, a más tardar, 30 días después de recibida la correspondiente solicitud. Las Partes colaborarán para obtener la información necesaria a fin de resolver razonablemente los problemas. Si las Partes llegan a un acuerdo, cada una de ellas hará todo lo posible para aplicar dicho acuerdo. Si no se llega a ningún acuerdo, prevalecerá la decisión de desaprobar la tarifa.

9. Una tarifa establecida de conformidad con las disposiciones de esta cláusula permanecerá en vigor, a menos que la o las líneas aéreas interesadas la retiren o hasta que se apruebe otra tarifa.

Artículo 14
Leyes sobre la competencia

1. Las Partes se informarán mutuamente acerca de sus leyes, políticas y prácticas en materia de competencia o modificaciones de las mismas, y de cualesquiera objetivos concretos que en ellas se persigan, que puedan afectar a la explotación de los servicios de transporte aéreo con arreglo al presente Acuerdo e identificarán las autoridades encargadas de su aplicación.

2. En la medida que lo permitan sus propias leyes y reglamentos, las Partes prestarán asistencia a las líneas aéreas de la otra Parte, indicándoles si determinada práctica propuesta por una línea aérea es compatible con sus leyes, políticas y prácticas en materia de competencia.

3. Las Partes se notificarán mutuamente si consideran que puede haber incompatibilidad entre la aplicación de sus leyes, políticas y prácticas sobre la competencia y las cuestiones relativas a la aplicación del presente Acuerdo; el procedimiento de consulta previsto en el presente Acuerdo se empleará, si así lo solicita cualquiera de las Partes, para determinar si existe dicho conflicto y buscar los medios de resolverlo o reducirlo al mínimo.

4. Las Partes se notificarán mutuamente si tienen la intención de iniciar juicio contra la o las líneas aéreas de la otra Parte o acerca de la iniciación de cualquier acción judicial entre particulares con arreglo a sus leyes sobre la competencia que pueda llegar a su conocimiento.

5. Sin perjuicio del derecho de acción de cada una de las Partes, el procedimiento de consulta previsto en el presente Acuerdo se empleará siempre que una de las Partes así

lo solicite y debería estar dirigido a determinar los intereses respectivos de las Partes y las repercusiones probables de la acción relacionada con las leyes sobre la competencia.

6. Las Partes procurarán alcanzar un acuerdo durante dichas consultas, teniendo debidamente en cuenta los intereses pertinentes de cada Parte, así como otros medios que también permitan lograr los objetivos de dicha acción.

7. En caso de no alcanzar un acuerdo, cada Parte, al aplicar sus leyes, políticas y prácticas sobre la competencia, considerará con detenimiento y comprensión las opiniones expresadas por la otra Parte y tomará en consideración la cortesía, moderación y comedimiento internacionales.

8. La Parte en cuyo ámbito, con arreglo a sus leyes sobre la competencia, se haya iniciado una acción judicial entre particulares, facilitará a la otra Parte el acceso al órgano judicial pertinente y, si corresponde, proporcionará información a dicho órgano. Tal información podría incluir sus propios intereses en el ámbito de las relaciones exteriores, los intereses de la otra Parte que ésta ha notificado y, de ser posible, los resultados de cualquier consulta con la otra Parte en relación con dicha acción.

9. Las Partes cooperarán, en la medida que lo permitan sus leyes o políticas nacionales y de conformidad con cualesquiera obligaciones internacionales aplicables, autorizando a sus líneas aéreas y a otros nacionales a revelar a las autoridades competentes de una y otra Parte información pertinente a la acción relacionada con las leyes sobre la competencia, a condición de que dicha cooperación o revelación no sea contraria a sus intereses nacionales más importantes.

10. Mientras una acción iniciada por las autoridades encargadas de aplicar las leyes en materia de competencia de una Parte sea objeto de consultas con la otra Parte, la Parte en cuyo territorio se inició la acción deberá, en espera de los resultados de dichas consultas, abstenerse de exigir que se revele información situada en el territorio de la otra Parte, y esta última deberá abstenerse de aplicar cualquier ley preventiva.

Artículo 15
Conversión de divisas y transferencia de ganancias

Cada Parte permitirá a las líneas aéreas designadas de la otra Parte, a petición, convertir y transferir al extranjero, al Estado que escojan, todos los ingresos locales provenientes de la venta de servicios de transporte aéreo y de actividades conexas directamente vinculadas al transporte aéreo, y que excedan de las cantidades gastadas localmente, permitiéndose su rápida conversión y transferencia sin restricciones ni discriminación, al tipo de cambio aplicable en la fecha de la solicitud de conversión y transferencia.

Artículo 16
Venta y comercialización de servicios de transporte aéreo

1. Cada Parte otorgará a las líneas aéreas designadas de la otra Parte el derecho de vender y comercializar en su territorio servicios de transporte aéreo internacional y servicios conexos (directamente o por medio de agentes u otros intermediarios, a

discreción de la línea aérea), incluyendo el derecho de establecer oficinas en la red o fuera de la misma.

2. Cada línea aérea tendrá el derecho de vender servicios de transporte en la moneda de ese territorio o, a su discreción, en monedas de libre convertibilidad de otros países, y cualquier persona podrá adquirir dichos servicios de transporte en monedas aceptadas por esa línea aérea.

Artículo 17
Personal no nacional y acceso a los servicios locales

1. La o las líneas designadas de una Parte podrán, sobre una base de reciprocidad, traer y mantener en el territorio de la otra Parte a sus representantes y al personal comercial, operacional y técnico que sea necesario con relación a la explotación de los servicios convenidos.

2. Estas necesidades de personal pueden, a opción de la o las líneas aéreas designadas de una Parte, satisfacerse con personal propio o empleando servicios de otra organización, empresa o línea aérea que opere en el territorio de la otra Parte y autorizados a prestar esos servicios para otras líneas aéreas.

3. Los representantes y el personal estarán sujetos a las leyes y reglamentos en vigor de la otra Parte y serán compatibles con dichas leyes y reglamentos:

a) cada Parte otorgará, sobre una base de reciprocidad y con el mínimo de demora, las autorizaciones de empleo, los visados de visitante u otros documentos similares necesarios para los representantes y el personal mencionado en el párrafo 1 de este Artículo; y

b) ambas Partes facilitarán y expedirán las autorizaciones de empleo necesarias para el personal que desempeñe ciertos servicios temporales que no excedan de noventa (90) días.

Artículo 18
Cambio de capacidad

1. Al explotar servicios convenidos en una ruta especificada, una línea aérea designada de una Parte puede remplazar una aeronave por otra en un punto en el territorio de la otra Parte únicamente en las condiciones siguientes:

a) que esto se justifique por motivos de economía de las operaciones;

b) que la aeronave utilizada en el tramo de la ruta más distante del terminal en el territorio de la primera Parte no tenga mayor capacidad que la utilizada en el tramo más cercano;

c) que la aeronave utilizada en el tramo más distante efectúe operaciones únicamente en relación con el servicio proporcionado por la aeronave utilizada en el tramo más cercano o como extensión de dicho servicio y que este hecho figure en el horario; la primera llegará al punto en que se efectuará el cambio para transportar el tráfico que se traslada de la aeronave utilizada en el tramo más cercano o para ser trasladado a la misma; y su capacidad se determinará principalmente en relación con dicho objetivo;

d) que el volumen de tráfico directo sea adecuado;

e) que la línea aérea no anuncie al público mediante publicidad o de otro modo, que proporciona un servicio que tiene su origen en un punto donde tiene lugar el cambio de aeronave;

f) que cuando un servicio convenido incluya un cambio de aeronave, este hecho se indique en todos los horarios, sistemas de reserva por computadora, sistemas de indicación de tarifas, anuncios y otros medios semejantes;

g) que las disposiciones del Artículo 18 del presente Acuerdo rijan todos los arreglos relativos al cambio de aeronave; y

h) que en relación con cualquier vuelo en el territorio en que se efectúa el cambio de aeronave, sólo puede hacerse un vuelo desde dicho territorio a menos que las autoridades aeronáuticas de la otra Parte autoricen más de un vuelo.

2. Las disposiciones del párrafo 1 de este Artículo:

a) no restringirán el derecho de una línea aérea designada a cambiar de aeronave en el territorio de la Parte que designa esa línea aérea; y

b) no permitirán a una línea aérea designada de una Parte estacionar su propia aeronave en el territorio de la otra Parte con el fin de cambiar de aeronave.

3. Las disposiciones de este Artículo no limitarán la capacidad de una línea aérea de proveer servicios por medio de arreglos de compartición de códigos o de reserva de capacidad, como se prevé en el Cuadro de rutas del presente Acuerdo.

Artículo 19
Acuerdos de cooperación

1. Las líneas aéreas designadas de cada Parte pueden concertar acuerdos de comercialización en cooperación, tales como empresa conjunta o joint venture, reserva de capacidad y compartición de códigos u otros acuerdos similares, a condición de que ambas líneas aéreas cuenten con la autorización apropiada y satisfagan los requisitos normalmente aplicables a tales arreglos, con:

a) una o varias líneas aéreas de cualquiera de las Partes;

b) una o varias líneas aéreas de un tercer país; y

c) a condición de que todas las líneas aéreas en tales arreglos 1) tengan la autorización necesaria y 2) satisfagan los requisitos normalmente aplicados a tales arreglos.

2. Las Partes convienen en adoptar las medidas necesarias para asegurar que los consumidores estén plenamente informados y protegidos con respecto a los vuelos de código compartido efectuados hacia o desde su territorio y que, como mínimo, se proporcione a los pasajeros la información necesaria en las formas siguientes:

a) verbalmente y, si es posible, por escrito en el momento de la reserva;

b) en forma escrita en el propio billete o (de no ser posible) en el itinerario que acompaña el billete o en cualquier otro documento que remplace éste último, como la confirmación por escrito, incluyendo la información sobre las personas con las que puede comunicarse si surgen problemas e indicando claramente la línea aérea responsable en caso de daños o accidentes; y

c) verbalmente, de nuevo, por el personal de tierra de la línea aérea en todas las etapas del viaje.

3. Las líneas aéreas deben someter todo arreglo de cooperación propuesto a la aprobación de las autoridades aeronáuticas de ambas Partes al menos 60 días antes de la aplicación propuesta.

Artículo 20
Estadísticas

1. Las autoridades aeronáuticas de ambas Partes suministrarán a las autoridades aeronáuticas de la otra Parte, a solicitud de la misma, informes estadísticos periódicos o de otro tipo según sean requeridos en forma razonable a los fines de efectuar una revisión de la capacidad de los servicios convenidos y de mantener un registro.

2. Las autoridades aeronáuticas de una de las Partes podrán requerir a las líneas aéreas de la otra Parte la entrega de reportes estadísticos.

Artículo 21
Aprobación de horarios

1. La línea aérea designada de cada Parte someterá sus horarios de vuelos previstos a la aprobación de las autoridades aeronáuticas de la otra Parte, por lo menos treinta (30) días antes de explotar los servicios convenidos. El mismo procedimiento se aplicará a toda modificación de los horarios.

2. Para los vuelos suplementarios que la línea aérea designada de una Parte desee explotar en los servicios convenidos fuera del horario aprobado, dicha línea aérea deberá solicitar la autorización previa de las autoridades aeronáuticas de la otra Parte. Dicha solicitud generalmente se presentará por lo menos dos (2) días laborables antes de explotar dichos vuelos.

Artículo 22
Consultas

1. Cualquiera de las Partes puede, en cualquier momento, solicitar consultas sobre la interpretación, aplicación, puesta en práctica o enmienda del presente Acuerdo o el cumplimiento del mismo.

2. Dichas consultas que pueden llevarse a cabo mediante reuniones o por correspondencia se iniciarán dentro del plazo de sesenta (60) días a partir de la fecha en que la otra Parte reciba una solicitud por escrito u oral, a menos que las Partes hayan convenido otra cosa.

Artículo 23
Solución de controversias

1. Si surge una controversia entre las Partes respecto a la interpretación o aplicación del presente Acuerdo, salvo las que puedan surgir con relación al Artículo 8 y al Artículo 13 las Partes tratarán en primera instancia de solucionarla mediante consultas y negociaciones.

2. Si las Partes no alcanzan una solución mediante consultas, la controversia podrá someterse al arbitraje, a petición de cualquiera de las Partes, de conformidad con los procedimientos establecidos seguidamente.

3. El arbitraje lo llevará a cabo un tribunal de tres árbitros, cada Parte nombrará uno de ellos y el tercero será nombrado de acuerdo entre los dos árbitros escogidos, a condición de que el tercero no sea un nacional de ninguna de las Partes. Cada Parte designará a un árbitro en un plazo de sesenta (60) días a partir de la fecha en que cualquiera de las Partes reciba una nota diplomática de la otra Parte solicitando el arbitraje, y habrá acuerdo sobre el tercer árbitro en un plazo adicional de sesenta (60) días. Si una de las Partes no designa a su propio árbitro dentro del período de sesenta (60) días o si no hay acuerdo respecto al tercer árbitro dentro del plazo indicado, cualquiera de las Partes podrá solicitar al Presidente del Consejo de la OACI que nombre al o los árbitros. Si el Presidente tiene la nacionalidad de una de las Partes, incumbirá al Vicepresidente con mayor antigüedad hacer el nombramiento necesario, a condición de que no tenga el mismo impedimento.

4. El tribunal arbitral determinará sus propios procedimientos.

5. Cada Parte dará pleno efecto a toda decisión o fallo del tribunal, en la medida compatible con sus leyes nacionales.

6. Cada Parte asumirá los gastos del árbitro que nombre. Los demás gastos del tribunal se repartirán en proporciones iguales entre las Partes, incluyendo los gastos en que haya incurrido el Presidente del Consejo de la OACI al aplicar los procedimientos que figuran en el párrafo 3 de este Artículo.

7. Mientras una de las Partes no respete una decisión adoptada en virtud del párrafo 3, la otra Parte podrá limitar, suspender o revocar todo derecho o privilegio que haya

otorgado en virtud del presente Acuerdo a la Parte o a la o las líneas aéreas designadas que no hayan cumplido sus obligaciones.

Artículo 24
Enmiendas

1. Cualquiera de las Partes puede solicitar, en todo momento, que se realicen consultas con la otra Parte para enmendar el presente Acuerdo o su Anexo I. Dichas consultas se iniciarán dentro de los 60 días de la fecha de recepción de la solicitud y podrán realizarse por medio de reuniones o por correspondencia.

2. Toda enmienda entrará en vigor de conformidad con el procedimiento previsto en el Artículo 27.

3. Toda enmienda del Anexo I (Cuadro de Rutas) puede efectuarse mediante acuerdo escrito entre las autoridades aeronáuticas de las Partes, que comenzará a aplicarse provisionalmente desde su firma y entrará en vigor en forma definitiva al confirmarse mediante intercambio de notas diplomáticas.

Artículo 25
Acuerdos multilaterales

Si un acuerdo multilateral relativo al transporte aéreo entra en vigor respecto a ambas Partes, sus disposiciones prevalecerán sobre las del presente Acuerdo, en la medida en que se opongan a éstas.

Artículo 26
Registro en la OACI

El presente Acuerdo y toda enmienda al mismo serán registrados, después de su firma, en la Organización de Aviación Civil Internacional por medio de comunicación cursada por cualquiera de las Partes.

Artículo 27
Entrada en vigor

El presente Acuerdo entrará en vigor treinta (30) días después de la fecha en que las Partes se hayan comunicado recíprocamente, por escrito y por la vía diplomática, el cumplimiento de sus respectivos requisitos internos de aprobación y tendrá una duración indefinida.

Artículo 28
Terminación

1. Cualquiera de las Partes puede, en todo momento, notificar a la otra por escrito, por vía diplomática, su decisión de poner fin al presente Acuerdo.

2. Dicha notificación se comunicará simultáneamente a la OACI. El presente Acuerdo expirará a los doce meses después de la fecha de recepción de la notificación por la otra Parte, a menos que se retire dicha notificación mediante acuerdo antes de concluir dicho plazo. Si la otra Parte no acusa recibo, se considerará que la notificación ha sido recibida catorce (14) días después de su recepción por la OACI.

HECHO en Buenos Aires, el 28 de septiembre de 2006, en dos ejemplares en idioma español, siendo ambos igualmente auténticos.

Por el Gobierno de la República Argentina

Jorge Enrique Taiana
Ministro de Relaciones Exteriores, Comercio Internacional y Culto

Por el Gobierno de la República del Ecuador

Francisco Carrión Mena
Ministro de Relaciones Exteriores

Anexo I

Cuadro de rutas

Las líneas aéreas designadas de cada Parte tendrán derecho a proveer transporte aéreo entre puntos de las siguientes rutas con derechos de tercera, cuarta y quinta libertades:

A. Rutas que habrán de explotar la o las líneas aéreas designadas de la República de Ecuador:

Desde cualquier punto o puntos en la República del Ecuador vía Lima (República del Perú) - Santiago de Chile (República de Chile) a cualquier punto o puntos en la República Argentina y viceversa y más allá de la República del Ecuador a Bogotá (República de Colombia) - Ciudad de México (Estados Unidos Mexicanos) - Panamá (República de Panamá) - Los Ángeles, Miami y Nueva York (Estados Unidos de América) y viceversa.

B. Rutas que habrán de explotar la o las líneas aéreas designadas de la República Argentina:

Desde cualquier punto o puntos en la República Argentina vía Santiago de Chile (República de Chile) - Lima (República del Perú) a cualquier punto o puntos en la República del Ecuador y más allá de la República del Ecuador a Bogotá (República de Colombia) - Panamá (República de Panamá) - Ciudad de México (Estados Unidos Mexicanos) - Los Ángeles, Miami y Nueva York (Estados Unidos de América) y viceversa.

Frecuencias

Ambas Partes acuerdan que sus líneas aéreas designadas podrán operar hasta siete (7) frecuencias semanales de servicios combinados con ejercicio de derechos de tercera, cuarta y quinta libertad sobre las rutas acordadas en Cuadro de rutas.

Operaciones no regulares

Cada Parte autorizará vuelos no regulares de pasajeros entre puntos a los cuales no existen servicios aéreos regulares establecidos. En los casos en que existan tales servicios regulares, se otorgarán autorizaciones a condición de que la oferta de vuelos no regulares no ponga en peligro la estabilidad económica de los servicios regulares existentes.

Servicios exclusivos de carga aérea

1. Toda línea aérea designada que se ocupe del transporte internacional de carga aérea:

a) recibirá un tratamiento no discriminatorio con respecto al acceso a instalaciones y servicios para despacho, manipulación, almacenamiento y facilitación de la carga;

b) sujeto a las leyes y reglamentos locales, podrá utilizar y explotar directamente otros modos de transporte;

c) podrá concertar arreglos de cooperación con otros transportistas aéreos que incluyan, aunque no limitándose, compartición de códigos, reserva de capacidad y servicios entre líneas aéreas, con cumplimiento de las normas aplicables a los mismos.

2. Además de los derechos consignados en el párrafo 1 anterior, cada línea aérea designada dedicada al transporte exclusivamente de carga, en servicios regulares y no regulares, podrá proporcionar dichos servicios hacia y desde el territorio de cada una de las Partes, sin restricción en cuanto a las frecuencias, capacidad, rutas, tipo de aeronave y origen o destino de la carga.

[TRANSLATION IN ENGLISH – TRADUCTION EN ANGLAIS]

AIR SERVICES AGREEMENT BETWEEN THE GOVERNMENT OF THE ARGENTINE REPUBLIC AND THE GOVERNMENT OF THE REPUBLIC OF ECUADOR

Preamble

The Government of the Argentine Republic and the Government of the Republic of Ecuador, hereinafter referred to as the "Parties",

Being parties to the Convention on International Civil Aviation, opened for signature at Chicago on 7 December 1944,

Desiring to contribute to the progress of international civil aviation,

Desiring to conclude an agreement for the purpose of establishing and operating air services between their respective territories,

Desiring to ensure the highest degree of safety and security in international air services and reaffirming their grave concern about acts or threats against the security of aircraft, which jeopardize the safety of persons or property, adversely affect the operation of air services, and undermine public confidence in the safety of civil aviation operations,

Have agreed as follows:

Article 1. Definitions

For the purposes of this Agreement, unless otherwise stated:

(a) "Air transportation" means the public carriage by aircraft of passengers, baggage, cargo and mail, separately or in combination, for remuneration or hire;

(b) "Aeronautical authorities" means, in the case of the Argentine Republic, the Ministry of Federal Planning, Secretariat of Transportation - department for commercial air transportation; in the case of the Republic of Ecuador, the National Civil Aviation Council and/or the Directorate General of Civil Aviation; or in both cases any other authority or person empowered to perform the functions now exercised by the said authorities;

(c) "Agreement" means this Agreement, its annex and any amendments thereto;

(d) "Capacity" is the amount of services provided under the Agreement, usually measured in the number of flights (frequency) or seats or tons of cargo offered in a market (city pair, or country-to-country) or on a route during a specific period, such as daily, weekly, seasonally or annually;

(e) "Convention" means the Convention on International Civil Aviation opened for signature at Chicago on 7 December 1944 and includes any annex adopted under article 90 of that Convention, and any amendment to the annexes or the Convention under articles 90 and 94, insofar as such annexes and amendments have become effective for both Parties;

(f) "Designated airline" means an airline which has been designated and authorized in accordance with article 3 of this Agreement;

(g) "Domestic air transportation" is air transportation in which passengers, baggage, cargo and mail which are taken on board in a State's territory are destined to another point in that same State's territory;

(h) "ICAO" means the International Civil Aviation Organization;

(i) "Intermodal air transportation" means the public carriage by aircraft and by one or more surface modes of transport of passengers, baggage, cargo and mail, separately or in combination, for remuneration or hire;

(j) "International air transportation" is air transportation in which the passengers, baggage, cargo and mail which are taken on board in the territory of one State are destined to another State;

(k) "Price" or "tariff" means any fare, rate or charge for the carriage of passengers, baggage or cargo (excluding mail) in air transport (including any other mode of transportation in connection therewith) charged by airlines, including their agents, and the conditions governing the availability of such fare, rate or charge;

(l) "Territory" in relation to a State has the meaning assigned to it in article 2 of the Convention;

(m) "User charge" means a charge imposed on airlines by the competent authorities, or permitted by them to be imposed, for the provision of airport property or facilities and airport, air navigation and aviation security services, including related services and facilities, for aircraft, their crews, passengers and cargo; and

(n) "Air service", "international air service", "airline", and "stop for non-traffic purposes", have the meanings assigned to them in article 96 of the Convention.

Article 2. Grant of rights

1. Each Party grants to the other Party the rights specified in this Agreement for the purpose of operating international air services on the routes specified in the Route Schedule.

2. Subject to the provisions of this Agreement, the airlines designated by each Party shall enjoy the following rights:

(a) The right to fly across the territory of the other Party without landing;

(b) The right to make stops in the territory of the other Party for non-traffic purposes;

(c) The right to make stops at the points on the routes specified in the route schedule to this Agreement for the purpose of taking on board and discharging international traffic in passengers, cargo or mail, separately or in combination.

3. Nothing in paragraph 2 shall be deemed to confer on the designated airlines of one Party the privilege of taking on board, in the territory of the other Party, passengers, cargo and mail for remuneration and destined for another point in the territory of that other Party.

Article 3. Designation and authorization

1. Each Party shall have the right to designate, in writing to the other Party, one or more airlines to operate the agreed services in accordance with this Agreement and to withdraw or change such designation.

2. Following the receipt of said designation and a request from the designated airline, in the form and manner prescribed for operating authorization, each Party shall grant the appropriate operating authorization with minimal procedural delay, provided that:

(a) Substantial ownership and effective control of that airline are vested in the Party designating the airline, nationals of that Party, or both, in accordance with the legislation of the Party that designated the airline;

(b) The designated airline is qualified to meet the conditions prescribed under the laws and regulations normally applied to the operation of international air transport services by the Party receiving the designation;

(c) The designated airline is in compliance with the laws and regulations normally applied to the operation of international air transport services by the Party receiving the designation.

Article 4. Withholding, revocation and limitation of authorization

1. The aeronautical authorities of each Party shall have the right to withhold the authorizations referred to in the previous article of this Agreement with respect to an airline designated by the other Party, and to revoke, suspend or impose conditions on such authorizations, temporarily or permanently:

(a) Where the authorities are not satisfied that substantial ownership and effective control are vested in the Party designating the airline, nationals of that Party, or both, in accordance with the legislation of the Party that designated the airline;

(b) Where the Party designating the airline fails to comply with the provisions set out in article 8 and article 9; and

(c) Where such designated airline fails to meet the laws and regulations normally applied to the operation of international air transport services by the Party receiving the designation.

Article 5. Application of laws

1. While entering, within, or leaving the territory of a Party, that Party's laws and regulations relating to the operation and navigation of aircraft shall be complied with by the other Party's airlines.

2. While entering, within, or leaving the territory of one Party, that Party's laws and regulations relating to the admission to or departure from its territory of passengers, crew or cargo on aircraft (including regulations relating to entry, clearance, aviation security, immigration, passports, customs and quarantine, or in the case of mail, postal regulations) shall be complied with by, or on behalf of, such passengers, crew or cargo of the other Party's airlines.

3. In the implementation of immigration, customs, quarantine and similar regulations, neither Party shall give preference to its own airline over the designated airline of the other Party engaged in similar international air transportation.

Article 6. Direct transit

Passengers, baggage, cargo and mail in direct transit shall be subject to no more than a simplified control. Baggage and cargo in direct transit shall be exempt from customs duties and other similar taxes.

Article 7. Recognition of certificates

1. Certificates of airworthiness, certificates of competency and licences issued or validated by one Party and still in force shall be recognized as valid by the other Party for the purpose of operating the agreed services, provided that the requirements under which such certificates and licences were issued or validated are equal to or above the minimum standards which may be established pursuant to the Convention.

2. Where the privileges or conditions of the licences or certificates referred to in paragraph 1 above, issued by the aeronautical authorities of one Party to any person or designated airline or in respect of an aircraft used in the operation of the agreed services, permit deviation from the minimum standards established under the Convention, and where such a deviation has been filed with the International Civil Aviation Organization, the other Party may request consultation between the aeronautical authorities with a view to clarifying the practice in question.

3. Each Party reserves the right, however, to refuse to recognize for the purpose of flights above or landing within its own territory, certificates of competency and licences granted to its own nationals by the other Party.

Article 8. Safety

1. Each Party may request consultations at any time concerning the operational safety standards maintained by the other Party in areas relating to aeronautical facilities, flight crew, aircraft and the operation of aircraft. Such consultations shall take place within thirty (30) days of that request.

2. If, following such consultations, one Party finds that the other Party does not effectively maintain and administer operational safety standards in the areas referred to in paragraph 1 that meet the standards in force in accordance with the Convention on International Civil Aviation, the other Party shall be informed of such findings and of the steps considered necessary to conform with ICAO standards. The other Party shall then take appropriate corrective action within an agreed time period.

3. Pursuant to article 16 of the Convention, it is further agreed that any aircraft operated by or on behalf of an airline of one Party, in service to or from the territory of the other Party, may, while within the territory of the other Party, be subject to a search by the authorized representatives of the other Party, provided this does not cause unreasonable delay in the operation of the aircraft.

4. When urgent action is essential to ensure the safety of airline operations, each Party reserves the right immediately to suspend or vary the operating authorization of an airline or airlines of the other Party.

5. Any action by one Party in accordance with paragraph 4 above shall be discontinued once the basis for the taking of that action ceases to exist.

6. With regard to paragraph 2 above, if it is determined that one Party remains in non-compliance with ICAO standards after the expiration of the agreed time period, the Secretary General of ICAO should be advised thereof. The latter should also be advised of any subsequent satisfactory resolution of the situation.

Article 9. Aviation security

1. Consistent with their rights and obligations under international law, the Parties reaffirm that their obligation to each other to protect the security of civil aviation against acts of unlawful interference forms an integral part of this Agreement. Without limiting the generality of their rights and obligations under international law, the Parties shall, in particular, act in conformity with the provisions of the Convention on Offences and Certain Other Acts Committed on Board Aircraft, signed at Tokyo on 14 September 1963, the Convention for the Suppression of Unlawful Seizure of Aircraft, signed at The Hague on 16 December 1970, the Convention for the Suppression of Unlawful Acts against the Safety of Civil Aviation, signed at Montreal on 23 September 1971, and the Protocol for the Suppression of Unlawful Acts of Violence at Airports Serving International Civil Aviation supplementary thereto, signed at Montreal on 24 February 1988, as well as with any other agreement and protocol in force between the Parties relating to the security of civil aviation.

2. The Parties shall provide all necessary assistance to each other to prevent acts of unlawful seizure of civil aircraft and other unlawful acts against the safety of such aircraft, their passengers and crew, airports and air navigation facilities, and any other threat to the security of civil aviation.

3. The Parties shall, in their mutual relations, act in conformity with the aviation security provisions established by ICAO and designated as annexes to the Convention; require that operators of aircraft of their registry or operators of aircraft who have their principal place of business or permanent residence in their territory and the operators of airports in their territory act in conformity with such aviation security provisions. Each Party shall advise the other Party of any difference between its national regulations and methods and the aviation security standards of the annexes. Either Party may request immediate consultations with the other Party at any time on such differences.

4. Each Party agrees that said aircraft operators may be required to observe the aviation security provisions referred to in paragraph (3) above required by the other Party for entry into, departure from, or while within, the territory of that other Party. Each Party shall ensure that adequate measures are effectively applied to protect the aircraft and to inspect passengers, crew, carry-on items, baggage, cargo and aircraft stores prior to and during boarding or loading. Each Party shall also give positive consideration to any request from the other Party for reasonable special security measures to meet a particular threat.

5. When an incident or threat of an incident of unlawful seizure of civil aircraft or other unlawful acts against the safety of such aircraft, their passengers and crew, airports or air navigation facilities occurs, the Parties shall assist each other by facilitating communications and other appropriate measures intended terminate rapidly and safely such incident or threat.

6. When a Party has reasonable grounds to believe that the other Party has departed from the provisions of this article, the first Party may request consultations. Such consultations shall start within fifteen (15) days of receipt of such a request from either Party. Failure to reach a satisfactory agreement within fifteen (15) days from the start of consultations shall constitute grounds for withholding, revoking, suspending or imposing conditions on the authorizations of the airline or airlines designated by the other Party. When justified by an emergency, or to prevent further

non-compliance with the provisions of this Article, the first Party may take interim action at any time.

Article 10. User charges

1. User fees and other charges that may be imposed for the use of each airport, including its installations, technical facilities and other services, as well as any charges for the use of air navigation and communication facilities and services must be imposed in accordance with the prices and tariffs established by each Party.

2. The airlines of one Party shall not pay higher user fees and charges than those imposed on the company or companies of the other Party or any other foreign airline operating similar international services for the use of the other Party's facilities and services.

3. Each Party shall encourage consultations between the competent authorities in its territory and the airlines using the services and facilities provided by those authorities, through those airlines' representative organizations where possible. Notice of any proposals for changes in user charges shall be given to such users to enable them to express their views before changes are made.

Article 11. Customs duties

1. Each Party shall, on the basis of reciprocity, exempt designated airlines of the other Party to the fullest extent possible under its national law from import restrictions, customs duties, excise taxes, inspection fees and other national duties and charges not based on the cost of services provided on arrival on aircraft, fuel, lubricating oils, consumable technical supplies, spare parts, including engines, regular aircraft equipment, aircraft stores and other items such as printed ticket stock, air waybills, any printed material which bears the insignia of the company and usual publicity distributed free of charge by that designated airline intended for use or used solely in connection with the operation or servicing of aircraft of the designated airline of such other Party operating the agreed services.

2. The exemptions granted by this article shall apply to the items referred to in paragraph 1:

(a) Introduced into the territory of the Party by or on behalf of the designated airline of the other Party;

(b) Retained on board aircraft of the designated airline of one Party upon arrival in or leaving the territory of the other Party; or

(c) Taken on board aircraft of the designated airline of one Party in the territory of the other Party and intended for use during the operation of the agreed services;

(d) Whether or not such items are used or consumed wholly within the territory of the Party granting the exemption, provided the ownership of such items is not transferred in the territory of the said Party.

3. The regular airborne equipment, as well as the materials and supplies normally retained on board the aircraft of a designated airline of either Party, may be unloaded in the territory of the other Party only with the approval of the customs authorities of that territory. In such a case, they may be placed under the supervision of the said authorities up to such time as they are re-exported or otherwise disposed of in accordance with customs regulations.

Article 12. Capacity

The designated airline or airlines of the Contracting Parties shall have equal opportunities to operate the agreed services covered by this Agreement, in accordance with the routes, frequencies, rights, conditions of operation, equipment and other factors determined in the relevant Annex that is to become an integral part of this Agreement.

Article 13. Pricing (tariffs)

1. The tariffs to be applied by the designated airline or airlines of a Party for services covered by this Agreement shall be established at reasonable levels, due regard being paid to all relevant factors, including user interests, the cost of operation, characteristics of the service, reasonable profit, the tariffs of other airlines and other commercial market considerations.

2. The Parties agree to give particular attention to tariffs which may be objectionable because they appear unreasonably discriminatory, unduly high or restrictive due to an abuse of a dominant position, artificially low due to direct or indirect governmental subsidies or support, or appear "predatory".

3. The tariffs shall, wherever possible, be established by the designated airlines individually. However, tariffs may be agreed by the designated airlines of the Parties if both Parties permit designated airlines to participate in the activities of appropriate international tariff coordination mechanism(s). Any tariff agreement resulting from such activities shall be subject to the approval of each Party, and such approval may be revoked at any time regardless of whether it was previously approved or not.

4. Each Party may require a notification or filing of tariffs proposed by the designated airline(s) of both Parties for carriage to or from its territory. The notice period for such notification or filing cannot exceed 30 days before the proposed date of introduction. In special cases, this period may be reduced.

5. Each Party shall have the right to approve or disapprove tariffs for one-way or round-trip carriage between the territories of the two Parties which commences in its own territory. Neither Party shall take unilateral action to prevent the application of proposed tariffs or the continuation of effective tariffs for one-way or round-trip carriage between the territories of the two Parties commencing in the territory of the other Party.

6. Approval of tariffs consequent upon the provisions of paragraph 5 above may be given expressly by either Party to the airline(s) filing the tariffs. However, if a Party has not provided, in writing, notice of disapproval of such tariffs of the airline(s) of the other Party within 15 days from the date of submission to the other Party and the airline(s) concerned, the tariffs in question shall be considered approved. In the event of the period of submission being reduced in accordance with paragraph 4, the Parties may agree that the notice period for disapproval shall also be reduced accordingly.

7. Where either Party believes that a tariff for carriage to its territory falls within the categories described in paragraph 2 above, said Party shall give notice of its disapproval to the other Party within 30 days of the date of notification or filing of the tariff concerned, and may avail itself of the consultation procedures set out in paragraph 8.

8. Each Party may request consultation regarding any tariff set by an airline of either Party for services covered by this Agreement, including where the tariff concerned has been subject to a notice of disapproval.

Such consultations shall be held not later than 30 days after receipt of the request. The Parties shall cooperate in securing the information necessary for a reasoned resolution of any issues. If the Parties reach agreement, each Party shall use its best efforts to put that agreement into effect. If no agreement is reached, any decision to disapprove of a tariff shall prevail.

9. A tariff established in accordance with the provisions of this clause shall remain in force, unless withdrawn by the airline(s) concerned or until a new tariff has been approved.

Article 14. Fair competition

1. The Parties shall inform each other about their competition laws, policies and practices or changes thereto, and any particular objectives thereof, which could affect the operation of air transport services under this Agreement and shall identify the authorities responsible for their implementation.

2. The Parties shall, to the extent permitted under their own laws and regulations, assist each other's airlines by providing guidance as to the compatibility of any proposed airline practice with their competition laws, policies and practices.

3. The Parties shall notify each other whenever they consider that there may be incompatibility between the application of their competition laws, policies and practices and the matters related to the operation of this Agreement; the consultation process contained in this Agreement shall, if so requested by either Party, be used to determine whether such a conflict exists and to seek ways of resolving or minimizing it.

4. The Parties shall notify one another of their intention to begin proceedings against each other's airline(s) or of the initiation of any relevant private legal actions under their competition laws which may come to their attention.

5. Without prejudice to the right of action of either Party, the consultation process contained in this Agreement shall be used whenever either Party so requests and should aim to identify the respective interests of the Parties and the likely implications arising from the particular action related to competition law.

6. The Parties shall endeavour to reach an agreement during such consultations, having due regard to the relevant interests of each Party as well as to alternative means which might also achieve the objectives of the proceedings.

7. Where no agreement is reached, each Party shall, in implementing its competition laws, policies and practices, give full and careful consideration to the views expressed by the other Party and shall have regard to international comity, moderation and restraint.

8. The Party under whose competition laws a private legal action has been initiated shall facilitate access of the other Party to the relevant judicial body, and where appropriate, provide information to that body. Such information could include its own foreign relations interests, the interests of the other Party as notified by that Party and, if possible, the results of any consultation with that other Party concerning the action.

9. The Parties shall cooperate, to the extent permitted by their national laws or policies and in accordance with any applicable international obligations, in allowing the disclosure by their airlines or other nationals of information pertinent to competition law proceedings to the competent

authorities of each Party, provided that such cooperation or disclosure would not be contrary to their most significant national interests.

10. While an action taken by the competition law authorities of one Party is the subject of consultations with the other Party, the Party in whose territory the action is being taken shall, pending the outcome of these consultations, refrain from requiring the disclosure of information situated in the territory of the other Party and that other Party shall refrain from applying any blocking legislation.

Article 15. Currency conversion and transfer of revenues

Each Party shall permit airlines of the other Party to convert and transmit abroad to the State chosen by the airline, on demand, all local revenues from the sale of air transport services and associated activities directly linked to air transport in excess of sums locally disbursed, with conversion and remittance permitted promptly without restrictions or discrimination, at the rate of exchange applicable as of the date of the request for conversion and remittance.

Article 16. Sale and marketing of air service products

1. Each Party shall accord designated airlines of the other Party the right to sell and market international air services and related products in its territory (directly or through agents or other intermediaries of the airline's choice), including the right to establish offices, both online and offline.

2. Each airline shall have the right to sell transportation in the currency of that territory or, at its discretion, in freely convertible currencies of other countries, and any person shall be free to purchase such transportation in currencies accepted by that airline.

Article 17. Non-national personnel and access to local services

1. The designated airline or airlines of one Party shall be allowed, on the basis of reciprocity, to bring into and to maintain in the territory of the other Party their representatives and commercial, operational and technical staff as required in connection with the operation of the agreed services.

2. These staff requirements may, at the option of the designated airline or airlines of one Party, be satisfied by its own personnel or by using the services of any other organization, company or airline operating in the territory of the other Party and authorized to perform such services for other airlines.

3. The representatives and staff shall be subject to the laws and regulations in force of the other Party, and consistent with such laws and regulations:

(a) Each Party shall, on the basis of reciprocity and with minimum procedural delay, grant the necessary employment authorizations, visitor visas or other similar documents to the representatives and staff referred to in paragraph 1 of this article; and

(b) Both Parties shall facilitate and expedite the granting of employment authorizations for personnel performing certain temporary duties not exceeding ninety (90) days.

Article 18. Change of gauge

In operating any agreed service on any specified route, a designated airline of one Party may substitute one aircraft for another at a point in the territory of the other Party on the following conditions only:

(a) That it is justified by reason of economy of operation;

(b) That the aircraft used on the section of the route more distant from the terminal in the territory of the first Party is not larger in capacity than that used on the nearer section;

(c) That the aircraft used on the more distant section shall operate only in connection with and as an extension of the service provided by the aircraft used on the nearer section and shall be scheduled so to do; the former shall arrive at the point of change for the purpose of carrying traffic transferred from or to be transferred into, the aircraft used on the nearer section; and its capacity shall be determined with primary reference to this purpose;

(d) That there is an adequate volume of through traffic;

(e) That the airline shall not hold itself out to the public by advertisement or otherwise as providing a service which originates at a point where the change of aircraft is made;

(f) That where an agreed service includes a change of aircraft, this fact is shown in all timetables, computer reservation systems, fare quote systems, advertisements and other like means;

(g) That the provisions of article 18 of this Agreement shall govern all arrangements made with regard to change of aircraft; and

(h) That in connection with any one flight into the territory in which the change of aircraft is made, only one flight may be made out of that territory unless the airline is authorized by the aeronautical authorities of the other Party to operate more than one flight.

2. The provisions of paragraph 1 of this article shall:

(a) Not restrict the right of a designated airline to change aircraft in the territory of the Party designating that airline; and

(b) Not allow a designated airline of one Party to station its own aircraft in the territory of the other Party for the purpose of change of aircraft.

3. The provisions of this article shall not limit the ability of an airline to provide services through codesharing or blocked space arrangements as provided for in the Route Schedule of this Agreement.

Article 19. Cooperative agreements

1. The designated airlines of either Party may enter into cooperative marketing agreements such as a joint-venture, blocked space and codeshares or other similar agreements, provided that both airlines involved hold the appropriate authority and meet the requirements normally applied to such arrangements, with:

(a) An airline or airlines of either Party;

(b) An airline or airlines of a third country; and

(c) Provided that all airlines in such arrangements: (1) Hold the appropriate authority, and (2) Meet the requirements normally applied to such arrangements.

2. The Parties agree to take the necessary actions to ensure that consumers are fully informed and protected with respect to codeshare flights operating to or from their territory and that, at a minimum, passengers be provided with the necessary information in the following ways:

(a) Orally and, if possible, in writing at the time of booking;

(b) In written form, on the ticket itself or (if not possible), on the itinerary document accompanying the ticket or on any other document replacing the ticket, such as a written confirmation, including information on whom to contact in case of a problem and a clear indication of which airline is responsible in case of damage or accident; and

(c) Orally again, by the airline's ground staff at all stages of the journey.

3. The airlines are required to file any proposed cooperative arrangement for approval with the aeronautical authorities of both Parties at least 60 days before its proposed introduction.

Article 20. Statistics

1. The aeronautical authorities of each Party shall provide the aeronautical authorities of the other Party, upon request, periodic or other statements of statistics as may be reasonably required for the purpose of reviewing the capacity provided on the agreed services and maintaining a record.

2. The aeronautical authorities of each Party may require the airlines of the other Party to submit statistical reports.

Article 21. Approval of schedules

1. The designated airline of each Party shall submit its envisaged flight schedules for approval to the aeronautical authorities of the other Party at least thirty (30) days prior to the operation of the agreed services. The same procedure shall apply to any modification thereof.

2. For supplementary flights which the designated airline of a Party wishes to operate on the agreed services outside the approved timetable, that airline must request prior permission from the aeronautical authorities of the other Party. Such requests shall usually be submitted at least two (2) working days prior to the operation of such flights.

Article 22. Consultations

1. Either Party may, at any time, request consultation on the interpretation, application, implementation or amendment of this Agreement or compliance with this Agreement.

2. Such consultations, which may be through discussion or by correspondence, shall begin within a period of sixty (60) days from the date the other Party receives a written or oral request, unless otherwise agreed by the Parties.

Article 23. Settlement of disputes

1. In the case of any dispute arising between the Parties relating to the interpretation or application of this Agreement, except those that may arise under article 8 and article 13, the Parties shall first endeavour to reach a solution through consultations and negotiation.

2. If the Parties fail to reach a settlement through consultations, the dispute may, at the request of either Party, be submitted to arbitration in accordance with the procedures set forth below.

3. Arbitration shall be by a tribunal of three arbitrators, one to be named by each Party and the third to be agreed upon by the two arbitrators so chosen, provided that the third such arbitrator is not a national of either Party. Each Party shall designate an arbitrator within a period of sixty (60) days from the date of receipt by either Party from the other Party of a diplomatic note requesting arbitration of the dispute, and the third arbitrator shall be agreed upon within a further period of sixty (60) days. If either of the Parties fails to designate its own arbitrator within the period of sixty (60) days or if the third arbitrator is not agreed on within the period indicated, the President of the Council of ICAO may be requested by either Party to appoint an arbitrator or arbitrators. If the President is of the same nationality as one of the Parties, the most senior Vice-President who is not disqualified on that ground shall make the appointment.

4. The arbitration tribunal shall determine its own procedure.

5. Each Party shall, to the degree consistent with its national laws, give full effect to any decision or award of the tribunal.

6. Each Party shall bear the costs of the arbitrator it has appointed. The other costs of the tribunal shall be shared equally by the Parties, including any expenses incurred by the President of the Council of ICAO in implementing the procedures in paragraph 3 of this article.

7. Where and for as long as a Party fails to comply with any decision given under paragraph 3, the other Party may limit, withhold or revoke any rights or privileges which it has granted by virtue of this Agreement to the Party in default or to the designated airline or airlines in default.

Article 24. Amendments

1. Either Party may at any time request consultation with the other Party for the purpose of amending the present Agreement or Annex I to the present Agreement. Such consultation shall begin within a period of 60 days from the date of receipt of such request.

2. Any amendment shall enter into force pursuant to the procedure set out in article 27.

3. Any amendment of Annex I (Route Schedule) may be made by written agreement between the aeronautical authorities of the Parties, and will be applied provisionally as from the date of its signature. An amendment shall definitively enter into force when confirmed by an exchange of diplomatic notes.

Article 25. Multilateral agreements

If a multilateral agreement concerning air transport comes into force in respect of both Parties, it shall prevail over the present Agreement insofar as they are not aligned.

Article 26. Registration with ICAO

This Agreement and any amendment thereto shall be registered upon its signature with the International Civil Aviation Organization by either of the Parties.

Article 27. Entry into force

This Agreement shall enter into force thirty (30) days after the Parties have notified each other in writing through the diplomatic channel of the completion of their respective domestic requirements for approval and shall be of indefinite duration.

Article 28. Termination

1. Either Party may, at any time, give notice in writing, through the diplomatic channel, to the other Party of its decision to terminate this Agreement.

2. Such notice shall simultaneously be communicated to ICAO. This Agreement shall terminate 12 months after the date of receipt of the notice by the other Party, unless the notice is withdrawn by agreement before the end of this period. In the absence of an acknowledgement of receipt by the other Party, the notice shall be deemed to have been received fourteen (14) days after receipt of the notice by ICAO.

DONE at Buenos Aires, on 28 September 2006, in duplicate, in the Spanish language, both texts being equally authentic.

For the Government of the Argentine Republic:
JORGE ENRIQUE TAIANA
Minister of Foreign Affairs, International Trade and Worship

For the Government of the Republic of Ecuador:
FRANCISCO CARRIÓN MENA
Minister of Foreign Affairs

ANNEX I

ROUTE SCHEDULE

The designated airlines of each Party shall be entitled to provide air transportation between points on the following routes with third, fourth and fifth freedom rights:

A. Routes to be operated by the designated airline (or airlines) of the Republic of Ecuador:

From any point or points in the Republic of Ecuador via Lima (Republic of Peru) - Santiago (Republic of Chile) to any point or points in the Argentine Republic and vice versa and beyond the Republic of Ecuador to Bogota (Republic of Colombia) - Mexico City (United Mexican States)- Panama City (Republic of Panama) - Los Angeles, Miami and New York (United States of America) and vice versa;

B. Routes to be operated by the designated airline (or airlines) of the Argentine Republic:

From any point or points in the Argentine Republic via Santiago (Republic of Chile) - Lima (Republic of Peru) to any point or points in the Republic of Ecuador and beyond the Republic of Ecuador to Bogota (Republic of Colombia) - Panama City (Republic of Panama) - Mexico City (United Mexican States) - Los Angeles, Miami and New York (United States of America) and vice versa.

NUMBER OF FLIGHTS

Both Parties agree that their designated airlines may operate up to seven weekly combined services with third, fourth and fifth freedom rights on the routes agreed in the route schedule.

NON-SCHEDULED OPERATIONS

Each Party shall authorize non-scheduled passenger flights between points at which no established scheduled air services exist. In cases where such scheduled services exist, authorizations shall be granted provided the offer of non-scheduled flights does not endanger the economic stability of existing scheduled services.

ALL CARGO AIR SERVICES

1. Every designated airline when engaged in the international transport of air cargo:
   (a) Shall be accorded non-discriminatory treatment with respect to access to facilities for cargo clearance, handling, storage, and facilitation;
   (b) Subject to the local laws and regulations may use and/or operate directly other modes of transport;
   (c) May enter into cooperative arrangements with other air carriers including, but not limited to, codesharing, blocked spaced, and interlining; subject to compliance with the rules applicable to such arrangement.

2. In addition to the rights listed in paragraph 1 above, every designated airline when engaged in all cargo transportation as scheduled and non-scheduled services may provide such services to and from the territory of each Party, without restriction on the frequency, capacity, routing, type of aircraft and origin or destination of the cargo.

[TRANSLATION IN FRENCH – TRADUCTION EN FRANÇAIS]

ACCORD RELATIF AUX SERVICES AÉRIENS ENTRE LE GOUVERNEMENT DE LA RÉPUBLIQUE ARGENTINE ET LE GOUVERNEMENT DE LA RÉPUBLIQUE DE L'ÉQUATEUR

Préambule

Le Gouvernement de la République argentine et le Gouvernement de la République de l'Équateur, ci-après dénommées « Parties »,

Étant parties à la Convention relative à l'aviation civile internationale, ouverte à la signature à Chicago le 7 décembre 1944,

Désireux de contribuer au développement de l'aviation civile internationale,

Désireux de conclure un accord aux fins d'établir et d'exploiter des services aériens entre leurs territoires respectifs,

Désireux d'assurer le plus haut degré de sûreté et de sécurité aux services aériens internationaux et réaffirmant leur profonde préoccupation face aux actes et aux menaces dirigés contre la sûreté des aéronefs, qui mettent en danger la sécurité des personnes ou des biens, nuisent au bon fonctionnement des services aériens et minent la confiance du public dans la sûreté de l'aviation civile,

Sont convenus de ce qui suit :

Article premier. Définitions

Aux fins du présent Accord, sauf indication contraire, les définitions suivantes s'appliquent :

a) L'expression « transport aérien » désigne le transport public par aéronef de passagers, de bagages, de fret et de courrier, séparément ou conjointement, contre rémunération ou en location ;

b) L'expression « autorités aéronautiques » désigne, dans le cas de la République argentine, le Sous-Secrétariat au transport aérien commercial du Secrétariat aux transports qui relève du Ministère de la planification fédérale ; dans le cas de la République de l'Équateur, le Conseil national de l'aviation civile et/ou la Direction générale de l'aviation civile ; ou, dans les deux cas, toute autre autorité ou personne habilitée à exercer les fonctions actuelles desdites autorités ;

c) Le terme « Accord » désigne le présent Accord, son annexe et tout amendement y relatif ;

d) Le terme « capacité » désigne la quantité de services fournis dans le cadre de l'Accord, généralement mesurée en nombre de vols (fréquence), de sièges ou de tonnes de fret proposés sur un marché (une route entre deux villes ou d'un pays à un autre) ou sur une route au cours d'une période précise, qu'elle soit quotidienne, hebdomadaire, saisonnière ou annuelle ;

e) Le terme « Convention » désigne la Convention relative à l'aviation civile internationale, ouverte à la signature à Chicago le 7 décembre 1944, ainsi que toute annexe adoptée conformément à l'article 90 de ladite Convention et tout amendement aux annexes ou à la Convention conformément aux articles 90 et 94, pour autant que ces annexes et amendements soient entrés en vigueur pour les deux Parties ;

f) L'expression « compagnie aérienne désignée » désigne une compagnie aérienne qui a été désignée et autorisée conformément à l'article 3 du présent Accord ;

g) L'expression « transport aérien intérieur » désigne le transport aérien où les passagers, les bagages, le fret et le courrier qui sont embarqués à bord sur le territoire d'un État sont destinés à un autre point du territoire de ce même État ;

h) Le terme « OACI » désigne l'Organisation de l'aviation civile internationale ;

i) L'expression « transport aérien intermodal » désigne le transport public par aéronef ou par un ou plusieurs modes de transport de surface de passagers, de bagages, de fret et de courrier, séparément ou conjointement, contre rémunération ou en vertu d'un contrat de location ;

j) L'expression « transport aérien international » désigne le transport aérien où les passagers, les bagages, le fret et le courrier qui sont embarqués à bord sur le territoire d'un État sont destinés à un autre État ;

k) Le terme « tarif » désigne tout prix à acquitter pour le transport de passagers, de bagages ou de fret (à l'exclusion du courrier) par la voie aérienne (y compris tout autre mode de transport connexe) aux compagnies aériennes, y compris à leurs agents, ainsi que les conditions qui s'appliquent à ce tarif ;

l) Le terme « territoire », s'agissant d'un État, a le sens qui lui est donné à l'article 2 de la Convention ;

m) L'expression « redevances d'usage » désigne les redevances que les autorités compétentes imposent ou permettent d'imposer aux compagnies aériennes pour l'utilisation des aéroports ou de leurs installations, et des services d'aéroport, de navigation aérienne ou de sécurité aérienne, y compris les services et installations connexes, au profit des aéronefs, de leur équipage, des passagers et du fret ;

n) Les expressions « service aérien », « service aérien international », « compagnie aérienne » et « escale à des fins non commerciales » ont le sens qui leur est attribué à l'article 96 de la Convention.

Article 2. Octroi de droits

1. Chaque Partie accorde à l'autre Partie les droits énoncés dans le présent Accord en vue de l'exploitation de services aériens internationaux sur les routes spécifiées dans le tableau de routes.

2. Sous réserve des dispositions du présent Accord, les compagnies aériennes désignées par chaque Partie jouissent des droits suivants :

a) Le droit de survoler, sans y atterrir, le territoire de l'autre Partie ;

b) Le droit d'effectuer des escales à des fins non commerciales sur le territoire de l'autre Partie ;

c) Le droit de faire escale aux points situés sur les routes spécifiées dans le tableau de routes annexé au présent Accord aux fins d'embarquer ou de débarquer du trafic international de passagers, de fret ou de courrier, séparément ou conjointement.

3. Aucune disposition du paragraphe 2 n'est censée conférer aux compagnies aériennes désignées d'une Partie le privilège d'embarquer contre rémunération, sur le territoire de l'autre Partie, des passagers, du fret ou du courrier transportés, entre des points situés sur le territoire de l'autre Partie.

Article 3. Désignation et autorisation

1. Chaque Partie a le droit de désigner par écrit à l'autre Partie, une ou plusieurs compagnies aériennes en vue d'exploiter les services convenus conformément aux dispositions du présent Accord, ainsi que de retirer ou de modifier cette désignation.

2. Dès réception d'une telle désignation et d'une demande d'autorisation d'exploitation présentée par la compagnie aérienne désignée, selon la forme et de la manière prescrites, chaque Partie accorde l'autorisation d'exploitation appropriée, avec le minimum de délai de procédure, à condition :

a) Qu'une part substantielle et un contrôle effectif de la compagnie aérienne soient détenus par la Partie l'ayant désignée, par des ressortissants de cette Partie, ou les deux, conformément à la législation de la Partie ayant désigné la compagnie aérienne ;

b) Que la compagnie aérienne désignée satisfasse aux conditions prescrites par les lois et règlements normalement appliqués à l'exploitation des services de transport aérien international par la Partie recevant la désignation ;

c) Que la compagnie aérienne désignée se conforme aux lois et règlements normalement appliqués à l'exploitation des services de transport aérien international par la Partie recevant la désignation.

Article 4. Refus, révocation et limitation d'une autorisation

1. Les autorités aéronautiques de chaque Partie ont le droit de refuser les autorisations visées au précédent article du présent Accord à une compagnie aérienne désignée par l'autre Partie, et de révoquer, suspendre ou assortir de conditions ces autorisations, de façon temporaire ou permanente :

a) Lorsque ces autorités n'ont pas la preuve que la propriété substantielle et le contrôle effectif de la compagnie aérienne sont détenus par la Partie l'ayant désignée, des ressortissants de cette Partie, ou les deux, conformément à la législation de la Partie ayant désigné la compagnie aérienne ;

b) Lorsque la Partie qui a désigné la compagnie aérienne ne se conforme pas aux dispositions prévues aux articles 8 et 9 ;

c) Lorsque la compagnie aérienne désignée omet de se conformer aux lois et règlements normalement appliqués à l'exploitation des services de transport aérien international par la Partie recevant la désignation.

Article 5. Application des lois

1. Les lois et règlements d'une Partie concernant l'exploitation et la navigation des aéronefs doivent être observés par les compagnies aériennes de l'autre Partie qui entrent sur le territoire de la première Partie, y séjournent ou le quittent.

2. Lorsqu'ils entrent sur le territoire d'une Partie, y séjournent ou le quittent, les passagers, les équipages ou le fret transportés par les compagnies aériennes de l'autre Partie se conforment, ou l'on se conforme en leur nom, aux lois et règlements relatifs à l'admission sur ce territoire et au départ de celui-ci de passagers, d'équipages ou de fret transportés par des aéronefs (y compris les règlements relatifs à l'entrée, au dédouanement, à la sûreté de l'aviation, à l'immigration, aux passeports, à la douane et à la quarantaine ou, dans le cas du courrier, les règlements postaux).

3. Aucune Partie n'accorde à sa propre compagnie aérienne de préférence par rapport à la compagnie aérienne désignée de l'autre Partie assurant un transport aérien international similaire lors de l'application de sa réglementation relative à l'immigration, à la douane ou à la quarantaine et de toute réglementation similaire.

Article 6. Transit direct

Les passagers, les bagages, le fret et le courrier en transit direct ne sont soumis qu'à un contrôle simplifié. Les bagages et le fret en transit direct sont exonérés de droits de douane et autres taxes similaires.

Article 7. Reconnaissance des certificats, brevets et licences

1. Les certificats de navigabilité, les brevets d'aptitude et les licences délivrés ou validés par une Partie et en cours de validité sont reconnus valables par l'autre Partie aux fins d'exploiter les services convenus, à condition que les conditions qui ont régi la délivrance ou la validation de ces certificats, brevets et licences soient équivalentes ou supérieures aux normes minimales pouvant être établies en application de la Convention.

2. Lorsque les droits ou conditions des brevets, licences et certificats visés au paragraphe 1 ci-dessus, délivrés par les autorités aéronautiques d'une Partie à une personne ou une compagnie aérienne désignée ou pour un aéronef utilisé dans l'exploitation des services convenus, permettent une différence par rapport aux normes minimales établies en vertu de la Convention, et que cette différence a été notifiée à l'Organisation de l'aviation civile internationale, l'autre Partie peut demander la tenue de consultations entre les autorités aéronautiques en vue de clarifier la pratique en cause.

3. Chaque Partie se réserve toutefois le droit de refuser de reconnaître, aux fins du survol de son territoire ou de l'atterrissage sur celui-ci, des brevets d'aptitude et licences délivrés à ses propres ressortissants par l'autre Partie.

Article 8. Sécurité

1. Chaque Partie peut, à tout moment, demander la tenue de consultations au sujet des normes de sécurité appliquées par l'autre Partie dans des domaines se rapportant aux installations aéronautiques, aux équipages, aux aéronefs et à leur exploitation. Ces consultations ont lieu dans les 30 jours suivant cette demande.

2. Si, à la suite de ces consultations, l'une des Parties conclut que l'autre n'applique pas et n'assure pas effectivement le suivi de normes de sécurité dans les domaines visés au paragraphe 1, qui sont conformes aux normes en vigueur conformément à la Convention relative à l'aviation civile internationale, l'autre Partie est informée de ces conclusions et des démarches qui sont estimées nécessaires pour se conformer aux normes de l'OACI. Cette autre Partie prend alors les mesures correctives appropriées dans un délai convenu.

3. Conformément à l'article 16 de la Convention, il est en outre entendu que tout aéronef exploité par une compagnie aérienne d'une Partie, ou pour son compte, dans le cadre de services à destination ou en provenance du territoire de l'autre Partie, peut, lorsqu'il se trouve sur ledit territoire, faire l'objet d'un contrôle par des représentants autorisés de cette autre Partie, à condition que cela n'entraîne pas de retard déraisonnable dans l'exploitation de l'aéronef.

4. Lorsque des actions immédiates sont indispensables pour garantir la sécurité de l'exploitation d'une compagnie aérienne, chaque Partie se réserve le droit de suspendre ou de modifier immédiatement l'autorisation d'exploitation d'une ou de plusieurs compagnies aériennes de l'autre Partie.

5. Toute mesure appliquée par une Partie conformément au paragraphe 4 ci-dessus est levée dès que les faits motivant cette mesure ont cessé d'exister.

6. Concernant le paragraphe 2 ci-dessus, s'il est déterminé qu'une Partie reste en situation de non-conformité aux normes de l'OACI après l'expiration du délai convenu, le Secrétaire général de l'OACI doit en être avisé. Il devrait également être informé de la résolution satisfaisante ultérieure de cette situation.

Article 9. Sûreté de l'aviation

1. Conformément à leurs droits et obligations en vertu du droit international, les Parties réaffirment que leur obligation mutuelle de protéger l'aviation civile contre des actes d'intervention illicites, pour en assurer la sûreté, fait partie intégrante du présent Accord. Sans limiter la généralité de leurs droits et obligations en vertu du droit international, les Parties agissent, en particulier, conformément aux dispositions de la Convention relative aux infractions et à certains autres actes survenant à bord des aéronefs, signée à Tokyo le 14 septembre 1963, de la Convention pour la répression de la capture illicite d'aéronefs, signée à La Haye le 16 décembre 1970 et de la Convention pour la répression d'actes illicites dirigés contre la sécurité de l'aviation civile, signée à Montréal le 23 septembre 1971, et de son Protocole complémentaire pour la répression des actes illicites de violence dans les aéroports servant à l'aviation civile internationale, signé à Montréal le 24 février 1988, ainsi que de toute autre convention et de tout autre protocole relatif à la sûreté de l'aviation civile en vigueur entre les Parties.

2. Les Parties se prêtent toute l'assistance nécessaire pour prévenir la capture illicite d'aéronefs civils et tous autres actes illicites dirigés contre la sécurité de ces aéronefs, de leurs passagers, de leur équipage, des aéroports et des installations de navigation aérienne, ainsi que toute autre menace contre la sûreté de l'aviation civile.

3. Les Parties, dans leurs rapports mutuels, agissent conformément aux dispositions relatives à la sûreté de l'aviation établies par l'OACI et qui sont désignées comme annexes à la Convention ; elles exigent des exploitants d'aéronefs immatriculés par elles, des exploitants d'aéronefs ayant leur siège principal ou leur résidence permanente sur leur territoire et des exploitants d'aéroports situés sur leur territoire qu'ils se conforment à ces dispositions relatives à la sûreté aérienne. Chaque Partie avise l'autre Partie de toute différence entre ses règles et usages nationaux et les normes de sûreté de l'aviation prévues aux annexes. Chaque Partie peut, à tout moment, demander la tenue immédiate de consultations pour évoquer ces différences avec l'autre Partie.

4. Chaque Partie convient que ces exploitants d'aéronefs peuvent être tenus d'observer les dispositions visées au paragraphe 3 ci-dessus que l'autre Partie prescrit pour l'entrée et le séjour sur son territoire ainsi que pour la sortie de celui-ci. Chaque Partie veille à ce que des mesures adéquates soient effectivement appliquées pour protéger les aéronefs et procéder à l'inspection des passagers, de l'équipage, des bagages à main, des bagages, du fret et des provisions de bord de l'aéronef avant et pendant l'embarquement ou le chargement. Chaque Partie examine avec bienveillance toute demande que lui adresse l'autre Partie en vue d'obtenir que des mesures spéciales de sécurité raisonnables afin de faire face à une menace particulière.

5. En cas d'incident ou de menace d'incident de capture illicite d'aéronefs civils ou d'autres actes illicites dirigés contre la sûreté de ces aéronefs, de leurs passagers et équipages, d'aéroports ou d'installations de navigation aérienne, les Parties s'entraident en facilitant les communications et en prenant d'autres mesures appropriées visant à mettre fin rapidement et en toute sécurité à cet incident ou cette menace d'incident.

6. Lorsqu'une Partie a des motifs raisonnables de croire que l'autre Partie s'est écartée des dispositions du présent article, elle peut demander la tenue de consultations. Ces consultations débutent dans les 15 jours suivant la réception d'une telle demande de l'une ou l'autre des Parties. L'absence d'accord satisfaisant dans les 15 jours suivant le début des consultations constitue un motif légitime pour refuser, révoquer, suspendre ou assortir de conditions l'autorisation accordée à la ou aux compagnies aériennes désignées par l'autre Partie. Si une urgence le justifie, ou pour éviter que ne se poursuive la non-conformité aux dispositions du présent article, la première Partie peut prendre des mesures provisoires à tout moment.

Article 10. Redevances d'usage

1. Les redevances d'usage et autres frais qui peuvent être imposés pour l'utilisation de chaque aéroport, y compris ses installations, équipements techniques et autres services, ainsi que toute redevance pour l'utilisation des installations et services de navigation aérienne et de communication doivent être imposés conformément aux tarifs établis par chaque Partie.

2. Les compagnies aériennes d'une Partie ne s'acquittent pas de frais et redevances d'usage plus élevés que ceux imposés à la ou aux compagnies aériennes de l'autre Partie ou à toute autre compagnie aérienne étrangère exploitant des services internationaux similaires pour l'utilisation des installations et des services de l'autre Partie.

3. Chaque Partie encourage les consultations entre les autorités compétentes sur son territoire et les compagnies aériennes utilisant les services et installations fournis par ces autorités, et ce, lorsque cela est possible, par le biais des organisations représentant ces compagnies aériennes. Toute proposition de modification des redevances d'usage est communiquée aux usagers afin de leur permettre d'exprimer leur avis avant la mise en œuvre desdites modifications.

Article 11. Droits de douane

1. Chaque Partie exonère, sur une base de réciprocité, une compagnie aérienne de l'autre Partie, dans toute la mesure où sa législation nationale le permet, des restrictions à l'importation, droits de douane, droits d'accise, frais d'inspection et autres droits et redevances nationaux ne résultant pas du coût des prestations fournies à l'arrivée qui sont imposés sur les aéronefs, le carburant, les lubrifiants, le matériel technique d'utilisation immédiate, les pièces de rechange, y compris les moteurs, l'équipement ordinaire des aéronefs, les provisions de bord et d'autres articles tels que les billets imprimés, connaissements aériens, tout document imprimé portant le nom de la compagnie et tout matériel publicitaire distribué gratuitement par cette compagnie aérienne désignée qui sont utilisés ou destinés à être utilisés uniquement pour l'entretien et la réparation de ses aéronefs exploitant les services convenus.

2. Les exonérations accordées en vertu du présent article s'appliquent aux articles visés au paragraphe 1 :

a) Introduits sur le territoire de la Partie par ou pour le compte de la compagnie aérienne désignée de l'autre Partie ;

b) Conservés à bord des aéronefs de la compagnie aérienne désignée d'une Partie à l'arrivée sur le territoire de l'autre Partie ou au départ de celui-ci ; ou

c) Embarqués à bord d'aéronefs de la compagnie aérienne désignée d'une Partie sur le territoire de l'autre Partie et destinés à être utilisés dans l'exploitation des services convenus ;

d) Que ces articles soient ou non utilisés ou consommés entièrement sur le territoire de la Partie accordant l'exonération, à condition que la propriété de ces articles ne soit pas transférée sur le territoire de ladite Partie.

3. L'équipement de bord ordinaire, ainsi que les matériels et fournitures habituellement conservés à bord des aéronefs d'une compagnie aérienne désignée d'une Partie ne peuvent être déchargés sur le territoire de l'autre Partie qu'avec l'accord des autorités douanières de ce territoire. En pareil cas, ils peuvent être placés sous la supervision desdites autorités jusqu'au moment où ils sont réexportés ou jusqu'à ce qu'il en soit autrement disposé conformément à la réglementation douanière.

Article 12. Capacité

La ou les compagnies aériennes désignées des Parties contractantes ont des possibilités équitables d'exploiter les services convenus couverts par le présent Accord, conformément aux routes, fréquences, droits, conditions d'exploitation, équipements et autres facteurs déterminés dans l'annexe concernée qui fera partie intégrante de l'Accord.

Article 13. Tarifs

1. Les tarifs à appliquer par la ou les compagnies aériennes désignées d'une Partie pour les services couverts par le présent Accord sont établis à des taux raisonnables, en tenant dûment compte de tous les éléments d'appréciation, notamment des intérêts des usagers, du coût d'exploitation, des caractéristiques des services, d'un bénéfice raisonnable, des tarifs appliqués par d'autres compagnies aériennes et d'autres considérations commerciales relatives au marché.

2. Les Parties consentent à prêter une attention particulière aux tarifs qui pourraient être inadmissibles parce qu'ils semblent excessivement discriminatoires, indûment élevés ou restrictifs en raison de l'abus d'une position dominante, artificiellement bas en raison de l'attribution de subventions ou d'aides gouvernementales directes ou indirectes, ou prédateurs.

3. Les tarifs sont, dans la mesure du possible, établis à titre individuel par les compagnies aériennes désignées. Toutefois, les tarifs peuvent être convenus par les compagnies aériennes désignées des Parties si les deux Parties autorisent les compagnies aériennes désignées à participer aux activités du ou des mécanismes internationaux de coordination tarifaire appropriés. Tout accord tarifaire résultant de ces activités est soumis à l'approbation de chaque Partie, et peut être désapprouvé à tout moment, qu'il ait ou non été précédemment approuvé.

4. Chaque Partie peut exiger la notification ou le dépôt des tarifs que la ou les compagnies aériennes des deux Parties proposent d'appliquer pour les vols en provenance ou à destination de son territoire. La notification ou le dépôt peut être exigé au maximum 30 jours avant la date proposée pour leur entrée en vigueur. Dans des cas particuliers, ce délai peut être réduit.

5. Chaque Partie a le droit d'approuver ou de désapprouver les tarifs applicables aux transports en allers simples ou allers-retours entre les territoires des deux Parties qui commencent

sur son propre territoire. Aucune des Parties ne prend de dispositions unilatérales pour empêcher la mise en application de tarifs proposés ou le maintien de tarifs déjà en vigueur applicables aux transports en allers simples ou allers-retours entre les territoires des deux Parties qui commencent sur le territoire de l'autre Partie.

6. L'approbation des tarifs découlant des dispositions du paragraphe 5 ci-dessus peut être donnée expressément par l'une ou l'autre des Parties à la ou aux compagnies aériennes qui ont déposé les tarifs. Toutefois, si la Partie concernée n'a pas notifié par écrit à l'autre Partie et à la ou aux compagnies aériennes concernées sa désapprobation de ces tarifs dans un délai de 15 jours suivant la date de soumission, les tarifs concernés sont considérés comme approuvés. Si le délai prescrit pour le dépôt des tarifs est réduit conformément au paragraphe 4, les Parties peuvent convenir de réduire le délai de notification de toute désapprobation en conséquence.

7. Lorsque l'une des Parties estime qu'un tarif pour le transport vers son territoire entre dans les catégories visées au paragraphe 2 ci-dessus, cette Partie donne un avis d'insatisfaction à l'autre Partie dans les 30 jours suivant la date de notification ou de dépôt du tarif concerné, et elle peut se prévaloir des procédures de consultation prévues au paragraphe 8.

8. Chaque Partie peut demander la tenue de consultations concernant tout tarif d'une compagnie aérienne de l'une ou l'autre des Parties pour des services couverts par le présent Accord, y compris lorsque le tarif concerné a fait l'objet d'un avis de désapprobation.

Ces consultations ont lieu au plus tard dans les 30 jours suivant la réception de la demande. Les Parties coopèrent en vue de recueillir les renseignements nécessaires au règlement raisonnable de la question. Si les Parties parviennent à un accord, chacune d'elles fait de son mieux pour le mettre en application. Si aucun accord n'est trouvé, toute décision de désapprobation d'un tarif prévaut.

9. Un tarif établi conformément aux dispositions du présent article reste en vigueur, à moins qu'il soit retiré par la ou les compagnies aériennes concernées ou qu'un autre tarif ait été approuvé.

Article 14. Concurrence loyale

1. Les Parties s'informent mutuellement de leurs lois, politiques et pratiques en matière de concurrence ou des modifications à celles-ci, ainsi que de tout objectif particulier, qui pourraient toucher l'exploitation des services de transport aérien dans le cadre du présent Accord, et identifient les autorités responsables de leur mise en œuvre.

2. Chaque Partie aide, dans la mesure permise par ses propres lois et règlements, les compagnies aériennes de l'autre Partie en leur donnant des indications quant à la compatibilité de toute pratique proposée par une compagnie aérienne avec ses lois, politiques et pratiques en matière de concurrence.

3. Chaque Partie avise l'autre chaque fois qu'elle considère qu'il peut y avoir une incompatibilité entre l'application de ses lois, politiques et pratiques en matière de concurrence et les questions relatives à l'application du présent Accord ; le processus de consultation prévu par le présent Accord est utilisé, à la demande de l'une des Parties, pour déterminer l'existence d'un tel conflit et pour rechercher les moyens de le résoudre ou de le réduire au minimum.

4. Chaque Partie avise l'autre de son intention d'engager des poursuites contre la ou les compagnies aériennes de l'autre Partie ou de toute action judiciaire privée intentée dans le cadre de sa législation sur la concurrence dont elle pourrait avoir connaissance.

5. Sans préjudice du droit d'action de chaque Partie, le processus de consultation prévu au présent Accord est utilisé chaque fois que l'une des Parties le demande et il devrait viser à déterminer

les intérêts respectifs des Parties ainsi que les implications probables de l'action intentée en droit de la concurrence.

6. Les Parties s'efforcent de parvenir à un accord au cours de ces consultations, en tenant dûment compte des intérêts pertinents de chaque Partie et des autres moyens qui pourraient également permettre d'atteindre les objectifs de ladite action.

7. Si aucun accord n'est trouvé, chaque Partie, dans l'application de ses lois, politiques et pratiques en matière de concurrence, considère attentivement et avec bienveillance les points de vue exprimés par l'autre Partie et a égard à la courtoisie, la modération et la mesure dans les relations internationales.

8. La Partie dont la législation sur la concurrence a donné lieu à une action judiciaire privée facilite l'accès de l'autre Partie à l'instance judiciaire compétente et/ou, s'il y a lieu, fournit des renseignements à cette instance. Ces renseignements peuvent concerner ses propres intérêts en matière de relations extérieures, les intérêts que l'autre Partie a notifiés et, si possible, les résultats de toute consultation avec cette autre Partie concernant ladite action.

9. Dans la mesure où leur législation ou leurs politiques nationales le permettent et conformément à toute obligation internationale applicable, les Parties coopèrent en vue d'autoriser leurs compagnies aériennes ou autres ressortissants à divulguer aux autorités compétentes de l'une ou l'autre des renseignements intéressant une action intentée en vertu de la législation sur la concurrence, à condition que cette coopération ou divulgation ne soit pas contraire à leurs intérêts nationaux essentiels.

10. Lorsqu'une action intentée par les autorités chargées de la législation sur la concurrence d'une Partie fait l'objet de consultations avec l'autre Partie, la Partie sur le territoire de laquelle l'action a été intentée s'abstient, en attendant l'issue de ces consultations, d'exiger la divulgation de renseignements se trouvant sur le territoire de l'autre Partie et cette autre Partie s'abstient d'appliquer toute législation de blocage.

Article 15. Conversion de monnaies et transfert des recettes

Chaque Partie autorise les compagnies aériennes de l'autre Partie, sur demande, à convertir et transférer à l'étranger, dans l'État de leur choix, toutes les recettes locales provenant de la vente de services de transport aérien et d'activités connexes directement liées au transport aérien qui dépassent les sommes déboursées localement, cette conversion et ce transfert étant autorisés rapidement, sans restriction ou discrimination, au taux de change applicable à la date de la demande de conversion et de transfert.

Article 16. Vente et commercialisation des produits de services aériens

1. Chaque Partie accorde aux compagnies aériennes de l'autre Partie le droit de vendre et de commercialiser des services aériens internationaux et produits connexes sur son territoire (directement ou par le biais d'agents ou d'autres intermédiaires choisis par la compagnie aérienne), y compris le droit d'établir des bureaux sur réseau et hors réseau.

2. Chaque compagnie aérienne a le droit de vendre des services de transport dans la monnaie de ce territoire ou, à sa discrétion, en monnaies librement convertibles d'autres pays, et toute personne est libre de les acheter dans les monnaies acceptées par cette compagnie aérienne.

Article 17. Personnel étranger et accès aux services locaux

1. La ou les compagnies aériennes désignées d'une Partie sont autorisées, sur une base de réciprocité, à faire entrer et à maintenir sur le territoire de l'autre Partie leurs représentants et leurs personnels commercial, opérationnel et technique nécessaires dans le cadre de l'exploitation des services convenus.

2. La ou les compagnies aériennes désignées d'une Partie peuvent à leur choix combler ces besoins en recourant à leur propre personnel ou aux services de toute autre organisation, société ou compagnie aérienne exerçant des activités sur le territoire de l'autre Partie et autorisée à assurer de tels services pour d'autres compagnies aériennes.

3. Les représentants et le personnel sont soumis aux lois et règlements en vigueur de l'autre Partie, et en accord avec ces lois et règlements :

a) Chaque Partie, sur une base de réciprocité et dans les meilleurs délais, accorde les autorisations d'emploi, visas de visiteur et autres documents similaires nécessaires aux représentants et au personnel visés au paragraphe 1 ; et

b) Les deux Parties facilitent et accélèrent les formalités relatives aux autorisations d'emploi pour le personnel exécutant certaines tâches temporaires d'une durée ne dépassant pas 90 jours.

Article 18. Changement de gabarit

1. En exploitant un service convenu sur une route spécifiée, une compagnie aérienne désignée d'une Partie peut substituer un aéronef à un autre en un point du territoire de l'autre Partie uniquement sous les conditions suivantes :

a) Que ce soit justifié par des raisons d'économie d'exploitation ;

b) Que l'aéronef utilisé sur le segment de route le plus éloigné du point terminal sur le territoire de la première Partie n'ait pas une capacité plus grande que celui qui est utilisé sur le segment le plus proche ;

c) Que l'aéronef utilisé sur le segment le plus éloigné soit exploité seulement en liaison avec et comme prolongement du service offert par l'aéronef utilisé sur le segment le plus proche et soit programmé pour cela ; le premier aéronef arrive au point de changement afin d'acheminer le trafic transféré depuis ou vers l'aéronef utilisé sur le segment le plus proche ; et sa capacité est déterminée en tenant compte, en premier lieu, par référence à cet objectif ;

d) Qu'il y ait un volume suffisant de trafic direct ;

e) Que la compagnie aérienne ne se présente pas au public, au moyen d'annonces publicitaires ou autrement, comme offrant un service qui a son origine en un point où le changement d'aéronef est effectué ;

f) Que lorsqu'un service convenu comprend un changement d'aéronef, ce fait soit indiqué dans tous les programmes de vols, systèmes informatisés de réservation, systèmes de calcul de tarifs, annonces publicitaires et autres moyens similaires ;

g) Que les dispositions de l'article 18 du présent Accord régissent tous les arrangements pris en ce qui concerne le changement d'aéronef ; et

h) Qu'en correspondance avec tout vol d'un aéronef pénétrant sur le territoire où le changement d'aéronef est effectué, seul un vol puisse être effectué au départ de ce territoire, à moins que la compagnie aérienne ne soit autorisée par les autorités aéronautiques de l'autre Partie à exploiter plusieurs vols.

2. Les dispositions du paragraphe 1 du présent article :

a) Ne restreignent pas le droit d'une compagnie aérienne désignée de changer d'aéronef sur le territoire de la Partie l'ayant désignée ; et

b) Ne permettent pas à une compagnie aérienne désignée d'une Partie de stationner ses propres aéronefs sur le territoire de l'autre Partie aux fins de changements d'aéronefs.

3. Les dispositions du présent article ne limitent pas la possibilité pour une compagnie aérienne d'assurer des services au moyen d'accords de partage de code et/ou de réservation de capacité, tel qu'il est prévu dans le tableau de routes figurant dans le présent Accord.

Article 19. Accords de coopération

1. Les compagnies aériennes désignées de chaque Partie peuvent conclure des accords de coopération commerciale, notamment en matière de coentreprise, de réservation de capacité et de partage de code ou autres, à condition que les deux compagnies aériennes désignées détiennent les autorisations adéquates et satisfassent aux exigences normalement appliquées à ces accords, avec :

a) Une ou plusieurs compagnies aériennes de l'une ou l'autre Partie ;

b) Une ou plusieurs compagnies aériennes d'un pays tiers ; et

c) À condition que toutes les compagnies aériennes qui concluent ces accords 1) détiennent les autorisations adéquates et 2) satisfassent aux exigences normalement appliquées à ces accords.

2. Les Parties conviennent de prendre les mesures nécessaires pour faire en sorte que les consommateurs soient pleinement informés et protégés en ce qui concerne les vols en partage de code exploités en provenance ou à destination de leur territoire et que, au minimum, les renseignements nécessaires soient fournis aux passagers comme suit :

a) Oralement et, si possible, par écrit au moment de la réservation ;

b) Par écrit, sur le billet lui-même et/ou (si ce n'est pas possible) sur l'itinéraire qui accompagne le billet, ou sur tout autre document remplaçant le billet (par exemple, une confirmation écrite), y compris des renseignements sur la personne à contacter en cas de problème ainsi qu'une indication claire de la compagnie aérienne responsable en cas de dommage ou d'accident ;

c) Oralement à nouveau, par le personnel au sol de la compagnie aérienne à toutes les étapes du voyage.

3. Les compagnies aériennes sont tenues de déposer pour approbation tout projet d'accord de coopération auprès des autorités aéronautiques des deux Parties au moins 60 jours avant la date prévue de son introduction.

Article 20. Statistiques

1. Les autorités aéronautiques de chaque Partie communiquent, sur demande, aux autorités aéronautiques de l'autre Partie les états statistiques périodiques ou autres qui peuvent être raisonnablement requis afin d'examiner la capacité offerte pour les services convenus et de tenir un registre.

2. Les autorités aéronautiques de chaque Partie peuvent exiger des compagnies aériennes de l'autre Partie qu'elles soumettent des rapports statistiques.

Article 21. Approbation des programmes de vols

1. La compagnie aérienne désignée de chaque Partie soumet ses programmes de vols envisagés à l'approbation des autorités aéronautiques de l'autre Partie au moins 30 jours avant que les services convenus soient assurés. La même procédure s'applique à toute modification de ces programmes.

2. S'agissant des vols supplémentaires que la compagnie aérienne désignée d'une Partie souhaite assurer dans le cadre des services convenus en dehors du programme de vols approuvé, cette compagnie demande l'autorisation préalable des autorités aéronautiques de l'autre Partie. Ces demandes sont normalement soumises au moins deux jours ouvrables avant l'exécution des vols.

Article 22. Consultations

1. L'une ou l'autre Partie peut, à tout moment, demander la tenue de consultations sur l'interprétation, l'application, la mise en œuvre ou l'amendement du présent Accord, ou sur le respect de celui-ci.

2. Ces consultations, qui peuvent se tenir dans le cadre de discussions ou par correspondance, commencent dans les 60 jours suivant la date à laquelle l'autre Partie reçoit une demande écrite ou verbale, sauf accord contraire des Parties.

Article 23. Règlement des différends

1. Si un différend survient entre les Parties à propos de l'interprétation ou de l'application du présent Accord, à l'exception de différends survenant dans le cadre des articles 8 et 13, les Parties s'efforcent en premier lieu de le régler par voie de consultations et de négociations.

2. Si les Parties ne parviennent pas à un règlement par voie de consultations, le différend peut, à la demande de l'une ou l'autre Partie, être soumis à l'arbitrage conformément à la procédure ci-après.

3. L'arbitrage est confié à un tribunal de trois arbitres, un arbitre étant nommé par chaque Partie et les deux arbitres ainsi choisis s'entendant pour choisir le troisième, lequel doit être un ressortissant d'aucune des deux Parties. Chaque Partie désigne un arbitre dans les 60 jours suivant la date de réception par l'une d'elles d'une note diplomatique de l'autre Partie demandant l'arbitrage du différend, et l'entente sur le choix du troisième arbitre intervient dans un nouveau délai de 60 jours. Si l'une des Parties omet de désigner son propre arbitre dans le délai de 60 jours ou si le troisième arbitre n'est pas désigné dans le délai indiqué, l'une ou l'autre des Parties peut demander au Président du Conseil de l'OACI de nommer un ou plusieurs arbitres. Si le Président est

ressortissant du pays de l'une des Parties, le Vice-Président le plus ancien, qui n'est pas disqualifié pour la même raison, procède à la désignation.

4. Le tribunal d'arbitrage détermine sa propre procédure.

5. Chaque Partie donne intégralement effet, dans la mesure compatible avec sa propre législation nationale, à toute décision ou sentence du tribunal d'arbitrage.

6. Chaque Partie supporte les frais de l'arbitre nommé par elle. Les autres frais du tribunal sont répartis à parts égales entre les Parties, y compris tous frais engagés par le Président du Conseil de l'OACI dans le cadre de la procédure visée au paragraphe 3.

7. Si et aussi longtemps que l'une des Parties omet de se conformer à une décision rendue en vertu du paragraphe 3, l'autre Partie peut limiter, refuser ou révoquer tous droits ou privilèges qu'elle a accordés en vertu du présent Accord à la Partie ou à la ou aux compagnies aériennes désignées en défaut.

Article 24. Amendements

1. L'une des Parties peut à tout moment demander la tenue de consultations avec l'autre Partie aux fins d'amender le présent Accord, et son annexe I. Ces consultations commencent dans les 60 jours suivant la date de réception de la demande.

2. Tout amendement entre en vigueur conformément à la procédure prévue à l'article 27.

3. Tout amendement à l'annexe I (Tableau de routes) peut être établi par accord écrit entre les autorités aéronautiques des Parties et entre en vigueur provisoirement à partir de la date de sa signature, puis définitivement dès sa confirmation par échange de notes diplomatiques.

Article 25. Accords multilatéraux

Si un accord multilatéral relatif au transport aérien entre en vigueur pour les deux Parties, il prévaut sur le présent Accord, pour autant qu'ils entrent en conflit.

Article 26. Enregistrement auprès de l'Organisation de l'aviation civile internationale

Le présent Accord et tout amendement y relatif sont enregistrés, dès leur signature, auprès de l'Organisation de l'aviation civile internationale par l'une ou l'autre des Parties.

Article 27. Entrée en vigueur

Le présent Accord entre en vigueur 30 jours après que les Parties se sont notifié mutuellement, par écrit et par la voie diplomatique, l'accomplissement de leurs formalités internes nécessaires à son approbation, et ce pour une durée indéterminée.

Article 28. Dénonciation

1. Chacune des Parties peut, à tout moment, notifier par écrit à l'autre Partie, par la voie diplomatique, sa décision de dénoncer le présent Accord.

2. Cette notification est communiquée simultanément à l'OACI. Le présent Accord prend fin 12 mois après la date de réception de la notification par l'autre Partie, sauf si cette notification est retirée d'un commun accord avant la fin de cette période. À défaut d'accusé de réception de la part de l'autre Partie, la notification est réputée avoir été reçue 14 jours après la date de sa réception par l'OACI.

FAIT à Buenos Aires, le 28 septembre 2006, en double exemplaire en langue espagnole, les deux textes faisant également foi.

Pour le Gouvernement de la République argentine :
JORGE ENRIQUE TAIANA
Ministre des affaires étrangères, du commerce international et du culte

Pour le Gouvernement de la République de l'Équateur :
FRANCISCO CARRIÓN MENA
Ministre des affaires étrangères

ANNEXE I

TABLEAU DE ROUTES

Les compagnies aériennes désignées de chaque Partie ont le droit d'assurer le transport aérien entre des points des routes suivantes avec des droits de troisième, quatrième et cinquième liberté :

A. Routes exploitées par la ou les compagnies aériennes désignées de la République de l'Équateur :

Depuis un ou plusieurs points en République de l'Équateur via Lima (République du Pérou) – Santiago (République du Chili) jusqu'à un ou plusieurs points en République argentine, et inversement, et au-delà de la République de l'Équateur jusqu'à Bogota (République de Colombie) – Mexico (États-Unis du Mexique) – Panama (République du Panama) – Los Angeles, Miami et New York (États-Unis d'Amérique), et inversement.

B. Routes exploitées par la ou les compagnies aériennes désignées de la République argentine :

Depuis un ou plusieurs points en République argentine via Santiago (République du Chili) – Lima (République du Pérou) jusqu'à un ou plusieurs points de la République de l'Équateur et au-delà de la République de l'Équateur jusqu'à Bogota (République de Colombie) – Panama (République du Panama) – Mexico (États-Unis du Mexique) – Los Angeles, Miami et New York (États-Unis d'Amérique), et inversement.

NOMBRE DE VOLS

Les deux Parties conviennent que leurs compagnies aériennes désignées peuvent exploiter jusqu'à sept services combinés hebdomadaires avec des droits de troisième, quatrième et cinquième liberté sur les routes convenues dans le tableau de routes.

VOLS NON RÉGULIERS

Chaque Partie autorise les vols non réguliers de passagers entre des points où il n'existe pas de services aériens réguliers. S'il existe des services réguliers, les autorisations sont accordées à condition que l'offre de vols non réguliers ne menace pas la stabilité économique des services réguliers existants.

SERVICES AÉRIENS TOUT-CARGO

1. Lors de ses activités de transport international de fret aérien, toute compagnie aérienne désignée :

   a) Se voit accorder un traitement non discriminatoire en ce qui concerne l'accès aux installations et services de dédouanement, de manutention, d'entreposage et de facilitation du fret ;

   b) Sous réserve de la législation et de la réglementation locales, peut utiliser et/ou exploiter directement d'autres modes de transport ;

c) Peut conclure des accords de coopération avec d'autres transporteurs aériens, notamment pour le partage de code, la réservation de capacité et les échanges entre des compagnies différentes, à condition de se conformer aux règles applicables à ces accords.

2. Outre les droits prévus au paragraphe 1 ci-dessus, toute compagnie aérienne désignée peut, lors de ses activités de transport tout-cargo par services réguliers ou non réguliers, assurer ces services à destination et en provenance du territoire de chaque Partie, sans restriction quant à la fréquence, à la capacité, au routage, au type d'aéronef et à l'origine ou à la destination du fret.

No. 54219

Argentina
and
China

Agreement between the Government of the Argentine Republic and the Government of the People's Republic of China on cooperation and mutual administrative assistance in customs matters. Buenos Aires, 24 February 2014

Entry into force: *28 August 2014, in accordance with article 15*

Authentic texts: *Chinese, English and Spanish*

Registration with the Secretariat of the United Nations: *Argentina, 11 January 2017*

Argentine
et
Chine

Accord entre le Gouvernement de la République argentine et le Gouvernement de la République populaire de Chine relatif à la coopération et à l'assistance administrative mutuelle en matière douanière. Buenos Aires, 24 février 2014

Entrée en vigueur : *28 août 2014, conformément à l'article 15*

Textes authentiques : *chinois, anglais et espagnol*

Enregistrement au Secrétariat de l'Organisation des Nations Unies : *Argentine, 11 janvier 2017*

[TEXT IN CHINESE – TEXTE EN CHINOIS]

中华人民共和国政府和阿根廷共和国政府关于海关行政互助与合作的协定

中华人民共和国政府与阿根廷共和国政府（下称缔约双方），

考虑到违反海关法的行为有损于两国的经济、商业、金融、社会、环境以及文化利益和安全;

认识到对进出口货物准确计征进出口关税、追征关税和税费以及保证正确实施禁、限和其它贸易政策措施的重要性；

确信两国海关间的紧密合作将使查缉违反海关法行为特别是查缉非法贩运麻醉品和精神药物的行动更为有效；

注意到缔约双方均已接受或适用的国际公约所赋予的义务;

希望通过两国海关间的合作促进和便利货物和旅客在两国间的往来，并维护两国正常贸易秩序，减少双方之间的贸易摩擦；

兹协定如下：

第一条　定义

在本协定中：

（一）"海关当局"，在中华人民共和国方面，系指中华人民共和国海关总署；在阿根廷共和国方面，系指阿根廷联邦公共收入管理局海关署；

（二）"海关法"系指由缔约双方海关当局实施的有关货物进口、出口、转运、过境、储存或者移动的法律法规，以及海关当局在法定授权范围内制定的任何规章；

（三）“海关税”系指缔约双方在各自关境内根据海关法规定征收的关税和其它税费，但不包括在进出口环节的服务费用；

（四）“违反海关法”系指任何违反海关法的行为；

（五）“人”系指自然人、法人和其他组织；

（六）“官员”系指双方海关当局任何海关关员或有一方海关当局制定的为实施海关法的其他政府部门人员；

（七）“请求海关当局”系指请求协助海关事务的海关当局；

（八）“被请求海关当局”系指收到请求协助海关事务的海关当局；

（九）“信息”系指任何形式的，已经或未经处理或分析的任何数据、文件、报告或其他函件，包括经认证的电子形式以及经证明或核实的副本；

（十）“关境”系指缔约双方国家适用本国海关法的地域。

第二条　协定范围

一、根据本协定提供的合作应当符合缔约方国内的法律法规，并且在海关当局的职权和现有资源范围内进行。

二、缔约双方应依据本协定各条款并通过双方海关当局相互提供协助，以有助于确保海关法的有效实施以及防止、调查和惩处违反海关法的行为。

三、双方同意加强在海关事务上的互助与合作，并增强互信与交流。

第三条　信息交换

一、一方海关当局应当经请求或主动向对方提供可能有助于确保海关法的有效实施，以及防止、调查和惩处违反海关法行为的信息。应包括：

（一）可能有助于正确计征关税或其他进出口环节税费，特别是有助于货物完税价格的审定和税则归类的信息；

（二）可能有助于实施原产地规则的信息；

（三）在被请求海关当局关境内已实施或策划中的违反海关法的活动之信息。特别是关于已实施的或策划中的与下列货物或物品进出境有关的违反海关法行为的信息：

1．武器、弹药、炸药和爆炸器械；

2．具有历史、文化和考古价值的文物；

3．麻醉品和其他精神药物；

4．对环境或健康有害的货物或物品；

5．涉嫌侵犯知识产权的货物。

二、本条第一款所述信息应仅限于在个案协查确有必要时提供。

三、在请求当局已经提供需要借助此类信息查办案件的背景材料和必要性说明，同时被请求当局认为确有必要的情况下，被请求当局提供的信息应包括有关的文件、报告或经证明的单证副本等，以及与调查某一违反海关法行为相关的该方适用的海关法和手续的信息。

四、根据本协定提供的单证可由任何形式的和同样用途的电子信息替代。

第四条　核查

一、经请求海关当局具体请求，被请求海关当局应当提供以下信息：

（一）进口到一方关境内的货物是否系从另一方关境内合法出口；

（二）从一方关境出口的货物是否被合法进口至另一方关境内。

二、该信息应包括验放货物所适用的海关手续。

第五条　请求的执行

一、如果被请求海关当局无法提供被请求的文件或信息，则应将此情况通知给请求海关当局。

二、请求海关当局不能就无法提供请求的文件或信息的情况与被请求海关当局发生争议。

三、档案、文件和其它资料的原件只有在复印件法律效力不足，且能够被及早归还的情况下被要求提供，而且不能影响被请求方及有关第三方的权利。

四、一经要求，请求海关当局应当毫不迟延地归还原始文本。

五、信息可以以书面或者电子形式提供。提供电子文本时，如果有必要，应为文本的翻译和使用附加适当说明。

第六条　特殊协助请求

经请求，被请求海关当局应尽可能对以下方面进行监视并向请求海关当局提供以下方面的信息：

（一）已知被用于或涉嫌正被用于在请求方关境内进行违反海关法行为的运输中或储存中的货物；

（二）已知被用于或涉嫌正被用于在请求方关境内进行违反海关法行为的运输工具；

（三）已知被用于或涉嫌正被用于在请求方关境内进行违反海关法行为的场所；

（四）已知在请求方关境内违反或涉嫌违反海关法的人员。

第七条　请求的程序

一、本协定项下的协助请求应在双方海关当局之间直接提出。双方海关当局应各指定一个官方联络人并提供联络人详细信息。联络人发生变更应当及时通知对方。

二、本协定项下的协助请求应以书面提出，并应随附所有被视为对执行上述请求有用的信息。特殊情况下，请求可以以电子或口头形式提出。被请求当局可要求请求当局对电子或口头形式的请求进行书面确认。电子或口头提出的请求应在 30 个工作日内以书面形式加以确认。

三、所有请求均应用英文提出。任何随附该请求的文件都应尽可能翻译为英文。

四、依据本条第二款提出的请求应包含以下详细信息：

（一）提出请求的海关当局；

（二）请求的事项、理由和协助的性质；

（三）关于所请求事宜所涉及的法律要素的陈述；

（四）已知的、请求所涉及的人的姓名和地址。

五、如请求海关当局要求另一方遵循某一程序或方法提供协助，应当说明理由，被请求海关当局应在其国内法律法规允许的范围内遵循这一要求。

六、如果被请求海关当局没有所请求提供的信息，应根据其国内法律法规：

（一）将该请求转送适当部门；

（二）告知请求方有权管辖的相关部门的名称。

第八条　官员到访缔约另一方关境

一、经请求，在被请求海关当局同意的情况下，为调查违反海关法的行为，请求海关当局特别指定的官员可在被请求海关当局设定的条件下，在被请求海关当局关境内开展的与请求海关当局有关的查询中到场。这些官员应仅以顾问身份出现。

二、当一方海关当局的官员依据本协定的规定出现在另一方海关当局的关境内时，必须随时能够为其官方身份提供以被请求海关当局接受的语言书写的证明以及在被请求海关当局境内认可的官方身份的证明。

三、官员在另一方境内时，应根据本协定的规定，对其可能的任何违法行为负责，并且在另一方法律规定的范围内得到与另一方海关官员同样的保护。

第九条　信息的使用、保密和保护

一、根据本协定获取的任何信息只可由缔约方海关当局在本协定限定范围内用于行政互助之目的。没有提供方海关当局的预先同意，此类信息不得在司法或行政程序中作为证据使用，或转交给其他部门。

二、本协定项下以任何形式交换的任何信息应当予以保密，并至少应受到与请求海关当局国内法律法规赋予同类信息的同等程度的保护。

第十条　技术协助

双方同意的情况下，可以互相提供以下技术协助：

（一）信息情报交换和在监管设备使用方面的经验；

（二）培训海关关员；

（三）海关专家互访交流；

（四）为有效实施海关法而交换特定的技术方面的数据。

第十一条　协助的免除

一、本协定规定的行政互助合作应当在被请求海关当局国内法律允许的范围内进行。

二、被请求海关当局认为，请求给予的协助将损害其主权、安全、公共政策或其他重大国家利益该方可以拒绝提供该项协助或在满足一定条件或要求的情况下给予协助。

三、被请求海关当局在给予前款理由拒绝请求的时候，应尽早书面通知请求海关当局，并说明拒绝的原因。

第十二条　费用安排

为本协定实施或因此而产生的费用，除非另行协商确定，双方应当各自承担自己的费用。

第十条规定的技术协助所产生的费用可以由双方另行协商确定。

第十三条　领土适用

本协定应适用于根据各自国内法所定义的中华人民共和国关境和阿根廷共和国关境。

第十四条　争端解决方式

缔约双方本着友好合作的精神，通过协商一致解决关于本协定的适用和解释问题。

第十五条　生效和终止

缔约双方应通过外交照会相互通知业已完成为使本协定生效所需要的国内法律程序。本协定自收到后一份通知之日后第 90 天起生效。

本协定长期有效。任何一方可在任何时候通过外交途径书面通知对方要求本协定终止。本协定将自另一方收到该协定终止通知之日起第 90 天起失效。

双方保留因国家安全、国家利益、公共秩序或公众健康原因而全部或部分中止协定的权利。一方书面通知另一方之日起 15 天后中止生效。

本协定的终止不影响在终止前已经开始且正在进行的项目。

本协定于　　　　年　月　日在　　签订，一式两份，每份均用中文、西班牙文、英文写成，三种文本同等作准。如对文本的解释发生分歧，以英文本为准。

阿根廷共和国政府 代表　　　　　　中华人民共和国政府 代表

[TEXT IN ENGLISH – TEXTE EN ANGLAIS]

AGREEMENT
BETWEEN
THE GOVERNMENT OF THE ARGENTINE REPUBLIC
AND
THE GOVERNMENT OF THE PEOPLE'S REPUBLIC OF CHINA
ON COOPERATION AND MUTUAL ADMINISTRATIVE ASSISTANCE IN CUSTOMS MATTERS

The Government of the Argentine Republic and the Government of the People's Republic of China, hereinafter referred to as the Contracting Parties,

CONSIDERING that offences against Customs Law are prejudicial to the economic, commercial, financial, social, environmental and cultural interests and to the security of their respective countries;

RECOGNISING the importance of proper assessment of customs duties and other customs charges collected on the importation and exportation of goods and the recovery or payments thereof as well as the importance of proper implementation of customs legislation related to prohibitions, restrictions and other trade policy measures;

CONVINCED that actions against Customs offenses, especially combating the illicit trafficking of narcotic drugs and psychotropic substances, can be made more effective through close cooperation between the Customs Administrations;

HAVING REGARD to obligations imposed under international conventions already accepted by, or applied to the Contracting Parties;

DESIRING to promote and facilitate the movement of goods and passengers, whilst maintaining the order of trade and reduce trade frictions between the two countries through cooperation between the Customs Administrations;

Have agreed as follows:

ARTICLE 1
DEFINITIONS

For the purposes of this Agreement:

1."Customs Administration" shall mean in the Argentine Republic, the Administración Federal de Ingresos Públicos - Dirección General de Aduanas- and in the People's Republic of China, the General Administration of Customs

2. "Customs Law" shall mean any legal or administrative provisions, relating to the importation, exportation, transshipment, transit, storage and movement of goods, applied or enforced by either Customs Administration, and any regulations made by either Customs administration under its statutory power.

3. "Customs duties" shall mean any duties, taxes, fees or any other charges that are levied in accordance with Customs Law in the Customs territory of the Customs Administrations, but not including fees or other charges for the services rendered.

4. "Customs offences" shall mean any violation of Customs Law.

5. "Persons" shall mean any natural or legal persons or other entities.

6. “Official "shall mean any Customs officer or other Government agent designated to apply Customs Law by either Customs Administration.

7."Requesting Customs Administration" shall mean the Customs Administration which requests assistance in Customs matters.

8. "Requested Customs Administration" shall mean the Customs Administration which receives a request for assistance in Customs matters.

9. “Information” shall mean any data, whether or not processed or analyzed, documents, reports and other correspondence in any format, including authenticated electronic materials, and certified or authenticated copies thereof.

10. “Customs territory” shall mean the territory in which the Customs Law of either Contracting Party applies.

ARTICLE 2
SCOPE OF AGREEMENT

1. All assistance under the present Agreement by the requested party shall be performed in accordance with its domestic legislations and within the competence and resources of its Customs Administration.

2. The Contracting Parties shall provide each other mutual assistance through their Customs Administrations to ensure the enforcement of Customs Law and to prevent, investigate and repress any Customs offences in accordance with the provisions of this Agreement.

3. The Contracting Parties agree to strengthen mutual assistance and cooperation in Customs matters and to enhance mutual trust and exchanges.

ARTICLE 3
COMMUNICATION OF INFORMATION

1. The Customs Administration of one Contracting Party shall on its own initiative or on request, provide to the other Customs Administration all available information which may be useful for ensuring the enforcement of Customs Law, and for preventing, investigating and repressing any Customs offences, including:

a) The information which may help to ensure the accurate assessment of Customs duties, or other import and export taxes, fees and charges, and in particular, to determine the value of goods for Customs purposes and to establish the tariff classification;

b) The information which may help implementing rules of origin;

c) The information which relates to Customs offences committed or being plotted in the Customs territory of the requested administration. In particular, the information which relates to Customs offences committed or being plotted in respect of the importation and exportation of the following goods or articles:

a. arms, ammunitions, explosives and explosive devices;
b. cultural relics with historical, cultural and archaeological value;
c. narcotic drugs and psychotropic substances;
d. goods and articles harmful to the environment and health;
e. goods suspected of infringing intellectual property rights.

2. Information referred to in the first paragraph of this Article shall be furnished only when the request is really necessary for a particular case;

3. When the requesting administration have provided the explanation of the indispensability of the requested information for the particular case, as well as the requested administration confirmed this indispensability, the information furnished by the requested administration shall include the relevant documentations, reports or authenticated copies of the materials and Customs Law and procedures applied for investigating the Customs offences;

4. The documents provided under the present Agreement may be in any format, and the electronic materials with the same purposes are also acceptable.

ARTICLE 4
VERTIFICATION

1. The Requested Customs Administration, at the request of the Requesting Customs Administration shall furnish the following information:

a) Whether the goods imported into the Customs territory of one Contracting Party were legitimately exported from the Customs territory of the other Contracting Party; and
b) Whether the goods exported from the Customs territory of one Contracting Party were legitimately imported into the Customs territory of the other Contracting Party.

2. The information furnished shall include the Customs procedures applicable to the verification and release of goods.

ARTICLE 5
EXECUTION OF REQUESTS

1. If the Requested Customs Administration is unable to provide the required information or documents to the Requesting Customs Administration, the former shall inform such situation to the latter.

2. The Requesting Customs Administration shall not dispute with the Requested Customs Administration if the latter could not provide information or documents requested by the former.

3. Originals of files, documents and other materials shall only be provided in cases where copies would be insufficient, and the originals shall be returned at the earliest opportunity. Meanwhile the rights of the Requested Customs Administration or of the relevant Third Party shall remain unaffected.

4. The Requesting Customs Administration shall return the original documents as soon as possible and without any delay upon request.

5. The information may be provided either in written or electronic form. If provided in electronic form, when necessary, the interpretation and application of the documents shall be added accordingly.

ARTICLE 6
REQUESTS OF SPECIAL ASSISTANCE

On request, the Requested Customs Administration shall, to the best of its ability, maintain surveillance over and provide information on:

a) Goods either in transport or in storage known to have been used or suspected of being used to commit Customs offences in the Customs territory of the Requesting Customs Administration;
b) Means of transport known to have been used or suspected of being used to commit Customs offences in the Customs territory of the Requesting Customs Administration;
c) Premises known to have been used or suspected of being used to commit Customs offences in the Customs territory of the Requesting Customs Administration; and
d) Persons known to have committed Customs offences or suspected of doing so in the Customs territory of the Requesting Customs Administration.

ARTICLE 7
PROCEDURES OF REQUESTS

1. Requests for assistance under this Agreement shall be communicated directly between the Customs Administrations of the Contracting Parties. Each Customs Administration shall designate a contact point for this purpose and shall provide details thereof to the other Customs Administration. Any changes about the designated contact point shall be notified to each other promptly.

2. Requests for assistance under this Agreement shall be made in written forms and shall be accompanied by any information deemed useful for the execution of such requests. Requests may be made electronically or orally, in a particular case. The Requested Customs Administration may require of the Requesting Customs Administration a written confirmation of the electronic or oral requests. The electronic or oral requests would invariably be followed up with a written confirmation within thirty (30) working days.

3. All the requests shall be made in English. Any attached documents shall be translated into English as much as possible.

4. Requests made pursuant to sub-section (2) of this Article, shall include the following information:

a) Name of the Requesting Customs Administration;
b) Nature of the assistance requested and the object of and the reasons for the request;
c) Brief description of the legal and administrative provisions applied to the request, and
d) Names and addresses of the persons to whom the request relates, if known.

5. Where the Requesting Customs Administration requests that a certain procedure or methodology should be followed, the reasons for such specific requests shall be provided as well. The Requested Customs

Administration, in such cases, shall meet the request, subject to its national legal, regulatory and administrative provisions.

6. If the Requested Customs Administration does not have the information requested, it shall in accordance with its national legal, regulatory and administrative provisions, either:

a) Transmit the request to the appropriate agency; or
b) Inform the Requesting Customs Administration of the competent authorities concerned.

ARTICLE 8
PRESENCE OF OFFICIALS IN THE CUSTOMS TERRITORY OF THE OTHER CONTRACTING PARTY

1. On request, officials specially designated by the Requesting Customs Administration may, with the agreement of the Requested Customs Administration and subject to conditions the latter may impose, for the purpose of investigating Customs offences, be present during any inquiry conducted by the Requested Customs Administration in the Customs territory of the Requested Customs Administration -which is relevant to the Requesting Customs Administration. These officials shall have a purely advisory role.

2. When officials of the Requesting Customs Administration are present in the Customs territory of the Requested Customs Administration under the terms of this Agreement, they must at all times be able to furnish, in a language acceptable to the Requested Customs Administration, the proof of their official identity granted in the Customs territory of the Requested Customs Administration.

3. Officials shall, while in the Customs territory of the other Customs Administration under the terms of this Agreement, be responsible for any offence they may commit and shall enjoy, to the extent provided by the other Customs Administration's laws, the same protection as accorded to the other Customs Administration's own Customs officials.

ARTICLE 9
USE, CONFIDENTIALITY AND PROTECTION OF INFORMATION

1. Any information obtained under this Agreement shall be used for the purpose of administrative assistance specified in this Agreement by the Customs Administrations of the Contracting Parties. Such information shall not be used as evidence in judicial or administrative proceedings, or be transferred to other agencies unless a prior consent of the other Customs Administration has been obtained.

2. Any exchange of information in any form whatsoever, made between the Customs Administrations pursuant to this Agreement shall be treated as confidential and it shall be protected at least in the same way as the same kind of information is protected in accordance with the national legal, regulatory and administrative provisions in the country of the Requesting Customs Administration.

ARTICLE 10
TECHNICAL ASSISTANCE

The Customs Administrations may, by mutual consent and convenience, provide each other with the technical assistance relating, inter alia, to:

a) Exchange of information and intelligence, and experience in the application of inspection equipments;
b) Training of customs officials;
c) Exchange of experts in customs matters;
d) Exchange of specific technical data for the effective enforcement of Customs Law.

ARTICLE 11
EXEMPTION FROM ASSISTANCE

1. Administrative assistance and cooperation, within the framework of this Agreement, shall be rendered in accordance with the national legislation of the Requested Customs Administration.

2. In cases where the Requested Customs Administration is of the opinion that compliance with a request would infringe upon its sovereignty, security, public policy or other substantive national interest, assistance can be refused or compliance may be made subject to the satisfaction of certain conditions or requirements.

3. If requested assistance is refused for any of the reasons stated in paragraph 2 herein, the refusal shall be notified in writing to the Requesting Customs Administration without delay.

ARTICLE 12
COSTS

1. Unless both Administrations have agreed upon otherwise each Customs Administration shall bear its own costs incurred in the implementation of this Agreement or any costs arising wherefrom.

2. Costs incurred in conducting the technical assistance activities indicated in Article 10 may be borne in the way consulted by the two Customs Administrations.

ARTICLE 13
TERRITORIAL APPLICABILITY

This Agreement shall be applicable in the Customs territory of the People's Republic of China and the Customs territory of the Argentine Republic.

ARTICLE 14
DISPUTE SETTLEMENT

Any matter arising from the application or interpretation of this Agreement shall be resolved by common agreement between the Customs Administrations of the Contracting Parties with the spirit of friendly cooperation.

ARTICLE 15
ENTRY INTO FORCE AND TERMINATION

1. The Contracting Parties shall notify one another by exchanging diplomatic notes that all necessary national legal requirements for entry into force of this Agreement have been fulfilled. This Agreement shall enter into force on the ninetieth (90) day following the date of receipt of the last notification.

2. This Agreement is conducted for unlimited duration, but each Party may, at any time, request its termination by serving a written notice through diplomatic channels to the other Party. The present Agreement shall cease to be in force on the ninetieth (90) day following the date of the other Party's receipt of the notice of termination.

3. Further, each Customs Administration reserves the right, for reasons of safeguarding national security, national interests, public order or public health, to suspend either in whole or in part, the implementation of this Agreement. The suspension shall take effect fifteen (15) days after the date that a written notice has been given to the other Customs Administration through official channels.

4. The termination of this Agreement shall not affect any ongoing programs or activities having been initiated prior to the date of termination.

DONE at Buenos Aires, on February 24th, 2014, in two originals in the Chinese, Spanish and English languages, all texts being equally authentic. In case of divergence of interpretation of the Agreement, the English text shall prevail.

FOR THE GOVERNMENT OF THE ARGENTINE REPUBLIC	FOR THE GOVERNMENT OF THE PEOPLE'S REPUBLIC OF CHINA

[TEXT IN SPANISH – TEXTE EN ESPAGNOL]

ACUERDO
ENTRE
EL GOBIERNO DE LA REPÚBLICA ARGENTINA
Y
EL GOBIERNO DE LA REPÚBLICA POPULAR CHINA
SOBRE COOPERACIÓN Y ASISTENCIA ADMINISTRATIVA MUTUA EN CUESTIONES ADUANERAS

El Gobierno de la República Argentina y el Gobierno de la República Popular China, de aquí en adelante serán las "Partes Contratantes";

CONSIDERANDO que los Ilícitos Aduaneros son perjudiciales para los intereses económicos, comerciales, financieros, sociales, medioambientales, culturales y a la seguridad de sus respectivos países;

RECONOCIENDO la importancia de la exacta determinación de los derechos aduaneros y otras cargas aduaneras recaudadas sobre la importación y la exportación de mercaderías y del cobro o pago que surgen de tal determinación, como así también de la correcta aplicación de la legislación aduanera sobre prohibiciones, restricciones y toda otra medida sobre política comercial;

CONVENCIDOS de que las acciones en contra de los ilícitos aduaneros, en especial la lucha contra el tráfico ilegal de estupefacientes y sustancias psicotrópicas, puede ser más eficaz a través de una estrecha cooperación entre las Administraciones Aduaneras;

HABIENDO CONSIDERADO las obligaciones impuestas por las convenciones internacionales ya aceptadas o aplicadas por las Partes Contratantes;

CON EL DESEO de promover y facilitar el movimiento de mercaderías y pasajeros, a la vez que se mantiene el orden del comercio y se minimizan las fricciones comerciales entre ambos países por medio de la cooperación entre las Administraciones Aduaneras;

Han acordado lo siguiente:

ARTÍCULO 1
DEFINICIONES

Para los fines de este Acuerdo:

1. "Administración Aduanera" significará en la República Argentina, la Administración Federal de Ingresos Públicos, Dirección General de Aduanas y en la República Popular China, la Administración General de Aduanas;

2. "Legislación Aduanera" significará toda disposición legal o administrativa relacionada con la importación, exportación, trasbordo, tránsito, almacenamiento y circulación de mercaderías, aplicable o exigible por cualquiera de las Administraciones Aduaneras, y toda regulación emitida por cualquiera de las Administraciones Aduaneras en virtud de sus facultades legales;

3. "Derechos aduaneros" significarán cualquier tipo de derechos, tributos, emolumentos u otras cargas, que se impongan de conformidad con la Legislación Aduanera en los territorios Aduaneros de las Administraciones Aduaneras, pero sin incluir emolumentos u otras cargas por los servicios prestados;

4. "Ilícito Aduanero" significará toda violación a la Legislación Aduanera;

5. "Persona" significará cualquier persona física o jurídica u otra entidad;

6. "Funcionario" significará todo funcionario aduanero o agente Gubernamental designado por cualquiera de las Administraciones Aduaneras para aplicar la Legislación Aduanera;

7. "Administración Aduanera Requirente" significará la Administración Aduanera que solicita asistencia en cuestiones Aduaneras;

8. "Administración Aduanera Requerida" significará la Administración Aduanera que recibe una solicitud de asistencia en cuestiones Aduaneras;

9. "Información" significará todo dato, haya sido o no procesado o analizado, todo documento, informe, y toda correspondencia cualquiera sea su formato, incluido el electrónico autenticado, o copias certificadas o autentificadas de los anteriores.

10. "Territorio Aduanero" significará el territorio en el cual se aplica la Legislación Aduanera de cualquiera de las Partes Contratantes.

ARTÍCULO 2
ALCANCE DEL ACUERDO

1. Toda asistencia brindada por la Parte Requerida en virtud del presente Acuerdo se proporcionará de conformidad con sus leyes internas y dentro de la competencia y de los recursos de su Administración Aduanera.

2. Las Partes Contratantes se brindarán asistencia mutua a través de sus Administraciones Aduaneras con el fin de garantizar el cumplimiento de la Legislación Aduanera y prevenir, investigar y reprimir los Ilícitos Aduaneros de de conformidad con el presente Acuerdo.

3. Las Partes Contratantes acuerdan fortalecer la asistencia mutua y la cooperación en cuestiones Aduaneras y mejorar la confianza y los intercambios mutuos.

ARTÍCULO 3
COMUNICACIÓN DE LA INFORMACIÓN

1. Por iniciativa propia o a solicitud, la Administración Aduanera de una Parte Contratante brindará a la otra Administración Aduanera toda información disponible que pudiera ser útil para garantizar el cumplimiento de la Legislación Aduanera y prevenir, investigar y reprimir los Ilícitos Aduaneros, incluyendo:

a) La información que pueda ayudar a asegurar la valoración exacta de los derechos aduaneros u otros tributos sobre la importación y exportación, , emolumentos y cargas, y, en particular, que pueda ayudar a determinar el valor de las mercaderías con fines aduaneros y a establecer la clasificación arancelaria;

b) La información que pueda ayudar a implementar las Reglas de Origen;

c) La información relacionada con los Ilícitos aduaneros cometidos o planeados en el territorio Aduanero de la Administración Requerida. En particular, la información relacionada con los Ilícitos aduaneros cometidos o planeados, con respecto a la importación y exportación de los siguientes artículos:

i. Armas, municiones, explosivos y artefactos explosivos;
ii. Artículos de valor histórico, cultural y arqueológico;
iii. Estupefacientes y sustancias psicotrópicas;
iv. Mercaderías o artículos peligrosos para el medio ambiente y la salud;
v. Mercadería sospechada de infringir los derechos de propiedad intelectual.

2. La información mencionada en el primer párrafo del presente Artículo se brindará únicamente cuando la solicitud sea realmente necesaria para un caso en particular.

3. Cuando la Administración Requirente haya brindado una explicación de la indispensabilidad de la información requerida para el caso en particular, y la Administración Requerida haya confirmado su indispensabilidad, la información brindada por la Administración Requerida incluirá los documentos pertinentes, como así también los informes o copias autenticadas de los materiales y la Legislación Aduanera y procedimientos aduaneros utilizados para investigar los ilícitos aduaneros.

4. Los documentos establecidos en virtud del presente Acuerdo podrán estar en cualquier formato. Los materiales electrónicos con el mismo propósito, también serán aceptados.

ARTÍCULO 4
VERIFICACIÓN

1. La Administración Aduanera Requerida, a solicitud de la Administración Aduanera Requirente , brindará la siguiente información:

a) si las mercaderías importadas al territorio Aduanero de una Parte Contratante fueron exportadas legítimamente desde el territorio Aduanero de la otra Parte Contratante; y

b) si las mercaderías exportadas desde el territorio Aduanero de una Parte Contratante fueron legítimamente importadas al territorio Aduanero de la otra Parte Contratante.

2. La información brindada incluirá los procedimientos aduaneros aplicables a la verificación y despacho de la mercadería.

ARTÍCULO 5
EJECUCIÓN DE LAS SOLICITUDES

1. Si la Administración Aduanera Requerida no pudiera brindar a la Administración Aduanera Requirente la información o documentación solicitada, deberá informar sobre dicha situación a la Administración mencionada en segundo término.

2. La Administración Aduanera Requirente no podrá objetarle a la Administración Aduanera Requerida que esta última no pueda brindar la información o documentación solicitada por la Administración Aduanera mencionada en primer término.

3. Los originales de archivos, documentos u otros materiales sólo serán brindados en aquellos casos en los cuales las copias resulten insuficientes, y dichos originales serán devueltos tan pronto como sea posible. Mientras tanto, los derechos de la Administración Aduanera Requerida o de la correspondiente Tercera Parte, permanecerán inalterados.

4. La Administración Aduanera Requirente devolverá los documentos originales tan pronto como sea posible y sin demora cuando ellos sean solicitados.

5. La información podrá ser suministrada tanto en forma escrita como electrónica. Si se brindare en forma electrónica, deberá contener la interpretación y uso de los documentos en forma acorde.

ARTÍCULO 6
SOLICITUDES ESPECIALES DE ASISTENCIA

A solicitud, la Administración Aduanera Requerida, hará todo lo posible para, mantener vigilancia y brindar información acerca de:

a) mercaderías, ya sea en transporte como en depósito, de las que se sabe que han sido utilizadas o se sospecha que son utilizadas para cometer Ilícitos Aduaneros en el territorio Aduanero de la Administración Aduanera Requirente;
b) medios de transporte respecto de los cuales se sabe que han sido utilizados o se sospecha que son utilizados para cometer Ilícitos Aduaneros en el territorio Aduanero de la Administración Aduanera Requirente;
c) locales respecto de los cuales se sabe que han sido utilizados o se sospecha que son utilizados en la comisión de Ilícitos Aduaneros en el territorio Aduanero de la Administración Aduanera Requirente; y
d) personas respecto de las cuales se sabe que han cometido Ilícitos Aduaneros o de las cuales se sospecha que van a cometer Ilícitos Aduaneros en el territorio Aduanero de la Administración Aduanera Requirente.

ARTÍCULO 7
PROCEDIMIENTO PARA REALIZAR LAS SOLICITUDES

1. Las solicitudes de asistencia en virtud de este Acuerdo serán comunicadas directamente entre las Administraciones Aduaneras de las Partes Contratantes. Cada Administración Aduanera designará un Oficial de Contacto para este fin y brindará su información a la otra Administración Aduanera. Cualquier cambio sobre el Oficial de Contacto designado deberá notificarse con prontitud.

2. Las solicitudes de asistencia, conforme a este Acuerdo, deberán realizarse por escrito y estar acompañadas de toda información que se considere útil para la ejecución de dicha solicitud. Las solicitudes podrán realizarse en forma electrónica u oral, en casos particulares. La Administración Aduanera Requerida podrá solicitar de la Administración Aduanera Requirente una confirmación escrita de las solicitudes electrónicas u orales. Las solicitudes realizadas en forma oral o electrónica deberán invariablemente estar seguidas de una confirmación escrita dentro de los treinta (30) días hábiles.

3. Todas las solicitudes deberán presentarse en idioma inglés. Cualquier documento que acompañe a estas solicitudes deberá ser traducido, en la medida de lo posible, al idioma inglés.

4. Las solicitudes realizadas conforme al apartado (2) de este Artículo contendrán la siguiente información:

a) nombre de la Administración Aduanera Requirente;
b) naturaleza de la asistencia solicitada y el objeto y los motivos de tal solicitud;
c) breve descripción de las disposiciones legales y administrativas aplicables a la solicitud; y
d) nombres y domicilios de las personas a las que se refiere la solicitud, si se conocen.

5. Si la Administración Aduanera Requirente solicita que se siga un determinado procedimiento o metodología, deberá también brindar los motivos para tal solicitud específica. La Administración Aduanera Requerida, en tales casos, deberá acceder a la citada solicitud conforme a lo que establezcan sus disposiciones legales, normativas y administrativas nacionales.

6. Si la Administración Aduanera Requerida no posee la información solicitada, podrá de conformidad con sus disposiciones legales, normativas y administrativas nacionales:

a) transmitir sin demora la solicitud al organismo correspondiente, o
b) informar a la Administración Aduanera Requirente cuáles son las autoridades competentes interesadas.

ARTÍCULO 8
PRESENCIA DE FUNCIONARIOS EN EL TERRITORIO ADUANERO DE LA OTRA PARTE CONTRATANTE

1. Previa solicitud, los funcionarios designados especialmente por la Administración Aduanera Requirente podrán, con la conformidad de la

Administración Aduanera Requerida y sujeto a las condiciones que esta última pueda imponer, a efectos de investigar Ilícitos Aduaneros estar presentes durante cualquier investigación realizada por la Administración Aduanera Requerida en el territorio Aduanero de la Administración Aduanera Requerida, que sea pertinente para la Administración Aduanera Requirente. Estos funcionarios tendrán un papel netamente asesor.

2. Cuando los funcionarios de la Administración Aduanera Requirente estén presentes en el territorio Aduanero de la Administración Aduanera Requerida bajo los términos previstos en el presente Acuerdo, deberán estar en todo momento en condiciones de probar, en un idioma aceptable por la Administración Aduanera Requerida, su carácter oficial otorgado en el territorio Aduanero de la Administración Aduanera Requerida.

3. Mientras se encuentren en el país de la otra Administración Aduanera en virtud de los términos de este Acuerdo, los funcionarios serán responsables de cualquier ilícito que pudieran cometer y gozarán, en la medida prevista por sus leyes nacionales, de la misma protección acordada para sus propios funcionarios aduaneros.

ARTÍCULO 9
USO, CONFIDENCIALIDAD Y PROTECCIÓN DE LA INFORMACIÓN

1. Toda información obtenida conforme a este Acuerdo deberá utilizarse para la asistencia administrativa especificada en este Acuerdo por las Administraciones Aduaneras de las Partes Contratantes. Tal información no será utilizada como evidencia en procesos judiciales o administrativos, ni será transferida a otros organismos a menos que se haya obtenido un consentimiento previo por parte de la otra Administración Aduanera.

2. Todo intercambio de información realizado en cualquiera de sus formas entre las Administraciones Aduaneras en virtud del presente Acuerdo será de naturaleza confidencial y deberá estar protegido al menos de la misma forma que se protege al mismo tipo de información conforme a las disposiciones nacionales legales, normativas y administrativas vigentes en el país de la Administración Aduanera Requirente.

ARTÍCULO10
ASISTENCIA TÉCNICA

Las Administraciones Aduaneras podrán, de común acuerdo y en beneficio mutuo, brindarse asistencia técnica, relacionada, entre otros temas, con:

a) intercambio de información e inteligencia, y experiencia en la aplicación de equipamientos de inspección;
b) capacitación de funcionarios aduaneros;
c) intercambio de expertos en cuestiones aduaneras;
d) intercambio de información técnica específica para el cumplimiento efectivo de la Legislación Aduanera.

ARTÍCULO 11
EXCEPCIONES DE ASISTENCIA

1. La asistencia administrativa y la cooperación en el marco del presente Acuerdo se prestarán de conformidad con la legislación nacional de la Administración Aduanera Requerida.

2. En los casos en que la Administración Aduanera Requerida considera que cumplir con una solicitud podría atentar contra su soberanía, seguridad, orden público o cualquier otro interés nacional esencial, puede rehusarse a proporcionarla o puede brindarla bajo el cumplimiento de ciertas condiciones o requerimientos.

3. Si la asistencia fuere rechazada por alguna de las razones indicadas en el párrafo 2; tal rechazo será notificado por escrito a la Administración Aduanera Requirente a la brevedad.

ARTÍCULO 12
GASTOS

1. Salvo que ambas Administraciones Aduaneras hayan acordado algo distinto, cada Administración Aduanera cargará con sus propios gastos incurridos en la aplicación del presente Acuerdo o con los gastos que de éste surjan.

2. Los gastos incurridos en la conducción de las actividades de la asistencia técnica indicada en el artículo 10 serán sufragados en la manera en que lo acuerden ambas Administraciones Aduaneras.

ARTÍCULO 13
APLICACIÓN TERRITORIAL DEL ACUERDO

El presente Acuerdo se aplicará en el territorio Aduanero de la República Argentina y en el territorio Aduanero de la República Popular China.

ARTÍCULO 14
RESOLUCIÓN DE CONTROVERSIAS

Cualquier inconveniente que surja de la aplicación o interpretación del presente Acuerdo deberá resolverse de mutuo acuerdo entre las Administraciones Aduaneras de las Partes Contratantes en el espíritu de una cooperación amistosa.

ARTÍCULO 15
ENTRADA EN VIGOR Y TERMINACIÓN

1. Las Partes Contratantes se notificarán mutuamente por medio de un intercambio de notas diplomáticas que todos los requisitos legales nacionales para la entrada en vigor del presente Acuerdo han sido cumplidos. El presente Acuerdo entrará en vigor al nonagésimo (90) día luego de la fecha de recepción de la última notificación.

2. El presente Acuerdo se cumplirá por tiempo indefinido, no obstante, cualquiera de las Partes podrá, en cualquier momento, solicitar su terminación a través de una notificación escrita a la otra Parte por medio de los canales diplomáticos. El presente Acuerdo dejará de tener vigor al nonagésimo (90) día luego de la fecha de la recepción por la otra Parte de la notificación de la terminación.

3. Asimismo, cada Administración Aduanera se reserva el derecho por razones de salvaguardar la seguridad nacional, los intereses nacionales, el orden público o la salud pública de suspender temporalmente, en todo o en parte, la aplicación del presente Acuerdo. La suspensión tendrá efecto al cabo de quince (15) días luego de la fecha en que se ha notificado por escrito a la otra Administración Aduanera a través de los canales oficiales.

4. La terminación del presente Acuerdo no afectará a la aplicación de ninguno de los programas o actividades que hayan sido iniciados con anterioridad a la fecha de terminación del Acuerdo.

HECHO en Buenos Aires.. el ...24..... de ...Febrero..., 2014.. en dos originales en los idiomas chino, español e inglés, siendo todos los textos igualmente auténticos. En caso de divergencia en la interpretación del Acuerdo la versión en inglés prevalecerá.

POR EL GOBIERNO DE LA REPÚBLICA ARGENTINA	POR EL GOBIERNO DE LA REPÚBLICA POPULAR CHINA

[Translation in French – Traduction en français]

ACCORD ENTRE LE GOUVERNEMENT DE LA RÉPUBLIQUE ARGENTINE ET LE GOUVERNEMENT DE LA RÉPUBLIQUE POPULAIRE DE CHINE RELATIF À LA COOPÉRATION ET À L'ASSISTANCE ADMINISTRATIVE MUTUELLE EN MATIÈRE DOUANIÈRE

Le Gouvernement de la République argentine et le Gouvernement de la République populaire de Chine, ci-après dénommés « Parties contractantes »,

Considérant que les infractions à la législation douanière portent préjudice aux intérêts économiques, commerciaux, financiers, sociaux et culturels ainsi qu'à la sécurité de leurs pays respectifs,

Reconnaissant l'importance que revêtent l'établissement correct des droits de douane et autres charges douanières perçus à l'importation et à l'exportation de marchandises ainsi que leur recouvrement ou leur paiement, tout comme le fait qu'il importe d'appliquer comme il se doit la législation douanière eu égard aux interdictions, restrictions et autres mesures de politique commerciale,

Convaincus que la lutte contre les infractions douanières, notamment la lutte contre le trafic illicite de stupéfiants et de substances psychotropes, peut être rendue plus efficace par la mise en place d'une coopération étroite entre les administrations douanières,

Compte tenu des obligations découlant des conventions internationales auxquelles les Parties contractantes ont déjà adhéré ou qu'elles appliquent déjà,

Désireux de promouvoir et de faciliter la circulation des marchandises et des passagers, tout en maintenant l'ordre des échanges commerciaux et en réduisant les tensions commerciales entre les deux pays grâce à la coopération entre les administrations douanières,

Sont convenus de ce qui suit :

Article premier. Définitions

Aux fins du présent Accord :

1. L'expression « administration douanière » désigne en République argentine, la Direction générale des douanes qui relève de l'Administration fédérale des revenus publics et, en République populaire de Chine, l'Administration générale des douanes ;

2. L'expression « législation douanière » désigne toutes les dispositions juridiques ou administratives relatives à l'importation, à l'exportation, au transbordement, au transit, au stockage et à la circulation des marchandises, appliquées ou mises en œuvre par l'une ou l'autre administration douanière, ainsi que tous les règlements appliqués par l'une ou l'autre administration douanière en vertu des pouvoirs qui lui sont conférés par la loi ;

3. L'expression « droits de douane » désigne les droits, taxes, frais ou autres charges perçus conformément à la législation douanière sur le territoire douanier des administrations douanières, exception faite des frais ou autres charges pour services rendus ;

4. L'expression « infraction douanière » désigne toute violation de la législation douanière ;

5. Le terme « personne » désigne toute personne, ou autre entité, physique ou morale ;

6. Le terme « fonctionnaire » désigne tout fonctionnaire des douanes ou d'un autre service public chargé d'appliquer la législation douanière de l'une ou l'autre administration douanière ;

7. L'expression « administration douanière requérante » désigne l'administration douanière formulant une demande d'assistance en matière douanière ;

8. L'expression « administration douanière requise » désigne l'administration douanière à laquelle une demande d'assistance en matière douanière est adressée ;

9. Le terme « information » désigne toute donnée, traitée ou analysée ou non, ainsi que tout document, rapport ou autre communication sous quelque forme que ce soit, y compris les supports électroniques authentifiés, et leurs copies certifiées conformes ou authentifiées ;

10. L'expression « territoire douanier » désigne le territoire sur lequel la législation douanière de l'une ou l'autre Partie contractante s'applique.

Article 2. Champ d'application de l'Accord

1. Toute l'assistance, prévue dans le cadre du présent Accord, fournie par la Partie requise est prêtée conformément à son droit interne et dans les limites de la compétence et des ressources dont dispose son administration douanière.

2. Les Parties contractantes se prêtent mutuellement assistance par l'intermédiaire de leur administration douanière respective pour assurer l'application de la législation douanière, ainsi que pour prévenir et réprimer les infractions douanières et enquêter sur ces infractions, conformément aux dispositions du présent Accord.

3. Les Parties contractantes conviennent de renforcer l'assistance mutuelle et la coopération en matière douanière, et d'accroître la confiance mutuelle ainsi que les échanges.

Article 3. Communication de renseignements

1. L'administration douanière d'une Partie contractante fournit, de sa propre initiative ou sur demande, à l'administration douanière de l'autre Partie tous les renseignements disponibles et susceptibles d'être utiles en vue de mettre en œuvre la législation douanière, ainsi que de prévenir et réprimer les infractions douanières et d'enquêter sur ces infractions, y compris :

a) Les renseignements susceptibles de contribuer à déterminer avec exactitude les droits de douane ou tout autre taxe, frais ou charge perçus à l'importation ou à l'exportation, la valeur des marchandises à des fins douanières, ainsi que la classification tarifaire ;

b) Les renseignements susceptibles de faciliter la mise en œuvre des règles d'origine ;

c) Les renseignements relatifs aux infractions douanières ayant été commises ou en cours de préparation sur le territoire douanier de l'administration requise ; en particulier, les renseignements relatifs aux infractions douanières ayant été commises ou en cours de préparation qui portent sur l'importation ou l'exportation des marchandises ou articles suivants :

   a. Armes, munitions, explosifs et dispositifs explosifs ;

   b. Reliques culturelles ayant une valeur historique, culturelle ou archéologique ;

   c. Stupéfiants et substances psychotropes ;

   d. Marchandises et articles nuisibles à l'environnement et à la santé ;

e. Marchandises dont il est soupçonné qu'elles enfreignent les droits de propriété intellectuelle.

2. Les renseignements visés au paragraphe 1 du présent article ne sont fournis que lorsque la demande est réellement nécessaire pour une affaire particulière.

3. Lorsque l'administration requérante a expliqué en quoi les renseignements demandés étaient indispensables pour une affaire particulière et que l'administration requise a confirmé ce caractère indispensable, les renseignements fournis par l'administration requise comprennent les documents, rapports ou copies authentifiées des documents pertinents ainsi que la législation et les procédures douanières appliquées aux fins de la conduite de l'enquête sur les infractions douanières.

4. Les documents fournis dans le cadre du présent Accord peuvent être présentés dans n'importe quel format, et les supports électroniques fournis aux mêmes fins peuvent également être acceptés.

Article 4. Vérification

1. L'administration douanière requise fournit, à la demande de l'administration douanière requérante, des informations concernant :

a) La régularité de l'importation sur le territoire douanier d'une Partie contractante des marchandises exportées du territoire douanier de l'autre Partie contractante ; et

b) La régularité de l'exportation, à partir du territoire douanier d'une Partie contractante, des marchandises importées dans le territoire douanier de l'autre Partie contractante.

2. Les informations fournies comprennent les procédures douanières applicables aux fins de la vérification et de la mainlevée des marchandises.

Article 5. Exécution des demandes

1. Si l'administration douanière requise n'est pas en mesure de fournir les informations ou documents demandés à l'administration douanière requérante, elle l'en informe.

2. L'administration douanière requérante n'entre pas en conflit avec l'administration douanière requise si cette dernière n'a pas été en mesure de lui fournir les renseignements ou documents demandés.

3. Les originaux des dossiers, documents et autres pièces ne sont fournis que dans les cas où les copies ne suffisent pas, et les originaux sont restitués dès que possible. Dans l'intervalle, les droits de l'administration douanière requise ou de toute tierce partie concernée ne sont pas affectés.

4. L'administration douanière requérante restitue les documents originaux dès que possible, et immédiatement sur demande.

5. Les renseignements peuvent être fournis sous forme écrite ou électronique. Lorsqu'ils sont fournis sous forme électronique, si nécessaire, l'interprétation et l'application des documents sont adjoints en conséquence.

Article 6. Demandes d'assistance spéciale

Sur demande, l'administration douanière requise fait de son mieux pour surveiller, et fournir des renseignements concernant :

a) Les marchandises transportées ou entreposées dont on sait qu'elles ont été utilisées ou qui sont soupçonnées d'être utilisées pour commettre une infraction douanière sur le territoire douanier de l'administration douanière requérante ;

b) Les moyens de transport dont on sait qu'ils ont été utilisés ou qui sont soupçonnés d'être utilisés pour commettre une infraction douanière sur le territoire douanier de l'administration douanière requérante ;

c) Les lieux dont on sait qu'ils ont été utilisés ou qui sont soupçonnés d'être utilisés pour commettre une infraction douanière sur le territoire douanier de l'administration douanière requérante ; et

d) Les personnes dont on sait qu'elles ont commis ou qui sont soupçonnées de commettre une infraction douanière sur le territoire douanier de l'administration douanière requérante.

Article 7. Procédures applicables aux demandes

1. Les demandes d'assistance en vertu du présent Accord sont directement communiquées entre les administrations douanières des Parties contractantes. Chaque administration douanière désigne un point focal à cette fin et en fournit les coordonnées à l'autre administration douanière. Tout changement concernant le point focal désigné est notifié à l'autre Partie sans délai.

2. Les demandes d'assistance présentées en application du présent Accord sont formulées par écrit et sont accompagnées de toute information jugée utile aux fins de leur exécution. Les demandes peuvent être présentées par voie électronique ou oralement, dans des cas particuliers. L'administration douanière requise peut demander à l'administration douanière requérante une confirmation écrite d'une demande présentée par voie électronique ou oralement. Les demandes présentées par voie électronique ou oralement sont invariablement suivies d'une confirmation écrite dans un délai de 30 jours ouvrables.

3. Toutes les demandes sont formulées en anglais. Tous les documents qui y sont joints doivent être traduits en anglais, dans la mesure du possible.

4. Les demandes présentées en vertu du paragraphe 2 du présent article comportent les informations suivantes :

a) Nom de l'administration douanière requérante ;

b) Nature de l'assistance demandée et objet et motifs de la demande ;

c) Brève description des dispositions juridiques et administratives appliquées dans le cadre de la demande ; et

d) Noms et adresses des personnes auxquelles se rapporte la demande, s'ils sont connus.

5. Lorsque l'administration douanière requérante demande qu'une certaine procédure ou méthode soit suivie, elle est également tenue d'en préciser les motifs. Dans ce cas, l'administration douanière requise accède à la demande, sous réserve des dispositions juridiques, réglementaires et administratives nationales auxquelles elle est soumise.

6. Lorsque l'administration douanière requise ne possède pas les informations demandées, elle doit, conformément aux dispositions juridiques, réglementaires et administratives nationales auxquelles elle est soumise :

a) Transmettre la demande à l'organisme compétent ; ou

b) Indiquer à l'administration douanière requérante quelles sont les autorités compétentes.

Article 8. Présence de fonctionnaires sur le territoire douanier de l'autre Partie contractante

1. Sur demande, des fonctionnaires spécialement désignés à cet effet par l'administration douanière requérante peuvent, avec l'autorisation de l'administration douanière requise et sous réserve des conditions que cette dernière peut imposer, aux fins de la conduite d'enquêtes concernant des infractions douanières, être présents lors de toute enquête menée par l'administration douanière requise sur le territoire douanier de l'administration douanière requise, qui intéresse l'administration douanière requérante. Ces fonctionnaires ont un rôle purement consultatif.

2. Lorsque des fonctionnaires de l'administration douanière requérante sont présents sur le territoire douanier de l'administration douanière requise aux termes du présent Accord, ils doivent à tout moment pouvoir fournir, dans une langue acceptable pour l'administration douanière requise, la preuve de leur identité officielle, telle qu'accordée sur le territoire douanier de l'administration douanière requise.

3. Lorsqu'ils se trouvent sur le territoire douanier de l'administration douanière de l'autre Partie en vertu du présent Accord, les fonctionnaires sont responsables de toute infraction qu'ils pourraient commettre et bénéficient, dans la mesure prévue par la législation applicable de l'autre administration douanière, de la même protection que celle accordée aux propres fonctionnaires des douanes de l'autre administration douanière.

Article 9. Utilisation, confidentialité et protection des informations

1. Toute information obtenue dans le cadre du présent Accord est utilisée par les administrations douanières des Parties contractantes aux fins de l'assistance administrative prévue par le présent Accord. Ces informations ne peuvent être utilisées comme éléments de preuve dans le cadre de procédures judiciaires ou administratives, ni être transférées à d'autres organismes sans le consentement préalable de l'administration douanière de l'autre Partie.

2. Tout échange d'informations, sous quelque forme que ce soit, entre les administrations douanières en vertu du présent Accord est traité comme confidentiel et bénéficie au moins du même niveau de protection que celui qui s'applique aux informations de même type conformément aux dispositions juridiques, réglementaires et administratives du pays de l'administration douanière requérante.

Article 10. Assistance technique

Les administrations douanières peuvent, par consentement mutuel et selon que de besoin, se fournir mutuellement une assistance technique concernant, entre autres, les points suivants :

a) Échange d'informations et de renseignements, et données d'expérience relatives à l'utilisation du matériel d'inspection ;

b) Formation des fonctionnaires des douanes ;

c) Échange d'experts en matière douanière ;

d) Échange de données techniques spécifiques aux fins de l'application effective de la législation douanière.

Article 11. Dérogation à la fourniture d'une assistance

1. L'assistance et la coopération administratives, telles que prévues dans le cadre du présent Accord, sont fournies conformément à la législation interne à laquelle est soumise l'administration douanière requise.

2. Lorsque l'administration douanière requise considère que le fait de donner suite à une demande porterait atteinte à sa souveraineté, sa sécurité ou tout autre intérêt national essentiel, elle peut refuser de prêter assistance ou poser certaines conditions ou exigences à son octroi.

3. Si l'assistance demandée est refusée pour l'un des motifs énoncés au paragraphe 2 du présent article, le refus est notifié par écrit et sans délai à l'administration douanière requérante.

Article 12. Frais

1. À moins que les deux administrations n'en soient convenues autrement, chaque administration douanière prend en charge les frais qu'elle expose dans le cadre de la mise en œuvre du présent Accord, ainsi que tous les frais qui en découlent.

2. Les frais exposés dans le cadre de la réalisation des activités d'assistance technique visées à l'article 10 peuvent être pris en charge de la manière convenue par les deux administrations douanières.

Article 13. Applicabilité territoriale

Le présent Accord est applicable sur le territoire douanier de la République populaire de Chine et sur le territoire douanier de la République argentine.

Article 14. Règlement des différends

Toute question découlant de l'application ou de l'interprétation du présent Accord est réglée d'un commun accord entre les administrations douanières des Parties contractantes dans un esprit de coopération amicale.

Article 15. Entrée en vigueur et dénonciation

1. Les Parties contractantes se notifient l'une à l'autre, par un échange de notes diplomatiques, que toutes les formalités juridiques nationales voulues pour l'entrée en vigueur du présent Accord ont été accomplies. L'Accord entre en vigueur le quatre-vingt-dixième jour suivant la date de réception de la dernière notification.

2. Le présent Accord est conclu pour une durée indéterminée. Toutefois, chaque Partie peut le dénoncer à tout moment en adressant à l'autre Partie une notification écrite par la voie

diplomatique. Le présent Accord cesse d'être en vigueur le quatre-vingt-dixième jour suivant la date de réception par l'autre Partie de l'avis de dénonciation.

3. En outre, chaque administration douanière se réserve le droit, en vue de protéger la sécurité nationale, les intérêts nationaux, l'ordre public ou la santé publique, de suspendre, en tout ou en partie, l'application du présent Accord. La suspension prend effet 15 jours après la date à laquelle un avis écrit a été adressé, par les voies officielles, à l'autre administration douanière.

4. La dénonciation du présent Accord n'affecte pas les programmes ou activités en cours qui ont été entrepris avant la date de dénonciation.

FAIT à Buenos Aires, le 24 février 2014, en deux exemplaires originaux en langues chinoise, espagnole et anglaise, tous les textes faisant également foi. En cas de divergence dans l'interprétation du présent Accord, le texte anglais prévaut.

Pour le Gouvernement de la République argentine :

[RICARDO ECHERAGAY]

Pour le Gouvernement de la République populaire de Chine :

[LU PEIJUN]